"Se quiser ser escritor, escreva."

Reiki Universal

Coordenação editorial: **Ronaldo A. Sperdutti**
Ilustrações internas e da capa: **Cláudio Gianfardoni**
Revisão: Maiara Gouveia
Preparação: Isabel Ferrazoli
Impressão: Gráfica Loyola

Ficha catalográfica elaborada por
Lucilene Bernardes Longo – CRB-8/2082

De' Carli, Johnny

Reiki universal / Johnny De' Carli – São Paulo : Butterfly, 2014.

304 p.

ISBN 978-85-88477-98-8

1. Reiki 2. Harmonização 3. Terapia energética 4. Saúde

5. Espiritualidade I. Título. CDD: 615.85

Butterfly Editora Ltda.
Av. Porto Ferreira, 1031 – Parque Iracema
CEP 15809-020 | Catanduva-SP
17 3531.4444
www.editorabutterfly.com.br | atendimento@editorabutterfly.com.br

Impresso no Brasil.

11-5-23-1.000-20.100

Johnny De' Carli

REIKI UNIVERSAL

BUTTERFLY EDITORA

São Paulo – 2014

CONFORME NOVO ACORDO ORTOGRÁFICO

Dedicatória

Aos meus pais Alicia Requena e Carlos De' Carli Neto, pela dádiva da vida e pela proteção, preocupação, atenção e amor com que nutriu minha infância. Desconfio que Deus, como não podia estar em toda parte, criou as mães. Depois de Deus, nossa mãe!

A minha querida esposa Rita de Cássia Lima De' Carli que, na prática da boa magia mineira, me ensina a importância do silêncio. Para os mineiros, o silêncio não comete erros.

A meus irmãos Carlos, Helio e Ricardo, por tudo o que passamos juntos em nossa infância e pela grande amizade que nos une. Como é bom ter irmãos!

A meus filhos Juliana, Diana e Daniel, pela grande experiência da paternidade e pelo amor que me dá forças para avançar.

A meus três primeiros netinhos Daniel, Lorenzo e Maria Lídia, por mais essa grande experiência nessa vida.

À minha nora e genros Geani, Clayton e Lorenzo, por me presentearem com lindos netos e fazerem meus filhos e netos tão felizes.

A família é uma das obras-primas da Natureza!

Também a você, que vive e trabalha para o bem.

"A saudade é flor tão pequena
que só se encontra no jardim da separação.
A saudade não mata, mas martiriza um coração."

Agradecimento

Agradeço primeiramente a Deus e a meus pais pela experiência desta vida.

Agradeço aos meus mentores espirituais, que me assistem em todas as etapas do "Caminho", irradiando a chama da verdade.

Agradeço a minha combatente esposa Rita de Cássia Lima De' Carli, cujo apoio foi fundamental para a realização de mais esta obra.

Agradeço à Maria Helena Ramalho *(in memorian)*, à Cristina Rego Monteiro da Luz, à Elizabeth Barros de Sá *(in memorian)*, a Décio Lopes, à Claudiane Andre de Sousa, à Cristiane da Silva, à Ivone Ferreira e à Adélia Aparecida Silva Teófilo pelo suporte operacional.

Agradeço à equipe editorial da Butterfly Editora, por aceitarem relançar esta obra.

Agradeço aos meus alunos, que me procuraram para aprender e acabaram sendo meus grandes e maiores mestres. Não encontro palavras para expressar o quanto lhes sou grato, por me mostrarem que sempre tenho muito a aprender.

"Dentre todos os remédios caseiros,
uma boa esposa é o melhor."

Apresentação à 14ª edição

Ao longo dos anos, o Reiki – um método científico de desbloqueio, equilíbrio e reposição energética, bem como uma filosofia de vida maravilhosa – vem ganhando mais praticantes e adeptos que buscam alternativas ou complementação para tratamentos de saúde diversos. Para atender a demanda dessa comunidade, a Butterfly Editora lança a 14ª edição da obra Reiki Universal – revisada e ampliada pelo mestre Johnny De' Carli –, expandindo a abrangência e atualização sobre o tema.

Desde sua 1ª edição, no ano de 1998, Reiki Universal tornou-se sucesso de vendas. Foi lançado em Portugal, Espanha e toda a América Latina, somando-se um total de mais de 140 mil livros vendidos no mundo, sendo adotado como material obrigatório nas Universidades Seniores Europeias de Loures e Amadora, em Portugal. No Brasil, após o lançamento de treze edições, Reiki Universal alcançou a qualidade de *best-seller*, sendo reconhecida como a obra mais vendida sobre o assunto.

Tendo em vista o sucesso alcançado, é indiscutível a qualidade desta obra, o que nos faz sentir responsabilidade ainda maior pelo que estamos colocando às suas mãos. Esperamos que a 14ª edição alcance o merecido sucesso que sempre teve e, principalmente, seja fonte de conhecimento e complementação de estudos para todos os Reikianos.

O EDITOR

"A sorte geralmente beneficia os mais audaciosos."

Prólogo

Para tornar-se um reikiano praticante, é imprescindível procurar antes um mestre do método Reiki. É necessário receber a iniciação (sintonização) de um mestre devidamente habilitado para tal atividade. Após a iniciação, pode este livro tornar-se um guia. Entretanto, em nenhuma hipótese, pode ser considerado um manual de autoaprendizagem. O método Reiki não pode ser aprendido por meio de livros, apostilas, fitas de vídeo ou de áudio. Aquele que se dispuser a praticar o método sem a devida iniciação não estará utilizando a energia Reiki, e sim comprometendo a sua própria energia pessoal *(ki)* com resultados prejudiciais à saúde.

"Agradeço às pessoas que me rejeitaram e me disseram não. Por causa delas, agi por mim mesmo e cheguei até aqui."

Índice

> *"Quando na vida se fecha uma porta,*
> *há sempre uma outra que se abre. Olhamos com tanto pesar*
> *a porta fechada que não percebemos a que se abriu."*

"Os pensamentos positivos o mantêm em harmonia com o Universo."

"Ama-se mais o que é conquistado com esforço."

"O futuro depende daquilo que fazemos no presente."

"Escolha muito bem seu cônjuge.
Dessa decisão única resultarão 90% de toda a sua felicidade."

Não é descendo que você levanta os que estão por baixo.
Suba e mostre-lhes o caminho. A lâmpada apagada
jamais iluminará a escuridão."

"Pense grande e será grande."

"Jamais corte o que pode ser desatado."

Introdução

A medicina convencional vem alcançando fantástico progresso a cada dia, contribuindo de forma extraordinária para aumentar a qualidade e a expectativa de vida. À proporção que a ciência progride em relação ao conhecimento do nosso corpo físico, mais se faz necessário repensar e estudar o ser humano como um todo. As teorias de Albert Einstein, já traduzidas no meio acadêmico, têm auxiliado muitos profissionais de saúde a tratar o corpo humano de forma holística. As teorias energéticas ou vibracionais vêm conquistando espaço na classe médica, embora não estejam ainda, oficialmente, vinculadas à medicina tradicional. A terapia energética ou vibracional não substitui a medicina convencional, assim como a medicina convencional não substitui a terapia energética. Cada qual atua em campos diferentes de um mesmo ser humano, coexistindo e complementando-se para melhorar as condições de vida do ser humano no Universo. Os seminários de Reiki vêm sendo ministrados em todo o mundo a um número cada vez maior de profissionais médicos que procuram inteirar-se sobre o método Reiki, a fim de canalizar a energia confortadora para complementar o tratamento convencional.

A medicina é a ciência indicada para fazer diagnósticos. Assim, é importante consultar o médico, seguir as instruções dadas por ele, fazer corretamente o acompanhamento adequado para o seu caso e beneficiar-se com a energia Reiki, que complementa, agiliza e integra-se ao processo de recuperação de sua saúde.

"Você não é um ser humano que está passando por uma experiência espiritual. Você é, sim, um ser espiritual que está vivenciando uma experiência humana."

霊気

Parte I

Nível I
"O despertar"

"Se você sabe voar, não jogue fora suas asas com pena dos que não sabem. Não seja infeliz ou pobre porque existem tantos infelizes e miseráveis."

CAPÍTULO 1

Bem-vindo ao Reiki

1.1 O que é o método Reiki?

O método Reiki é um sistema natural de harmonização e reposição energética que mantém ou recupera a saúde. É um método de redução de estresse. Reiki é um sistema próprio para despertar o poder que habita dentro de nós, captando, modificando e potencializando energia. Funciona como instrumento de transformação de energias nocivas em benéficas. É um sistema revolucionário para adaptar o ser humano às exigências da Era de *Aquarius*.

Reiki é uma palavra japonesa que identifica o Sistema Usui de Terapia Natural (Usui Reiki Ryoho), nome dado em homenagem ao seu descobridor, Mikao Usui. *Rei* significa universal e refere-se ao aspecto espiritual, à Essência Energética Cósmica que permeia todas as coisas e circunda tudo quanto existe. *Ki* é a energia vital individual que flui em todos os organismos vivos e os mantém. Quando a energia *ki* sai de um corpo, ele deixa de ter vida. A energia Reiki é um processo de encontro dessas duas energias, a Energia Universal e a nossa energia física. Ocorre depois da sintonização ou iniciação, feita por um mestre habilitado. A energia Reiki é uma das maiores forças deste planeta para a evolução

"Todo o Universo flui como a água.
Para senti-lo, não o retenha, simplesmente abra as suas mãos."

das pessoas, um caminho de harmonização interior com o Universo. É uma energia confortadora vinda de Deus, do Criador. Vem do macrocosmo para o microcosmo. Todos nós temos acesso à energia Reiki. Utilizá-la é nosso direito inato. Reiki é um presente poderoso, uma oportunidade para o iniciado crescer e transformar-se. É uma energia de paz e libertação com a qual o Criador abençoa o planeta. Ajuda a deter a violência e tendências autodestrutivas. É um poderoso antídoto contra o cigarro, o alcoolismo e as drogas que degeneram a humanidade.

1.2 Reiki – Vantagens e benefícios

1.2.1 Simplicidade e praticidade

A energia Reiki está à disposição do usuário vinte e quatro horas por dia, independentemente da situação, do local ou de quem o pratica. Não exige um ambiente ou uma postura física, como no caso do yoga. Nenhum objeto ou equipamento é exigido para a aplicação da energia Reiki, só o toque das mãos do reikiano no seu próprio corpo ou no de outra pessoa. Pela simplicidade da técnica, pode-se usá-la em todos os lugares, todos os dias.

Um estudante de acupuntura estuda e pratica durante anos para estar realmente apto a trabalhar com as agulhas e seus efeitos sobre a nossa energia vital. Deve aprender, antes de qualquer coisa, muito sobre si mesmo e sobre a técnica. Já o iniciante no método Reiki participa de um seminário de Nível 1 e com apenas um dia de aula pode aplicar a técnica com sucesso. Desde o início aprende a lidar com a energia. É um método de uso imediato. O treinamento não é demorado. Não requer meses de estudo, nem mesmo uma vasta compreensão intelectual.

"Seja a cura. Não a procure fora de si mesmo."

A energia canalizada por uma pessoa com baixa escolaridade não difere em nada da energia canalizada por um profissional com diplomas de mestrado e doutorado. Um analfabeto poderá ser um excelente reikiano. A beleza do método Reiki está na sua simplicidade. A simplicidade do método o torna acessível a qualquer pessoa, a qualquer estilo de vida. O método Reiki é a democratização da saúde, o equilíbrio ao alcance de todos. Todos podem ser um canal de energia Reiki. Também é muito fácil ensinar o método Reiki. Acredite! Você pode ser um mestre de Reiki, desde que receba o treinamento específico.

1.2.2 Rompe tempo e espaço

Ao contrário das terapias mais conhecidas – Massoterapia, Shiatsu, Do-in, Quiroprática, Cromoterapia e outras – nas quais há o condicionante do contato físico, a energia Reiki também pode ser enviada a distância, com sucesso, num processo similar ao da emissão de ondas radiofônicas. A energia pode ser enviada para todo o planeta, um país em crise, um grupo de pessoas, uma floresta sendo devastada, animais em extinção, a camada de ozônio, grupos de trabalhos pela paz, um parente ou amigo, etc. Do mesmo modo, pode ser enviada para um trauma do passado (assalto, estupro, briga, demissão), minimizando o dano emocional, bem como ser programado para atuar num evento futuro (audiência, entrevista de emprego, viagem aérea, ida ao dentista, etc.). A energia Reiki é multidimensional, atua na quarta dimensão, na qual o fator tempo/espaço deixa de ser um atributo fundamental. Na quarta dimensão temos um *continuum*, onde não há passado, presente nem futuro, o que explica como os grandes profetas, como Michael de Notre-Dame (Nostradamus), que viveu na França há quinhentos anos, conseguiam revelar fatos que ainda iam ocorrer.

"Nada que você imagina é impossível."

1.2.3 Holístico

Holístico vem do vocábulo grego *holos*, que quer dizer total, ou seja, a energia Reiki atua na totalidade do ser, nos corpos físico, emocional, mental e espiritual.

Quando procuramos, por exemplo, um dentista ou um ortopedista, visamos sanar problemas do corpo físico. Buscamos o apoio de um psicólogo, para o equilíbrio do corpo emocional. No caso de tratamentos psiquiátricos, a meta passa a ser o corpo mental. Muitos buscam dirigentes religiosos quando o objetivo é o corpo espiritual. Fazendo uso da energia Reiki, mantemos e recuperamos a saúde física, emocional, mental e espiritual. É um método natural de equilíbrio, restauração e aperfeiçoamento de todos os corpos, gerando um estado de harmonia.

O método Reiki não substitui a medicina, mas em muitos casos faz, de forma mais delicada e positiva, coisas que a medicina não pode fazer. Ao receber uma aplicação de energia Reiki, o corpo do receptor relaxa e o batimento cardíaco atinge o seu nível de repouso, assim como diminui a frequência respiratória. Ao final de uma sessão de Reiki, alguns receptores sentem-se como que acordando depois de uma noite longa de sono. Os tratamentos do método Reiki liberam tensões, intensificando as habilidades do corpo. As pessoas vencem dores que as atormentavam durante anos, fazendo-as sentirem-se mais amorosas, felizes e receptivas. A energia Reiki melhora o sistema imunológico, desintoxica, equilibra e amplia nossa energia. Face à renovação constante de nossos tecidos, a energia Reiki muda a estrutura química do corpo, ajudando a restaurar os músculos, os nervos, o esqueleto e a regenerar órgãos. Age em tudo que precisa ser modificado no organismo físico e etérico. Com poucas aplicações, observamos melhoras em casos difíceis de prisão de ventre. Direciona-se à origem dos problemas que, em geral, são emocionais.

> *"Esse ser completo que é o ser humano não pode funcionar de forma harmoniosa quando seus componentes estão em conflito."*

A energia Reiki ajuda a liberar emoções bloqueadas. Acaba com traumas emocionais do presente e do passado. Promove calma e bem-estar. O método Reiki é um ótimo recurso para equilibrar os sete principais chacras (centros energéticos), localizados da base da coluna ao topo da cabeça.

Sabemos, por experiência própria, que a qualidade de vida que uma pessoa estabeleceu inicialmente para si mesma será elevada depois da iniciação no Reiki. Quanto mais cedo começar a aplicação regular de energia Reiki, melhores e mais rápidos serão os resultados.

1.2.4 Sem polaridade e seguro

Uma pessoa que apresenta um desequilíbrio energético com predominância de energia *yang* pode acabar desenvolvendo impaciência, intolerância, irritabilidade, agressividade, hiperatividade, etc. Outra, com predominância de energia *yin*, pode desenvolver comportamentos como apatia, tristeza, melancolia, desânimo e depressão. Terapias polarizadas podem potencializar os efeitos do desequilíbrio, com resultados negativos em quem as recebe. Reiki é um método não polarizado e, portanto, sempre seguro e inofensivo, sem efeitos colaterais ou contra-indicações. Trata-se de um método sem consequências negativas, jamais causa danos. Não é como a eletricidade. Não produz curto, não destrói nervos ou tecidos mais frágeis, como os olhos, por exemplo. A energia Reiki é una, de tripla atividade. Encerra em si mesma a polaridade positiva *(yang)*, a negativa *(yin)* e a neutra. Por não ser polarizada, é compatível com qualquer outra forma de terapia, tratamento de saúde ou desenvolvimento espiritual.

A quantidade de energia Reiki não pode ser manipulada pelo emissor, que simplesmente impõe as mãos sobre o centro energético ou o local afetado e permite à energia fluir. A quantidade de energia

> *"No nosso mundo material, se algo acontece,*
> *não pode desacontecer."*

que flui é determinada por quem recebe (o receptor) e não por quem aplica a energia Reiki. Logo, não há como ocorrer um excesso numa aplicação. No momento em que a região se equilibra, deixa de solicitar energia. Caso o reikiano permaneça com as mãos no local, estará perdendo seu tempo. No Nível 1 do Reiki, efeito semelhante ocorre com a qualidade da energia Reiki emitida: quem a determina é a região em desarmonia do receptor. Cada região exige uma energia com ressonância diferente.

1.2.5 Expansão da consciência

Por meio de um medidor específico (aurímetro), numa pessoa não iniciada, podemos detectar a presença da energia da aura a uma distância de um metro. Num reikiano de Nível 3-A, a energia pode ser percebida a mais de dois metros de distância. O método Reiki amplia nosso campo áurico, aumentando nossa energia física, emocional e mental. Tal expansão no campo áurico produz uma transformação indiscutível de consciência em qualquer pessoa. Estes são somente alguns dos benefícios da expansão da consciência: redespertar nossa ligação espiritual com o Criador; alargar nossos horizontes; expandir a conexão com o nosso Eu Superior; aumentar a compreensão dos mistérios da vida; aumentar a sensibilidade; desenvolver o chacra cardíaco e fazer crescer a consciência de amor e a capacidade de ajudar de forma incondicional. Essa expansão energética ampliará igualmente sua criatividade e intuição. O aumento da percepção, com a ajuda da energia Reiki, é um passo importante para seu desenvolvimento. Poderá ocorrer de você pensar em alguém e a pessoa lhe procurar ou telefonar. Concentrando-se num problema, a solução subitamente pode aparecer por intuição ou por intermédio de outra pessoa, de um livro, de um jornal, etc. A energia Reiki irá confrontá-lo com

"Foi preciso percorrer cada curva do caminho para chegarmos até aqui."

pessoas e situações que o ajudarão a descobrir e a prestar mais atenção em si. Você terá a oportunidade de discernir mais claramente os obstáculos que você mesmo criou na vida, poderá tornar-se mais consciente, criando a condição interior para ouvir verdades geralmente negadas, facilitando seu autoconhecimento. Reiki é luz que nos leva de volta à Grande Luz.

1.2.6 Sem conotação religiosa ou credos

O método Reiki é sagrado, mas não é uma religião ou um sistema filosófico. Não tem restrições ou tabus. Adapta-se a qualquer cultura, raça, credo, seita ou idade. Não utiliza talismãs ou quaisquer instrumentos auxiliares. Também não é necessário que acreditemos nele, para que se propague ou faça efeito.

Reiki é um método inserido no contexto das práticas terapêuticas alternativas recomendadas pela Organização Mundial da Saúde (OMS) da Organização das Nações Unidas (ONU).

Haverá época em que a humanidade se unirá, como já o fez em outras eras, na medicina, na ciência e na religião. Sem dúvida, o método Reiki terá grande importância para que a humanidade alcance sua plenitude.

1.2.7 Não desgasta o terapeuta

A maioria das terapias corporais e energéticas envolve doação de energia vital *(ki)* do terapeuta para o receptor, causando um desgaste energético. O desgaste contínuo da energia vital do doador, sem reposição adequada, tende a deteriorar seu sistema imunológico, defesa natural do corpo contra doenças. Resulta, também, num desequilíbrio que pode afetar a dinâmica emocional, mental e espiritual do doador.

O método Reiki energiza e não desgasta o praticante, pois a técnica não utiliza o *ki* ou o *chi* do reikiano, e sim a Energia Cósmica do Universo.

"O conflito enfraquece, a harmonia fortalece."

Quando o reikiano aplica energia, retém cerca de 30% da energia aplicada. Diríamos que esta retenção funciona como uma bonificação divina. Logo, o praticante passa a ter mais energia e disposição depois da sessão. No método Reiki, quanto mais damos mais recebemos. Quanto maior for o uso da energia Reiki, mais forte se torna o terapeuta, mais benefícios ele faz a si próprio e aos receptores. Após tratar muitos receptores, por mais doentes que estejam, o reikiano geralmente se sente bem-disposto. Entretanto, o método Reiki não substitui a boa respiração, o repouso e a alimentação adequada. Tampouco é um substituto para as nossas necessidades de exercícios físicos apropriados.

1.2.8 Autotratamento

Na maioria das terapias holísticas, é impossível, ou fica muito difícil, o terapeuta utilizar a técnica em si mesmo. Um dos maiores benefícios do método Reiki é a possibilidade do autotratamento. O autotratamento é uma prática extremamente efetiva para a liberação da tensão, relaxamento e redução do estresse. Amplia a energia vital, propiciando equilíbrio aos corpos sutis e físico. Possibilita também a liberação de toxinas e bloqueios de energia, provenientes de emoções retidas. Uma pessoa pode autoaplicar energia Reiki em qualquer lugar, seja numa sala de espera, no avião, no ônibus, no metrô, no táxi, na cama, ao acordar ou antes de dormir.

1.2.9 Sem diagnóstico

A técnica Reiki não exige diagnóstico da patologia para que um tratamento seja bem-sucedido e pode ser aplicada inclusive por crianças (preferencialmente a partir dos sete anos de idade) para tratar até mesmo disfunções crônicas. Isto acontece porque Reiki é uma energia inteligente.

"Quanto mais você der mais receberá."

Penetra no corpo do receptor e, através dos meridianos energéticos e chacras, dirige-se até a causa ou origem dos desequilíbrios ou enfermidades.

O diagnóstico é uma prerrogativa de profissionais amparados legalmente para tal. O Terapeuta Reiki que o realizar estará exercendo ilegalmente uma profissão, com implicações jurídicas pesadas previstas pelo Código Penal, tais como charlatanismo e curandeirismo. Afinal, para que um diagnóstico seja realizado com competência e sucesso, a pessoa deverá dedicar anos de sua vida ao estudo de anatomia, fisiologia, bioquímica, comportamento, entre outros aspectos da natureza humana.

1.2.10 Não fica obsoleto

Um profissional recém-formado da área médica que pare de ler e estudar não se manterá atualizado. Com certeza ficará ultrapassado, pois o avanço tecnológico é muito rápido. O mesmo fato pode ocorrer com profissionais de outras técnicas. No caso do método Reiki, a técnica não fica obsoleta, é a mesma desde o seu descobrimento. Além disso, um longo período sem utilizar a energia Reiki não levará à necessidade de nova ativação energética para o mesmo nível do Reiki. A sintonização é um presente divino, fica profundamente enraizada no iniciado. Um dom que, uma vez recebido, não é perdido e nos acompanhará por toda a vida, trabalhando corpo, mente e espírito. Os canais permanecerão abertos pelo resto da existência do reikiano, mesmo que por um longo período não sejam acessados. Eles podem tornar-se mais fortes com a prática ou enfraquecer por falta de uso, entretanto poderão ser reativados pela simples volta à prática do método Reiki. Quanto mais o reikiano usa a energia, mais aumenta sua capacidade de canalização, pois seus canais de condução de energia se abrem como consequência da prática.

"Aos olhos de Deus,
ninguém neste planeta é melhor do que você."

1.2.11 Beneficia todo ser vivo

Existem excelentes práticas terapêuticas que apresentariam certas limitações para serem aplicadas em outros seres vivos. Por exemplo, no caso da acupuntura ou da massoterapia, haveria alguma dificuldade ou impossibilidade se fôssemos tratar uma árvore frondosa, um peixe num aquário ou um animal feroz. A energia Reiki, por ser universal, possibilita ser enviada também a distância, permite estas alternativas. Serve igualmente para o tratamento de quaisquer organismos vivos: animais e plantas. É incrível observar como flores, muitas vezes que acabaram de murchar, recuperam a sua beleza em poucas horas, com a aplicação de energia Reiki.

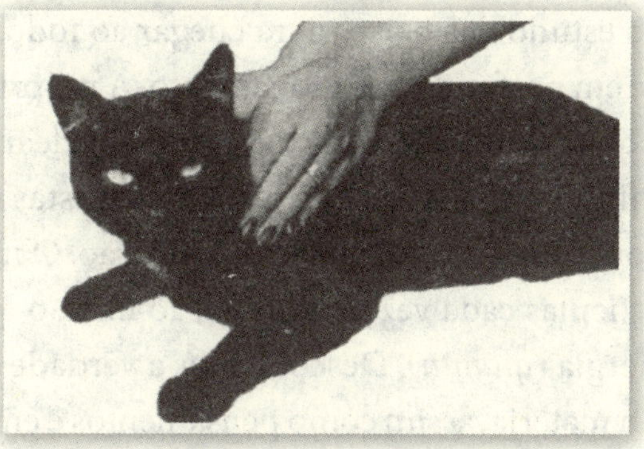

1.2.12 Não é necessário despir

Muitas técnicas eficazes obrigam o terapeuta a despir seu cliente, o que poderá colocá-lo em situação embaraçosa. Para uma aplicação de energia Reiki, não precisamos despir o receptor. A energia atravessa sem problemas qualquer material, inclusive o gesso e o metal. Entretanto, em função de poder haver interferência no campo eletromagnético (aura) do

"Todos somos um pedacinho de luz da mesma Fonte."

receptor e do reikiano, recomendamos a retirada de adornos (pulseiras, relógios, brincos, anéis, fivelas, etc.) na hora da aplicação.

1.2.13 Complementar

O método Reiki tanto pode ser usado isoladamente, quanto como complemento terapêutico de qualquer técnica (convencional ou holística), isso se deve ao fato de a energia não ter polaridade. Assim, as possibilidades para combiná-lo com outras técnicas são infinitas.

1.3 Como funciona a energia Reiki

A cultura ocidental é baseada numa concepção newtoniana/cartesiana. Aposta no estudo das partes para chegar ao todo. Esta concepção encontra-se hoje em profundo questionamento. A própria física quântica, por meio de pesquisas sobre o átomo e a energia nuclear, demonstra que, em nível mais ínfimo, a matéria é energia. Os cientistas modernos analisam o mundo com um incrível grau de sofisticação. O mundo material é dividido em partículas cada vez menores e, ao final, o que encontramos são ondas de energia *(quanta)*. Descobrimos a verdade simples de que a energia precede a matéria, assim como pensamentos e emoções precedem a ação. Essa visão do mundo, nova no Ocidente, antiquíssima no Oriente, declara ser energia tudo o que existe. Energia é a realidade básica que se condensa, se equilibra e forma a matéria. Com a fórmula de Albert Einstein ($E = m x C^2$) ficou provado, cientificamente, que matéria e energia são conversíveis e intercambiáveis. Pode-se, por exemplo, transformar plutônio e urânio enriquecidos em pura energia – explosões – como aconteceu em Hiroshima e Nagasaki. Pode-se também transformar energia em matéria (multiplicação de pães e peixes realizadas por Jesus),

"O poder que existe dentro de você não se explica, usa-se."

pois são dimensões da mesma realidade. Registros dos tempos das medicinas chinesa, tibetana e indiana, e ainda na época dos alquimistas medievais, técnicas milenares nos ensinam que matéria efetivamente se transforma e pode ser moldada pela intervenção de uma energia maior.

Energia é energia, não há energia ruim. Há somente energia bem ou mal dirigida. Em uma pessoa sadia, a energia vital passa livremente pelo nosso corpo físico, fluindo por "caminhos": chacras, meridianos energéticos e *nadis*. Também circunda o campo energético a nossa volta, ao qual chamamos de aura. Essa força energética nutre nossos órgãos e células e regula as funções vitais.

Em virtude de excessos físicos, emocionais e mentais, liberamos energias e essas liberações geram "nós" energéticos ou bloqueios energéticos que interrompem ou impedem o fluxo normal da energia vital, gerando uma disfunção nos órgãos e tecidos do corpo, causando a disfunção em razão do deficiente ou mau funcionamento dos órgãos e das glândulas.

A técnica Reiki utiliza-se de energia primordial, da qual todo o Universo é constituído. É essa energia original de tudo e de todos os seres que captamos e veiculamos após a iniciação (sintonização). Depois de sintonizados, passamos a ser canais desta Energia Cósmica e podemos direcioná-la para a zona afetada, emitindo vibrações que diluem os bloqueios prejudiciais. Dessa forma, passamos efetivamente a intervir na matéria, em outros campos de energia e na consciência, levando a um estado natural de bem-estar, plenitude, harmonia e equilíbrio. A energia Reiki faz efeito ao passar pela parte afetada de nosso campo energético, elevando nosso nível vibratório dentro e fora do nosso corpo físico, onde pensamentos e emoções estão alojados na forma de nódulos energéticos que funcionam como barreiras do nosso fluxo normal de energia vital.

"Se você recuar, ficará mais fácil observar a humanidade como um todo."

Muitos são os que convivem com essas barreiras ao longo de toda uma vida, minimizando a qualidade da mesma.

Em uma sessão de Reiki, a quantidade de energia recebida é determinada pelo próprio receptor, uma vez que o terapeuta reikiano apenas direciona a energia. O provedor – o Cosmo – doa ilimitadamente.

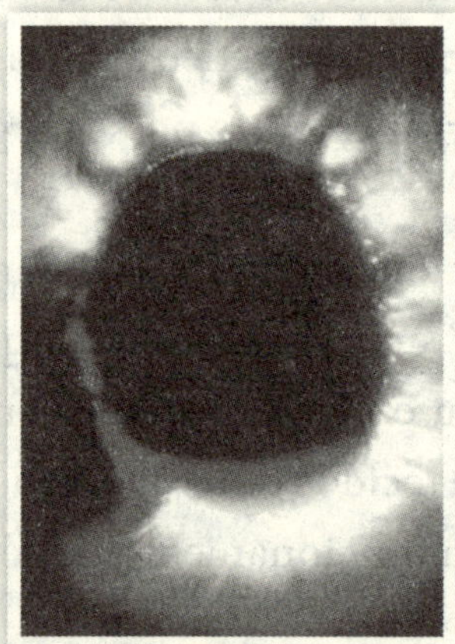

Fotografia Kirlian de um depressivo antes de uma sessão de Reiki

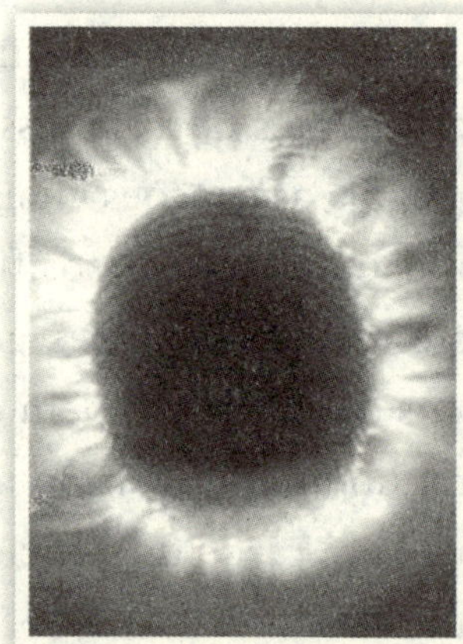

Fotografia Kirlian do mesmo depressivo depois de uma sessão de Reiki

"Quem acende uma luz é o primeiro a beneficiar-se da claridade."

CAPÍTULO 2

A história do Reiki

2.1 Antecedentes e a descoberta do método

A arte de tocar o corpo humano com as mãos, para confortar e diminuir dores é um velho instinto. Quando sentimos dores, nossa primeira reação é a de colocar imediatamente as mãos sobre a área que está doendo. O toque humano gera calor, serenidade e conforto. Quando um animal lambe uma ferida, está agindo com os mesmos instintos que o ser humano ao colocar as mãos.

No Tibete existem registros de técnicas de harmonização por meio das mãos há mais de oito mil anos. Essas técnicas se expandiram pela Grécia, Egito, Índia e outros países, apesar de se terem perdido nos últimos dois milênios.

Existem fatos que indicam ter Jesus praticado imposição de mãos no Egito. Jesus aplicava a técnica com muito sucesso e também dizia a seus apóstolos "sanem os que estiverem doentes". Até hoje padres católicos conservam técnicas de imposição de mãos.

Essa energia transmitida recebeu nomes diferentes em cada cultura: os polinésios a chamam de *mana*; os índios iroqueses americanos de *orenda*; na Índia é *prana*; *ruach*, em hebraico; *barraka*, nos países

"A história é o registro de algo que nunca aconteceu, escrita por alguém que não estava lá."

islâmicos; *chi*, na China; no Japão, a energia é chamada de *ki* e de energia bioplasmática pelos russos.

Existem pessoas que possuem habilidades pessoais, utilizando ou não as mãos (os chamados paranormais). A essas pessoas recomendamos que entrem em contato com o método Reiki, a fim de potencializar e direcionar a energia, acrescentando poder ao que a natureza já lhes deu.

2.2 Mikao Usui - O descobridor do método

Mikao Usui (ilustração ao lado), nasceu no Japão em 15 de agosto de 1865. Há controvérsias a respeito da história da vida do descobridor do método Reiki. Não possuímos registros oficiais detalhados de sua história, repassada de mestre a discípulo e que permanece envolta em muitos mistérios. Alterações foram feitas com o passar dos anos, a fim de que o método fosse introduzido no Ocidente, principalmente no que concerne a sua formação profissional e sua religiosidade. A essência, que é uma lenda, conhecida por ter sido repassada de geração a geração. Reza a lenda que Mikao tornou-se um padre católico. Além de sacerdote cristão, teria lecionado e sido reitor de uma pequena universidade cristã em Kyoto (Japão), a Doshisha University. Usui ouvia e lia muitas histórias sobre Jesus que, no passado, pelo uso das mãos e uma técnica específica, proporcionava milagres e ajudava outras pessoas com suas habilidades metafísicas. Curioso, observava que grande parcela das pessoas eram infelizes e improdutivas, assoladas por estados depressivos e

"Somos todos levados à verdade para a qual estamos prontos."

doentios, situações que o induziram ardentemente a conhecer também habilidades terapêuticas. Dizem que, um dia, durante uma discussão com um grupo de alunos que concluía a formação de seminaristas, foi perguntado a ele se acreditava literalmente na Bíblia. Quando respondeu que sim, os estudantes o lembraram das curas promovidas por Jesus. Os estudantes mencionavam as palavras de Cristo: "Você fará como eu tenho feito, e mesmo as grandes coisas." Queriam saber por que não existiam no mundo outros curadores agindo da mesma maneira que Cristo agia, já que Ele dissera aos apóstolos para curarem os doentes e levantarem os mortos. "Se isso era verdade, ensine-nos os métodos", argumentaram os alunos. "Queremos saber como aquelas curas poderiam ser realizadas hoje também". Disseram-lhe que não era suficiente eles acreditarem, queriam ver com os próprios olhos como Jesus realizava as curas. Mikao Usui não podia dar respostas às dúvidas procedentes dos estudantes porque não as possuía. Porém, não podia ficar sem respostas nem para si nem para seus estudantes. Usui não tinha como ensinar a fórmula da harmonização do corpo tal como Jesus transmitira a seus discípulos. Ele simplesmente tinha fé nas escrituras. O professor Usui permaneceu calado, pois pela tradição japonesa ele tinha sido ultrajado em sua honra como professor e reitor, em virtude de não ter respondido às perguntas de seus alunos. Nesse dia, teria pedido demissão de suas funções, determinando-se a encontrar as respostas para este grande mistério. Como a maioria de seus professores era de homens que tinham sido missionários americanos, e os Estados Unidos eram um país predominantemente cristão, ele decidiu iniciar seus estudos na Universidade de Chicago, facilitado pelo intercâmbio cultural da dinastia Meigi. Conta a lenda ainda que, em 1898, Mikao viajou para os EUA, onde estudou o Cristianismo e a Bíblia e, após anos de estudos, doutorou-se em Teologia. Estudou línguas arcaicas para ler as antigas escrituras, inclusive o chinês e o sânscrito, a mais antiga língua indiana. Depois deste

> *"Ouça os sinais internos que o ajudam*
> *a tomar decisões corretas, sem se importar com*
> *o que os outros pensam."*

longo período de estudos, não encontrando respostas suficientes, decidiu que deveria continuar suas pesquisas em algum outro lugar. Como Buda (620–543 a.C.) também era conhecido por curar cegos, doenças como a tuberculose, a lepra, entre outras, o professor Usui resolveu retornar ao Japão e pesquisar mais sobre as curas realizadas por Buda, na esperança de achar a chave para a recuperação da saúde física. A base do Budismo ficava em Nara. Em Kyoto, porém, havia cerca de oitocentos e oitenta templos e mosteiros, e até um templo *Zen* que possuía a maior biblioteca budista do Japão. Lá poderia pesquisar a respeito das escritas dos *sutras* e das curas de Buda. Mikao Usui peregrinou à procura das antigas escrituras nas bibliotecas, de monastério em monastério. Toda vez que se aproximavam abades budistas, perguntava-lhes se tinham conhecimento de alguma fórmula sobre as curas realizadas por Buda, tendo sempre recebido a resposta que, naquele momento, estavam muito ocupados com a cura do espírito para poder se preocupar com a cura do corpo. Depois de muitas tentativas, chegou a um monastério *Zen* e, pela primeira vez, foi encorajado por um velho abade que concordou que poderia ser possível curar o corpo como Buda já havia feito. O abade acreditava, também, que se havia sido possível uma vez, havia a possibilidade de se descobrir novamente a fórmula de recuperar a saúde física. Mikao decidiu que ia estudar os *sutras* no Tibete e, já que dominava bem o sânscrito, viajou para a Índia. Finalmente, em uma de suas pesquisas num antigo manuscrito de um discípulo anônimo de Buda, em sânscrito, conforme a lenda, encontrou os quatro símbolos sagrados da fórmula usada por Buda para tratar e recuperar a saúde das pessoas. Os *sutras*, escritos há mais de dois mil e quinhentos anos, acionavam uma energia poderosíssima que poderia levar a um ilimitado poder de recuperação das disfunções. Apresentavam, no entanto, uma simples fórmula, que sem as explicações de como usar e a devida ativação não lhe traria a habilidade plena de tratar as pessoas.

"Para transformar um sonho em realidade,
você deve ser perseverante e fazer tudo o que for necessário
para que isso aconteça. Seja perseverante e as coisas acontecerão."

2.3 A meditação de Mikao Usui

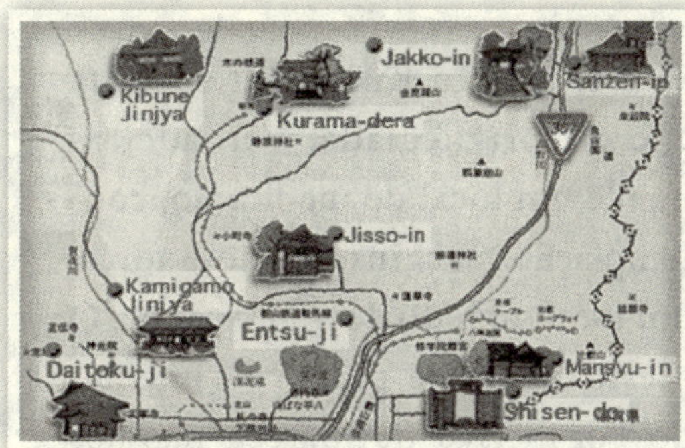

Conta a verdadeira história do Reiki (oficial) que em março de 1922, no Japão, Mikao decidiu empreender um período de jejum e meditação de vinte e um dias, como faziam os antigos mestres, a fim de purificar-se para receber uma visão que o esclarecesse. Buscou retiro no monte Kurama, a montanha sagrada, localizada a aproximadamente vinte e cinco quilômetros, ao norte, de Kyoto, levando além dos *sutras* encontrados, apenas um cantil de pele de cabra com água e vinte e uma pedras que lhe serviram de calendário. Enquanto os dias passavam, Mikao, em absoluto jejum, sentado próximo a um pinheiro, ouvindo o som de um riacho, passou a meditar, orar, entoar cânticos, ler os *sutras* e pedir ao Criador que lhe desse o discernimento necessário para uso dos símbolos. O jejum e a meditação ampliaram as fronteiras de sua consciência e, na madrugada do vigésimo primeiro dia, Mikao teve uma visão, por meio da qual vislumbrou uma intensa luz branca que o golpeou de frente, projetando-o para fora do corpo. Sentindo a consciência profunda em comunicação com o seu "eu mental", ao abrir totalmente sua percepção, pôde ele ver muitas luzes em forma de bolhas coloridas contendo no seu interior símbolos sagrados e, pela comunicação que estava recebendo, foi-lhe dada a compreensão dos significados dos símbolos e sua utilização. Naquele momento, Mikao recebia a sua iniciação, o conhecimento de como utilizar os símbolos e ativar o poder em outras pessoas, acessando assim o eficiente método de terapia Reiki.

> *"O estado da mente atua mais na saúde do que muitos julgam."*

2.4 Monte Kurama: o local da descoberta

O monte Kurama tem uma energia privilegiada. Verdadeiramente um local de meditação, contemplação, paz, inspiração e força; um local sagrado de muita calma. O acesso é íngreme, porém pavimentado. Por incrível que pareça, não nos cansamos ao percorrê-lo. Ouve-se somente o som da água corrente, a brisa e os pássaros. Para um reikiano, ir ao Japão e não visitar o monte Kurama é como a um católico ir a Roma e não ver o Papa.

Conta a lenda, conforme informações encontradas no templo do monte Kurama em 770 d.C., que um sacerdote ilustre chamado Goki subiu o monte montado num cavalo branco. Nesse momento, recebeu a iluminação. O sacerdote fundou um templo budista no monte Kurama, que sofreu desde então muitas modificações. Atualmente existem vários templos e pagodes no lugar. A princípio, faziam parte da seita Tendai, do Budismo. Desde o ano de 1949, fazem parte da seita Kurama Kokyo. Os templos do Kurama estão localizados na encosta da montanha.

Existem referências nos templos a alguns ideogramas *kanji* usados nos símbolos do Reiki.

> *"Quando se busca o cume da montanha,*
> *não se dá importância às pedras do caminho."*

2.5 Mikao Usui e os primeiros resultados do Reiki

Quando o transe que trouxe a visão acabou, o professor Usui sentiu-se bem, cheio de energia, forte e em plenitude, a ponto de conseguir caminhar de volta ao mosteiro. Estava bem diferente dos momentos que precederam o final dos vinte e um dias de meditação. Não sentia mais os esforços do retiro e do jejum. Com entusiasmo, levantou-se e começou a descer a montanha. Esse foi o primeiro fato extraordinário daquela manhã. Durante a descida da montanha, na pressa de voltar com suas recentes revelações ao mosteiro *Zen* onde vivia, Mikao acidentou-se, tropeçando em uma pedra, machucando bastante um dedo do pé que passou a sangrar e doer muito. Instintivamente, Mikao impôs as mãos e, em pouco tempo, a dor passou e a hemorragia parou. Esse foi o segundo fato extraordinário. Usui tinha consigo a chave da harmonização que tanto havia procurado. O terceiro fato deu-se durante o caminho de regresso ao mosteiro, quando parou em uma pousada para fazer uma refeição. O senhor que o atendeu, vendo o comprimento da barba e o estado das roupas de Mikao, compreendeu que ele estivera em jejum durante um longo período e o encorajou a comer um tipo especial de broa, face ao perigo de quebrar-se um jejum com comida muito farta. O professor Usui recusou a sugestão e pediu o café completo. Sentado em um banco sob uma árvore, fez sua refeição sem nenhum problema de digestão. Mikao percebeu que a neta do homem que o tinha servido chorava e que uma parte do seu rosto estava inchado e avermelhado. Perguntou à garota o que estava acontecendo e ela respondeu que sentia dor de dente havia três dias. O avô era muito pobre para levá-la a um dentista em Kyoto. O monge ofereceu-se para ajudar e tocou o lugar onde doía. O quarto fato extraordinário aconteceu à medida que a dor e o inchaço no rosto da menina diminuíram.

> *"As pessoas vão continuar sendo exatamente como são, independentemente de sua opinião sobre elas."*

Após vinte e cinco quilômetros de caminhada, ao chegar ao monastério *Zen*, o professor Usui soube que seu amigo, o abade ancião, estava acamado em virtude de um doloroso ataque de artrite, mal que o afligia há muitos anos. Mikao foi visitar o amigo e, enquanto falava de suas experiências com o monge, colocou suas mãos sobre a área afetada e, muito rapidamente, as dores desapareceram. Comunicou ao monge que encontrara aquilo que procurava havia tantos anos. Contou-lhe sobre a meditação, as visões e denominou a energia que lhe havia aplicado de Reiki.

2.6 Reiki e o início da divulgação

Ainda segundo a lenda, o próximo passo de Mikao Usui era colocar o método Reiki em prática da melhor forma possível. Depois de algumas semanas de permanência com os monges no mosteiro, onde o assunto foi bastante debatido, principalmente com seu amigo, o abade ancião, ele resolveu trazer a técnica Reiki ao mundo, levando sua descoberta para além dos muros do mosteiro. Decidiu que trabalharia em bairros pobres, onde as pessoas não tivessem condições financeiras para tratar de seus problemas de saúde com médicos herboristas e acupuntores. Tornou-se vendedor ambulante de verduras em cestos, a fim de sobreviver e encontrar as pessoas necessitadas. Em seguida, familiarizou-se com os mendigos de Kyoto e com todas as pessoas marginalizadas pela sociedade de sua época, visando torná-las mais felizes, produtivas e dignas. Sua intenção era tratar os mendigos e pedintes para que eles pudessem receber novos nomes no templo e reintegrar-se à sociedade. Tratou, primeiro, os mais jovens e habilidosos e mandou-os buscar trabalho na cidade para que pudessem viver melhor. Fez a mesma coisa com os mais velhos e orientou-os para que ganhassem sua vida sem mendigar. Os resultados foram atingidos e

> *"O importante não é vencer todos os dias,*
> *mas lutar sempre. A honra não consiste em não cair nunca,*
> *mas em levantar cada vez que se cai."*

muitos se recuperaram totalmente. Cumprida essa etapa, pôs-se a percorrer as cidades e aldeias repletas de indigentes e enfermos, ajudando-os com a técnica que detinha. Trabalhou junto aos alienados da sociedade e depois dessa peregrinação pelas cidades e aldeias do Japão, voltou a Kyoto, onde, para sua decepção e tristeza, constatou que muitos daqueles que havia ajudado e induzido a se manter com trabalho honesto tinham voltado à mendicância, nas mesmas condições anteriores de miséria. Intrigado, perguntou-lhes por que, podendo trabalhar, não o faziam. Responderam-lhe que era mais fácil mendigar do que se esforçarem no trabalho. Naquele momento compreendeu que o esforço realizado para beneficiar o próximo com o que dedicara tanto tempo de sua vida para investigar, descobrir e doar não fora suficiente. Ele se deu conta de que havia auxiliado as pessoas a recuperar o corpo dos sintomas físicos, mas não as havia ensinado a apreciar a vida com um novo modo de viver. Descobriu que aquelas pessoas não tinham aprendido nada quanto à responsabilidade e, acima de tudo, quanto à gratidão. Percebeu então que a saúde do espírito, como pregada pelos monges, era tão importante quanto a saúde do corpo, uma vez que, com aplicação de energia Reiki, só havia validado e ratificado a condição de pedinte naquelas pessoas. A importância da troca de energia tornou-se clara para ele: as pessoas precisavam dar de volta aquilo que recebiam ou a vida para eles estaria destituída de valor.

Mikao Usui, até então, praticava o método Reiki imbuído somente de ideais amorosos. Consistia apenas no uso da energia, os símbolos sagrados e o processo de iniciação. Mikao deixou o trabalho com pedintes e resolveu ensinar àqueles que desejavam saber mais. Nessa ocasião, o professor Usui adotou os 5 Princípios do Reiki. Orientava seus clientes e discípulos sobre como deviam tratar a si mesmos e ensinava os Princípios do Reiki para ajudá-los a alcançar a harmonia dos corpos físico, emocional, mental e espiritual.

"Nada melhor para ser feliz que trocar as preocupações por ocupações."

Mikao, após peregrinar por todo o território japonês convidando as pessoas que sentiam tristeza, depressão e dor física a assistir às suas palestras sobre o método Reiki, foi condecorado pelo imperador do Japão por sua dedicação aos ensinamentos praticados com ideais amorosos. Antes de falecer (em 9 de março de 1926), Mikao Usui deu o Mestrado do conhecimento da técnica Reiki a pouco mais de dez pessoas. Entre os contemplados estava o dr. Chujiro Hayashi, um de seus sucessores. A eles foi passada a responsabilidade de transmitir e manter intacta a tradição Reiki.

O Mestre Mikao Usui (sentado ao centro) com os membros da Usui Reiki Ryoho Gakkai, fundada em 1922. As mulheres participavam normalmente da Instituição. (in: Toshitaka, M. & Miyuki, K., *Reiki*, 2001, 136)

"Cada momento tem sua repercussão na eternidade."

2.7 O memorial a Mikao Usui

Logo após a transição de Mikao Usui, um memorial foi construído pela Usui Reiki Ryoho Gakkai, em fevereiro de 1927, por ela mantido até hoje. A sepultura e o memorial do Mestre Usui estão localizados em um cemitério público, junto ao Templo Saihoji, no distrito Sujinami, em Tóquio. O memorial consiste de uma única grande pedra de cerca de 1,20 m de largura e 2,50 m de altura. Nela há uma inscrição em antigo *kanji* japonês, na qual é descrita a vida de Mikao Usui, a experiência da descoberta e do uso do método Reiki. Perto da pedra foram colocadas as cinzas de Usui, juntamente com as de sua mulher e de seu filho, Fuji.

A palavra mais clara é sempre a verdadeira: no memorial não há lendas. O texto foi escrito por Juzaburo Ushida, que se tornou presidente da instituição após a morte de Mikao Usui. Foi editado por Masayuki Okada, doutor em literatura e membro da Usui Reiki Ryoho Gakkai.

O dialeto japonês antigo é de difícil compreensão, inclusive para os próprios japoneses mais jovens. A tradução para o idioma japonês moderno foi feita pelo mestre Doi Hiroshi, membro ativo da Gakkai, em 1.º de janeiro de 1998, na cidade de Ashiya. A tradução para

"A verdade é sempre o argumento mais forte."

o inglês foi feita por Tetsuyuki Ono, em 19 de junho de 1998, na cidade de Takarazuka. Em outubro de 1998, em Tóquio, recebi esta tradução das mãos de meu mestre Fuminori Aoki. Pedi à mestre de Reiki Elizabeth Barros de Sá, professora de inglês, que providenciasse a tradução para o português, concluída em 18 de novembro de 1998. A tradução foi publicada pela primeira vez, no Brasil, em meu segundo livro (*Reiki a Terapia do Terceiro Milênio* – Madras Editora, 1999).

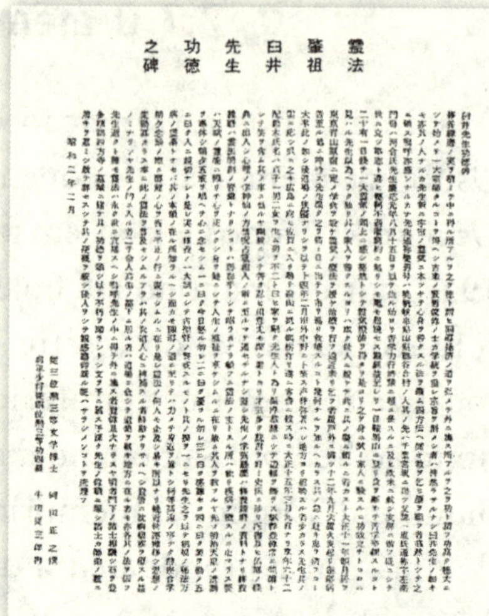
靈法肇祖臼井先生功德之碑

Caso um reikiano deseje visitar o memorial, em Tóquio, saiba que existe um ritual a cumprir. Primeiro é preciso limpar o monumento de qualquer detrito e, em seguida, jogar água para purificar. Geralmente há um vaso onde devem ser colocadas flores e um orifício no qual é colocado incenso. As flores e o incenso podem ser adquiridos nas lojas comerciais próximas dos cemitérios japoneses. Coloca-se uma vela, acende-se o incenso e depois se faz uma prece. Esse é o hábito ritualístico japonês.

"O valor de um presente não está naquilo que se dá ou faz, mas na intenção de quem o deu ou fez."

2.8 Tradução da inscrição talhada no memorial a Mikao Usui

Monumento ao Sensei Usui por sua honrada obra

Aquilo que se pode realizar naturalmente, por meio do desenvolvimento e da educação, é chamado de VIRTUDE. É chamado de MÉRITO difundir um método de liderança e ajuda e praticá-lo. Somente as pessoas de muitos méritos e grande quantidade de virtudes é que podem ser consideradas grandes criadoras: pessoas que começam um novo aprendizado e criam nova seita entre sábios, filósofos, gênios etc. e tornam-se conhecidas desde tempos remotos. Podemos dizer que o Sr. Usui é uma dessas pessoas.

Ele começou, de um modo novo, um método de aperfeiçoar o corpo e o espírito, baseado na energia Reiki, do Universo. Ao ouvirem rumores sobre a técnica, pessoas que queriam aprender esse tratamento terapêutico e desejavam se tratar afluíram de todas as regiões imediatamente.

O sr. Usui, cujo nome popular é Mikao e o nome de batismo é Gyohan, veio de Taniai-Village, distrito de Yamagata, prefeitura de Gifu. Ele tinha um antepassado chamado Tsunetane Chiba que teve participação ativa como comandante militar, entre o término do período Heian e o início do período Kamakura (1180–1230). O nome real de seu pai é Taneuji e o nome popular é Uzaemon. Sua mãe era oriunda da família Kawai.

O sr. Usui nasceu em 15 de agosto de 1865. Educou-se em meio às dificuldades de sua infância. Estudou com afinco e bastante esforço. Suas habilidades sempre foram muito superiores às de seus amigos.

Depois de crescido, foi para Europa e para a América (USA) e também estudou na China. Apesar de seu talento, nem sempre foi

"O que não queres que os outros saibam, não digas a ninguém."

bem-sucedido na vida. Embora compelido a levar uma vida infeliz e pobre, amiúde tinha de redobrar esforços para fortalecer corpo e mente sem esmorecer ante as dificuldades.

Um dia, o sr. Usui subiu o monte Kurama, onde iniciou penitência. Enquanto jejuava, sentiu, no vigésimo segundo dia, a grande energia Reiki sobre a cabeça. Assim, ao mesmo tempo em que era despertado espiritualmente, adquiria o poder terapêutico da energia Reiki.

Quando tentou usá-la em seu próprio corpo e em seus familiares, obteve resultados imediatos. Ele disse: "É muito melhor dar esse poder largamente para um número grande de pessoas no mundo e desfrutá-lo entre eles, do que mantê-lo exclusivamente entre os membros da própria família".

O *Sensei* Usui mudou sua residência para Aoyama Harajuku, Tóquio, em abril de 1922, onde estabeleceu um instituto no qual o tratamento com a energia Reiki era amplamente ministrado ao público. As pessoas, vindas de todas as distâncias para pedir orientação e tratamento para seus problemas de saúde, faziam enormes filas.

Em setembro de 1923, Tóquio sofreu um grande incêndio, ocasionado por um terremoto no distrito de Kanto. Pessoas feridas e doentes padeciam de dores em todos os lugares. O *Sensei* Usui ficou muito tocado com tudo aquilo e se mobilizou com a terapia Reiki, percorrendo toda a cidade diariamente. Não podemos calcular quantas pessoas foram salvas da morte por sua devoção. Sua atuação ao estender suas mãos de amor por sobre aquelas pessoas que sofriam, naquela situação de emergência, se destacou.

Depois disso, a clínica tornou-se muito pequena para receber os visitantes e ele teve de construir uma nova casa em Nakano, fora da cidade (em fevereiro de 1925), transferindo-se para lá. Como sua reputação aumentava bastante, com frequência recebia convites vindos de todos os lugares do país. Atendendo a esses pedidos, viajou para Kure e Hiroshima. Depois esteve em Saga e finalmente em Fukuyama. Foi numa estalagem

"Uma vez começadas as coisas, não devem ser esquecidas nem deixadas antes de serem acabadas."

onde se hospedou, durante seu trajeto, que Usui contraiu uma doença, vindo a falecer abruptamente, aos 62 anos (60 anos na visão ocidental).

Sua esposa, oriunda da família Suzuki, chamava-se Sadako. Usui teve um filho e duas filhas. O nome do filho era Fuji, que o sucedeu à frente da família.

O *Sensei* Usui era de natureza gentil e prudente e não dava importância às aparências. Tinha corpo grande e vigoroso, e sua face estava sempre iluminada com um sorriso. Quando enfrentou dificuldades, seguiu adiante com determinação e perseverança, mantendo-se extremamente cuidadoso. Era um homem de talentos variados e um amante dos livros.

Detinha uma vasta gama de conhecimentos, que iam desde história, ciência médica, Cristianismo e Budismo, psicologia, até o mágico reino das fadas, ciências divinatórias e fisiognomonia.

Em minha opinião, fica evidente para todos que o desenvolvimento e a instrução do *Sensei* Usui foram baseados em seu conhecimento de arte e ciência e se tornaram a chave para criar a terapia Reiki.

Revendo os fatos, entendo que a terapia Reiki objetiva não somente tratar problemas de saúde, mas também corrigir a mente por meio de uma habilidade espiritual enviada por Deus, mantendo o corpo saudável e desfrutando uma vida de bem-estar. Ao ensiná-la às pessoas, devemos primeiro fazer com que percebam as últimas instruções do Imperador Meiji e celebrem os 5 Princípios, pela manhã e à tarde, a fim de mantê-los sempre em mente.

São eles:

1. Não se zangue por hoje;
2. Não se preocupe;
3. Expresse sua gratidão;
4. Seja aplicado e honesto em seu trabalho;
5. Seja gentil com os outros.

"A virtude não é hereditária."

Realmente, esses importantes preceitos para o desenvolvimento são exatamente os mesmos que os antigos sábios aconselhavam-se mutuamente. O *Sensei* Usui enfatizava: "*Este é seguramente o processo desconhecido para trazer a boa sorte e, também, levar à humanidade um milagroso bálsamo para todos os tipos de problemas de saúde*". Por esse processo, ele tornou seu propósito de ensinar claro e acurado. Além disso, tentou tornar sua orientação tão fácil e simples quanto possível, de maneira que nada fosse difícil de ser entendido.

Sempre que você se sentar calmamente e unir suas mãos para rezar e cantar, pela manhã e à noite, vai desenvolver um som mental puro, que é a essência de fazer do seu dia a dia o melhor que ele pode ser. Essa é a razão pela qual a terapia Reiki pode ser facilmente ensinada para qualquer pessoa.

As fases da vida são muito mutáveis, hoje em dia, e os pensamentos das pessoas tendem a se modificar também. Felizmente podemos ter êxito em difundir a terapia Reiki em todos os lugares. Estamos certos de que a energia Reiki contribui muito para impedir que as pessoas tenham seu senso moral desordenado. A terapia Reiki jamais proporciona às pessoas qualquer coisa que não seja o benefício da recuperação de problemas de saúde de longa duração, de problemas crônicos e maus hábitos.

O número de alunos que aprenderam com o *Sensei* Usui chegou a mais de dois mil. Entre eles, alguns alunos que se destacaram e viviam em Tóquio juntaram-se no Centro de Treinamento, levando adiante seu trabalho, enquanto outros alunos no país também tudo fizeram para popularizar a terapia Reiki.

Apesar de nosso professor já ter falecido, temos de fazer o melhor para continuar passando adiante a terapia Reiki para as pessoas, difundindo-a sempre e cada vez mais.

Ah! Que grande coisa ele fez: ter generosamente dado às pessoas o que sentiu e realizou por si mesmo!

"Muitos recebem conselhos,
mas só os sensatos se beneficiam deles."

Como resultado de nosso recente encontro e discussão de alunos, decidimos erigir um monumento em pedra, em seu túmulo, no templo de sua família, para trazer à luz sua virtuosa obra e transmiti-la à posteridade. Eu fui encarregado de fazer o epitáfio para o monumento. Como fiquei muito impressionado com seus grandes e meritórios feitos, e também fui tocado pelo calor humano de nossos alunos, que muito fazem do vínculo entre mestre e pupilo, não ousei recusar o pedido e fiz o resumo.

Do fundo do meu coração, portanto, espero que as pessoas das gerações futuras jamais se esqueçam de olhar para o monumento com olhos abertos e maravilhados.

Em fevereiro de 1927.

Editado por Masayuki Okada, 3.º Rank, 3.ª Ordem do Mérito,
Doutor em Literatura.

Escrito por Juzaburo Ushida, 4.º Rank Junior, 3.ª Ordem do Mérito,
4.ª Classe de Serviços, Contra-Almirante.

Traduzido para o japonês moderno pelo *Sensei* Doi Hiroshi,
Presidente da Gendai Reiki Healing Kyokai, Ashiya City,
em 1.º de janeiro de 1998.

Traduzido para o inglês pela *Sensei* Tetsuyuki Ono,
Cidade de Takarazuka, em 19 de junho de 1998.

Traduzido para o português por Elizabeth Barros de Sá,
Mestre de Reiki, A pedido de Johnny De' Carli, Mestre de Reiki,
em 18 de novembro de 1998.

"Os seres humanos que fazem história
não têm tempo para escrevê-la."

Na foto, o Sensei Juzaburo Ushida, que escreveu o texto do memorial.
Foi o segundo presidente da Usui Reiki Ryoho Gakkai.
Assumiu a liderança, após a morte de Mikao Usui.
Ushida nasceu em 1865 e fez sua transição em 1935.
(in: Toshitaka, M. & Miyuki, K. *Reiki*, 2001, 142)

"Tudo que merece ser feito, merece ser bem feito."

2.9 Chujiro Hayashi: a continuidade do trabalho

Chujiro Hayashi (ilustração ao lado), nascido em 15/09/1880, veio de uma família de pessoas bem-educadas que somava riqueza considerável e condição social. Médico e comandante da Marinha Imperial Japonesa, falava inglês e, aos quarenta e sete anos, já na reserva da Marinha, procurava um modo de ajudar os outros, quando, em uma de suas palestras, conheceu o professor Usui. Por ser jovem e estar aposentado, passou a viajar com ele, acompanhando-o em seu trabalho de tratamentos e ensinamentos. Hayashi foi um dos mais devotos alunos de Mikao Usui, tendo-se envolvido profundamente com a prática do método Reiki e recebido todos os ensinamentos de seu mestre. A Mestre Hawayo Takata, introdutora do método Reiki no Ocidente, contava que, por volta de 1926, o professor Usui, sentindo que a sua vida chegava ao fim, comunicou aos demais mestres que Hayashi era a pessoa escolhida para continuar seu trabalho, designando-o seu sucessor. Contava Takata que o dr. Hayashi assumiu a responsabilidade de difundir a técnica formando novos mestres e assegurando que o método Reiki continuaria como ele havia praticado. Sabemos hoje que o principal sucessor de Usui, na organização fundada por ele, foi o Contra-Almirante Juzaburo Ushida.

Médico, Hayashi estava consciente da importância do método. Preservou-o e fundou a primeira clínica de Reiki em Tóquio, próximo ao palácio imperial. A clínica dispunha de oito leitos nos quais, em cada um, dois reikianos tratavam as pessoas. A clínica não só oferecia tratamentos como ensinava aos novos discípulos a prática do método.

"A morte é apenas o outro lado do nascimento.
A pessoa morre aqui e nasce no Além, e vice-versa. A morte
é apenas uma porta. De um lado se entra, de outro se sai."

Os novos terapeutas também saíam para aplicar energia Reiki nas pessoas que não podiam se locomover.

Hayashi, em sua clínica, não teve apoio financeiro do governo, mas conseguiu mantê-la por mais de quinze anos graças à ajuda daqueles que podiam pagar seus tratamentos e aos excelentes resultados que obtinha. A clínica chegou a ser reconhecida como uma alternativa válida para todos os tipos de problemas de saúde. Naquela época, os riscos cirúrgicos eram muito grandes, já que a penicilina só foi difundida para o mundo após 1945.

Hayashi manteve detalhados comprovantes de tratamentos. Produziu uma ampla documentação por meio da qual demonstrou que a energia Reiki encontra a fonte dos sintomas físicos e revitaliza o corpo na sua totalidade. Essas informações foram usadas por ele para repensar as posições de aplicação e sistematizar os níveis de Reiki. Ele denominou esta técnica de Sistema Usui. Somente após a tarefa do dr. Hayashi as aplicações de energia Reiki se sistematizaram, permitindo que todas as pessoas pudessem utilizá-la sem conhecimentos prévios especiais.

Sabemos que Hayashi era um homem prático e bastante criterioso, que muito trabalhou em sua clínica, tornando-a famosa, próspera, tendo sido visitada até pelo imperador japonês.

Em 1938, dr. Hayashi, como militar, sabia que uma grande guerra estava começando e que muitos homens faleceriam. Decidiu então dar o Mestrado à sua esposa e à Sra. Hawayo Takata.

Contava Takata que Chujiro Hayashi faleceu em 11 de maio de 1940, uma terça-feira, tendo-a escolhido para dar continuidade à propagação do

"Quase tudo o que você deseja está ao seu alcance.
Basta perceber."

método Reiki em outras partes do mundo. Convém lembrar que, naquela ocasião, havia somente cinco mestres vivos iniciados por ele.

2.10 Hawayo Takata: Reiki no Ocidente

Nascida na Ilha das Flores de Kawai, Havaí, arquipélago anexado em 1898 ao território dos EUA, filha de camponeses imigrantes japoneses, o casal Kawamuru, Hawayo (ilustração ao lado) recebeu seu nome em homenagem à grande ilha. Foi adicionada à última letra o "o", que, em sua língua, designa nomes femininos. Hawayo Kawamuru era filha de trabalhadores agrícolas. Ela não fora favorecida com uma estrutura física tão forte quanto a de seus pais. Tinha menos de 1,50 m de altura e mãos frágeis, mas era bonita, tinha olhos vivos e alegres. Hawayo pedia a Deus que lhe permitisse fazer com as suas mãos algum outro tipo de trabalho que não fosse ligado à atividade agrária. Hawayo trabalhava como boia-fria na cultura de bambu e de cana-de-açúcar, e por volta de 1914, passou a lecionar nas férias escolares para alunos do 1.º grau numa escola religiosa. Trabalhou, também, em um balcão de bebidas gasosas em Lihue e depois em uma mansão colonial de uma elegante senhora, onde permaneceu por vinte anos, chegando a ser governanta e a comandar os vinte funcionários da residência. Em 10 de março de 1917, Hawayo Kawamuru casou-se com Saichi Takata, um jovem contador que trabalhava na mesma residência, e juntos tiveram duas filhas. Entretanto, em 1930, com apenas 34 anos de idade, seu marido morreu de câncer no pulmão. O excesso de trabalho, necessário para manutenção de sua família,

> *"Muitas pessoas devem a grandeza de suas vidas aos problemas e obstáculos que tiveram que vencer."*

além da depressão e dos sérios problemas psicológicos, afetaram seriamente sua saúde e, aos trinta e cinco anos, Hawayo tinha desenvolvido problemas pulmonares e dores abdominais.

Durante a ausência de seus pais que, após quarenta anos, tinham retornado a Yamaguchi, Japão, para um período de férias de um ano, uma das irmãs de Takata, recém-casada e com somente vinte e cinco anos, morreu de tétano. Sensível, Hawayo percebeu ser a notícia muito triste para ser dada aos pais por carta e resolveu comunicá-los pessoalmente, ocasião em que aproveitaria para tratar de sua saúde no Hospital Maeda, em Akasaka, onde seu marido havia sido tratado antes de falecer. Em 1935, no Japão, após dez dias e noites de viagem de barco, foi descoberto que Hawayo Takata estava com um tumor abdominal, além de pedras na vesícula e problema no apêndice, razão pela qual seu estômago doía todo o tempo, impedindo-a de andar erguida. Takata foi internada para se submeter a uma cirurgia. Já na sala cirúrgica, minutos antes da operação, Hawayo ouviu várias vezes uma voz que afirmava: "a operação não é necessária". Sentiu então que haveria outro modo de recuperar-se. O médico, ao ser informado sobre aquela mensagem, cancelou a operação e indicou para Takata um tratamento de Reiki na Clínica Shina No Machi, do dr. Hayashi, na qual começou a receber tratamento diário e em quatro meses estava totalmente recuperada. Havia ganhado cinco quilos e parecia estar dez anos mais jovem. Durante o tratamento, Takata não entendia como as mãos daquelas pessoas que a tratavam podiam esquentar tanto e chegou a procurar pilhas escondidas nos reikianos.

"A morte não é algo para se temer.
É a vida numa outra dimensão."

Hawayo inclinou-se a aprender o método Reiki que, no entanto, na sociedade japonesa, era inacessível a pessoas estrangeiras. Teve seu primeiro pedido rejeitado, mas, após usar o forte argumento de ter de ajudar os imigrantes japoneses nipo-americanos, foi-lhe dada permissão para aprender o método, concordando em permanecer no Japão e trabalhar no espaço de Reiki todos os dias ao longo daquele ano. Takata ficou hospedada com a família do dr. Hayashi e recebeu o Nível 1 do Reiki na primavera de 1936. Ela tratou de muitos casos diferentes com sucesso e aprendeu que, para tratar do efeito, seria preciso remover a causa. Cumpridas, com êxito, as exigências impostas para o Nível 1, Takata recebeu o treinamento de Nível 2 e ficou devendo quinhentos dólares. Voltou em seguida ao Havaí, até então, sem a intenção de profissionalizar-se no método Reiki. Em outubro de 1936, instalou-se com a sua família em uma casa em Hilo, na Avenida Kilauea, onde, durante dez anos, funcionou seu primeiro núcleo de atendimento.

Hawayo recebeu em sua casa a visita do dr. Hayashi e de sua filha, os quais, durante seis meses, permaneceram no Havaí proferindo palestras e fazendo demonstrações sobre o método Reiki. Em fevereiro de 1938, antes de deixar o Havaí de volta ao Japão, Hayashi comunicou a seus alunos que Takata, a partir daquele momento, era mestre de Reiki e estava autorizada a transmitir a técnica a outras pessoas. Era ela a primeira mulher mestre de Reiki no Ocidente, permanecendo única até o ano de 1970.

Podemos dizer que o dr. Hayashi era um místico. Ele pôde sentir que uma guerra entre o Japão e EUA era iminente e, como reservista da Marinha, não poderia conciliar o fato de ser mestre de Reiki e ter de servir novamente às forças armadas.

"O conflito é a violação da harmonia. Ao se envolver, você fará parte do problema, não da solução."

Em 1940, Takata sonhou com o Mestre Hayashi vestido com um quimono de seda branca (cor japonesa do luto). Takata ficou inquieta e resolveu ir ao Japão para ver Hayashi. Quando chegou ao Japão, Hayashi falou-lhe sobre a guerra, quem seria o vencedor, o que deveria fazer e para onde deveria ir para evitar os perigos da condição de cidadã nipo-americana com residência no Havaí. Todas as previsões se confirmaram e os conselhos de Hayashi foram seguidos, visando proteger a divulgação do método Reiki.

Quando todas as providências necessárias à preservação do método Reiki foram tomadas, o dr. Hayashi reuniu a família e os demais mestres, nomeou Takata como uma das sucessoras do método e comunicou a todos os presentes que o seu desencarne ocorreria em torno das 13h daquele mesmo dia. Às 13h, o dr. Hayashi entrou na sala e anunciou a todos a ruptura de uma das artérias de seu coração e, após alguns minutos, a ruptura da segunda. Sua transição ocorreu tal qual anunciara: sentado à maneira tradicional japonesa, fechou os olhos e deixou seu corpo conscientemente entre os amigos. Vestia o mesmo quimono que Takata vira no sonho que a levara ao Japão.

Em 1941, incluindo a senhora Chie Hayashi, havia somente cinco mestres vivos do método Reiki, iniciados por Hayashi.

Takata tornou-se uma grande reikiana e introduziu o método Reiki no mundo ocidental, constatando, de acordo com o que já lhe havia sido passado pelo dr. Hayashi, que todas as pessoas que eram iniciadas, gratuitamente, no método Reiki, não percebiam a sua grandeza, razão pela qual não lhe davam o devido valor. Passou a estipular preços, aceitando a orientação do dr. Hayashi, para a iniciação nos diferentes níveis do Reiki.

A fim de ter uma melhor compreensão dos aspectos físicos e técnicos da anatomia humana, Hawayo Takata cursou a Universidade Nacional de Medicina sem Medicamentos (National College of Drugless Physicians), em Chicago.

"Os que foram na frente têm a obrigação de orientar os que vêm atrás."

Takata, durante 30 anos, ministrou seminários e tratou pessoas, garantindo, assim, a divulgação do método Reiki no mundo. Nesse período, sentiu necessidade de passar a totalidade dos ensinamentos e, então, para impedir uma monopolização do método, iniciou vinte e dois mestres, recomendando-lhes respeitar a liderança de sua neta Phyllis Lei Furumoto, sucessora de Takata, e deu-lhes permissão para formarem novos mestres após sua morte. Os mestres iniciados foram (em ordem alfabética):

- Barbara Brown;
- Barbara McCullough;
- Barbara Weber Ray;
- Beth Gray;
- Bethel Phaigh;
- Dorothy Baba;
- Ethel Lombardi;
- Fran Brown;
- George Araki;
- Harru Kuboi;
- Iris Ishikuro;
- John Gray;
- Kay Yamashita (irmã de Hawayo Takata);
- Mary McFadyen;
- Patricia Bowling;
- Paul Mitchell;
- Phyllis Lei Furumoto (neta de Takata);
- Rick Bockner;
- Shinobu Saito;
- Ursula Baylów;
- Virginia Samdahl;
- Wanja Twan.

"Viva este momento. Desde sempre, só existe agora.
O agora é a unidade produtiva da sua vida."

Em 12 de dezembro de 1980, Takata faleceu e suas cinzas foram colocadas no templo budista de Hilo. Recentemente suas cinzas foram transferidas por sua neta Phyllis Lei Furumoto para um local reservado somente à visitação familiar.

Reuniram-se os vinte e dois mestres e resolveram reestruturar e dar continuidade a American International Reiki Association - AIRA, com sede na Flórida. Alguns mestres, após divergência, criaram uma segunda associação, denominada The Reiki Alliance.

2.11 Fatos e dados significativos em cronologia

A respeito do material de consulta sobre a história do Reiki existem muitas controvérsias, portanto, algumas datas significativas são aproximadas:

6000 a.C. Registros no Tibete de técnicas terapêuticas através das mãos;

1603 d.C. O Japão fechou suas fronteiras, proibindo, sob pena de morte, o Cristianismo;

1853 Os EUA pedem ao Japão porto livre, o que lhes é negado;

1854 O Japão se rende aos EUA e seus aliados;

1865 Nasce Mikao Usui, em 15 de agosto;

1867 Começa no Japão a era Meiji, com a posse do Imperador Mutsuhito;

1870 Os jesuítas levam novamente o Cristianismo ao Japão;

1880 Em 15 de setembro, nasce Chujiro Hayashi;

1898 Mikao Usui viaja aos EUA para estudar;

1898 O Havaí é anexado ao território dos EUA;

"Viva um dia de cada vez."

1900 Em 24 de dezembro, Hawayo nasce no Havaí;

1917 No dia 10 de maio, Hawayo casa-se com Saichi Takata;

1922 Mikao Usui sobe o monte Kurama para o jejum;

1924 Chujiro Hayashi conhece Mikao Usui;

1925 O Dr. Hayashi é iniciado mestre de Reiki aos quarenta e sete anos de idade;

1926 Morre Mikao Usui no dia 9 de março e deixa aproximadamente dezessete mestres de Reiki vivos;

1934 Os pais de Hawayo Takata viajam ao Japão para um ano de férias;

1935 Takata começa seu tratamento de Reiki com o dr. Hayashi;

1936 Na primavera, Takata recebe o Nível 1 do Reiki;

1936 No inverno, Takata recebe o Nível 2 do Reiki;

1936 Em outubro, Takata abre seu espaço de Reiki no Havaí;

1938 No dia 22 de fevereiro, Takata é iniciada mestre de Reiki no Havaí;

1940 No dia 11 de maio, morre Chujiro Hayashi, que deixa cinco mestres de Reiki vivos, por ele iniciados;

1941/45 Guerra entre Japão e Estados Unidos;

1970 Takata inicia a formação de seus vinte e dois mestres;

1970/83 É criada a AIRA (American International Reiki Association);

1980 Em 12 de dezembro, morre Hawayo Takata, deixando vinte e dois mestres vivos;

1983 Nasce a Reiki Alliance.

"Tudo o que você tem de fato é o dia de hoje e, talvez, a próxima semana. Mas o dia de hoje, com certeza."

2.12 A chegada do método Reiki no Brasil

No Brasil, o primeiro seminário de Nível 1 do Reiki ocorreu nos dias 28, 29 e 30 de novembro de 1983, e o de Nível 2, nos dias 01 e 02 de dezembro do mesmo ano. O Nível 1 foi ministrado no Rio Palace Hotel, na Avenida Atlântica, em Copacabana, na cidade do Rio de Janeiro – RJ, e o Nível 2 no Leme Palace Hotel, no bairro do Leme. Ambos foram ministrados pelo mestre norte-americano de Reiki Stephen Cord Saiki. Participou deste seminário a sra. Juraci Carvalhal da Silva, que anos depois realizou o Mestrado em Reiki conosco, no Instituto Brasileiro de Pesquisas e Difusão do Reiki. A bem da verdade, foi o mestre Stephen Cord Saiki quem trouxe o método Reiki para o Brasil.

Em 1988, os mestres Jason Thompson (norte-americano) e a psicóloga dra. Claudete França (primeira mestre do Reiki nascida no Brasil), ambos iniciados pela mestre Kate Nani, da Califórnia, EUA, iniciaram a divulgação da técnica no território brasileiro.

Particularmente, conheci o Reiki por intermédio da mestre Claudete França, que me iniciou nos níveis 1, 2 e 3-A. Realizei os Cursos de Mestrado na Alemanha, nos Estados Unidos, na Índia e no Japão, após já ter sido iniciado mestre no Brasil pela mestre Sandra Olivieri, de Sorocaba – SP.

Em 1996, os primeiros livros sobre o método Reiki começaram a ser traduzidos para o português e comercializados nas livrarias brasileiras. Esse fato foi decisivo para que o método Reiki se tornasse conhecido pelo público brasileiro. O primeiro livro sobre o tema, publicado no Brasil, foi o *Reiki para todos: energia vital em ação*, de autoria de Oriel Abarca e Roberto King, ambos argentinos, publicado em 1996 pela Editora Record, com sede em São Paulo. Atualmente temos muitos livros em português, a maioria de autores estrangeiros, principalmente alemães, norte-americanos e argentinos.

"A verdade muitas vezes incomoda.
Não incomoda, no entanto, àqueles que não desejam ignorá-la."

Alguns mestres estrangeiros contribuíram muito para divulgar o método Reiki no Brasil, principalmente Jason Thompsom (norte-americano que morou em São Paulo), Upanishad Kessler (alemão que residiu em Brasília), Oriel Abarca (argentino com residência em Buenos Aires), Maria de la Luz (chilena, com residência no Chile) e Terezinha Andrade (brasileira, residente nos Estados Unidos).

O método Reiki se adaptou bem ao público brasileiro, em face das origens místicas do povo. Assim tornou-se uma prática de recuperação e manutenção da saúde para dezenas de milhares de pessoas no país. A comunidade reikiana no Brasil, a exemplo do que acontece no mundo inteiro, cresce com muita rapidez, principalmente após a liberação por Phyllis Lei Furumoto da autorização para que os mestres pudessem iniciar outros mestres sem sua prévia autorização.

Não existe nenhum tipo de controle sobre as atividades dos professores; cada um é responsável por sua própria didática e prática. Isso criou formas diversas de ensinamento no país.

Na foto, sentada na primeira cadeira do lado direito, a sra. Juraci Carvalhal da Silva, que participou do primeiro seminário do Reiki realizado no Brasil.

"Em toda parte, há sempre alguém que precisa de você."

CAPÍTULO 3

Os 5 Princípios do Reiki

Nosso sistema público de saúde é, na realidade, um sistema de doença. Somente 10% dos recursos são destinados à prevenção e o restante a tratamentos, quando o correto seria educar as pessoas sobre como agir, comer e viver para manter a boa saúde. Assim é mais fácil prevenir do que remediar. Os reikianos japoneses, por exemplo, dão grande importância à prevenção. Por isso que o Mestre Usui recomendava a observação diária dos 5 Princípios, a fim de evitar doenças e desequilíbrios energéticos.

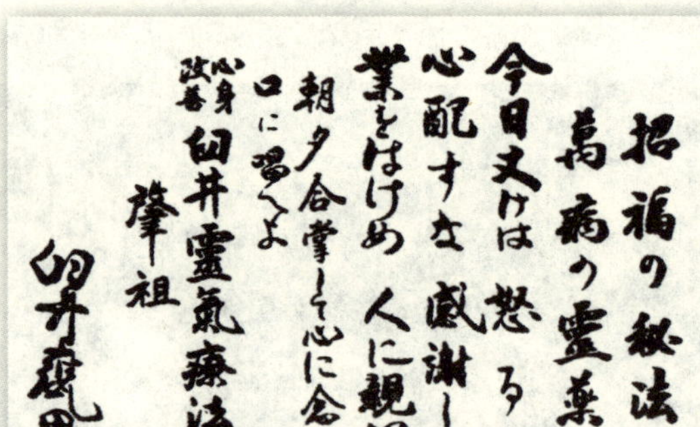

Acima, a reprodução dos 5 Princípios do Reiki, parte da mensagem talhada, em japonês antigo, na grande pedra que compõe o memorial ao Mestre Usui, localizado em Tóquio.

> *"As palavras permanecem sem sentido até que se transformem em hábitos."*

Shoufuku no hihoo

(O método desconhecido que convida à felicidade)

Manbyo no ley-yaku

(A terapia espiritual para todos os distúrbios da mente e do corpo)

Os 5 Princípios são:

Kyo dake wa

(Só por hoje)

Okoru-na

(Não se zangue)

Shinpai suna

(Não se preocupe)

Kansha shite

(Expresse sua gratidão)

Gyo wo hage me

(Seja aplicado em seu trabalho)

Hito ni shinsetsu ni

(Seja gentil com os outros)

Asa yuu gasshô shite kokoro ni nenji, kuchi ni tonaeyo.

(De manhã e à noite, sente-se em posição *gasshô* e repita estas palavras em voz alta para seu coração)

Shin shin kaizen, Usui Reiki Ryoho

(Tratamento do corpo e da alma, Usui Reiki Ryoho)

Chosso Usui Mikao

(O fundador Mikao Usui)

"Quem não quer ser aconselhado não pode ser ajudado."

3.1 A Visão japonesa dos 5 Princípios do Reiki

Quando conheci os Princípios do Reiki, não os compreendi plenamente de imediato e tive alguma dificuldade em aplicá-los no meu cotidiano. Não é fácil proceder de maneira tal que as palavras correspondam às obras, e estas, às palavras. A sabedoria não consiste em saber falar dela, e sim, em praticá-la. Palavras não dizem muito, atitudes dizem mais. Se você não pode agir de acordo com o que fala e nem falar de acordo com o que está pensando, não espere da vida boas recompensas.

Cada dia nos envolvemos um pouco mais com os Princípios, de acordo com a evolução da nossa consciência. Esse trabalho de transformação consciente nunca termina.

Muitos buscam uma solução fácil, miraculosa para seus males e incômodos. Mostram-se apáticos, indiferentes aos conselhos e advertências que sugerem modificações em suas condutas comportamental, mental, emocional e moral. Pessoas tratadas com medicamentos, outras terapias ou mesmo com a energia Reiki acabam tendo recaídas. A queixa, muitas vezes, reincide e ainda há os que saem criticando o trabalho do profissional, julgando-o ineficaz. Muitos acham que um reikiano tem a obrigação de eliminar efeitos nocivos dos que sofrem devido a exageros na alimentação, no sedentarismo, na falta de repouso, no consumo de bebidas alcoólicas, de cigarro, etc. Tentam conseguir, na sessão de Reiki, a saúde que eles mesmos arruínam, sem precaução. A maioria de nós prefere olhar para fora, e não para dentro de si mesmo. O maior enganado é aquele que engana a si próprio.

Não cabe ao reikiano criar expectativas em relação aos resultados do tratamento. Nem todas as pessoas estão preparadas para recuperar a saúde de imediato, mesmo recorrendo a médicos famosos ou reikianos

"A saúde depende mais de cuidados preventivos do que de médicos."

experientes. Muitos problemas de saúde fazem parte do processo de aprendizagem da pessoa, e uma recuperação prematura seria uma agressão a esse processo. O ser humano é um aprendiz, a dor é seu mestre. Ninguém se conhece enquanto não sofre. A dor é uma advertência. Muitas disfunções são disciplinadoras e se manifestam de forma teimosa e aparentemente insolúvel, e somente haverá recuperação se a pessoa modificar sua conduta para melhor. Diante da mulher adúltera, o Mestre Jesus exclamou: "Vá e não peques mais", mostrando que a lei de Deus corrige, mas não pune. A lei é implacável, mas é justa, quando prega que "a cada um será dado conforme as suas obras" e "a semeadura é livre, mas a colheita é obrigatória".

Se não for fácil achar a felicidade em nós mesmos, será impossível achá-la em qualquer outro lugar. Uma verdadeira reforma interior deve processar-se primeiro na intimidade da própria alma. A montanha a ser escalada encontra-se dentro de nós. Esta é a importância da alquimia interior: a transformação do nosso chumbo interior (orgulho e egoísmo) em ouro (amor, humildade e tolerância). Fica mais fácil compreender o ensinamento de Jesus: "Não jogue pérolas aos porcos". Não adianta dedicar um tempo valioso aplicando energia Reiki naqueles que ainda não estão em condições de recebê-la e valorizá-la. A saúde é o pensamento em harmonia com a lei de Deus. A felicidade do ser humano depende mais de cada um. Sem reforma interior pode ocorrer de o receptor viciar-se em receber energia Reiki, gerando uma dependência.

Muitos se agarram à doença como recurso para fugirem de suas próprias responsabilidades na vida material. Há pessoas que cultivam a doença da mesma forma que um agricultor cultiva uma planta, dando força ao provérbio popular: "Namora a doença e te casarás com ela". Estas pessoas fazem das doenças e da morte suas únicas preocupações de vida.

"Não existem doenças, mas, sim, doentes."

Dramatizam e transformam o mais insignificante espirro em sintoma de uma grave pneumonia.

Você deve estar se perguntando "E os Cinco Princípios, onde entram?" Num rápido exemplo, as glândulas suprarrenais, por causa de sobrecarga mental e emocional devido a preocupações, raiva, irritação e nervosismo, produzem maior quantidade de adrenalina. Esta, por sua vez, diminui o diâmetro interno dos vasos sanguíneos, fazendo com que o coração tenha de trabalhar mais para bombear o sangue necessário. O aumento da frequência cardíaca aumenta a pressão arterial. Para atender ao aumento de atividade do coração, o fígado libera glicose, aumentando a taxa glicêmica. Para enfrentar essa hiperglicemia, o pâncreas se vê obrigado a liberar maior quantidade de insulina no sangue (à exceção dos diabéticos, que apresentam deficiências na produção de insulina). A insulina, como enzima, estimula a metabolização da glicose pelas células do corpo até atingir níveis abaixo dos padrões normais, ocasionando a hipoglicemia (baixo nível de glicose no sangue), cujos sintomas são: cansaço, desânimo, transpiração, etc. Assim, um ataque de raiva gera o efeito, no corpo físico, semelhante ao de oito horas de trabalho regular. Se buscamos sintonizar-nos com os 5 Princípios, evitando a raiva e a preocupação, não sobrecarregamos o nosso organismo com a produção excessiva de adrenalina. A pressão arterial mantém-se mais equilibrada, o fígado não é tão exigido. Minimizamos o encadeamento de reações orgânicas prejudiciais à saúde, tão comum nos dias de hoje, especialmente no caso de habitantes de grandes cidades. Existem muitos outros exemplos dos reflexos positivos da aplicação dos 5 Princípios do Reiki em nosso dia a dia.

Todos os princípios importantes, como os do método Reiki, podem e devem ser flexíveis. São modificados na prática pelos fatos.

"É mais fácil pregar princípios
do que viver de acordo com eles."

3.1.1 Kyo dake wa (Só por hoje)

A linearidade do tempo é uma condicionante da nossa percepção para que as coisas não aconteçam todas de uma só vez. O tempo, como o compreendemos, não existe. Tudo que aconteceu está acontecendo e acontecerá. Nada aconteceu antes porque não há antes. Nada ocorrerá depois porque não há depois. Só há o agora, que é eterno. Tudo existe neste mesmo momento acontece de uma vez. Não há outro tempo além do agora. Não há outro lugar além do aqui. O aqui e o agora é tudo o que existe. O hoje é uma coleção de momentos.

O passado foi importante para que chegássemos até aqui. Cada pessoa que passou por nossa vida, assim como as experiências que a vida nos trouxe foi importante para o nosso crescimento. Porém tentar voltar ao passado é um gasto desnecessário de energia. Nem Deus pode mudar o passado. As frustrações e mágoas do passado só nos desarmonizam.

Existe um ditado budista que diz: "Se você quer saber como foi seu passado, olhe para quem você é hoje. Se quer saber como vai ser seu futuro, olhe para o que está fazendo agora". O que fazemos hoje está inseparavelmente relacionado com o que acontecerá amanhã. Podemos influenciar o futuro através de como lidamos com o que está acontecendo agora. As sementes do amanhã são plantadas hoje.

A verdade sempre está no meio. Nem passado, nem futuro. Só o presente, o agora, o hoje de todos os momentos, de todos os dias, pode criar a eterna felicidade. A felicidade só se sente no presente, no eterno momento de cada aqui, cada agora. O perdedor raramente vive no presente. Ele destrói o presente ocupando a mente com memórias do passado ou expectativas quanto ao futuro. O futuro não existe, pois, quando chegar, será presente.

"Viva um dia de cada vez e será mais fácil continuar vivendo."

Há pessoas que, em vez de viverem intensamente o momento presente, prendem-se ao passado ou projetam-se no futuro. Vivem como um pêndulo em movimento, do passado para o futuro, sem nunca conseguirmos parar no ponto zero, que é o nosso presente. A lembrança do passado rouba-nos metade do presente, e a preocupação com o futuro, a outra metade. Todas as pessoas têm, nesse sentido, dois inimigos: o passado e o futuro.

Afinal, as lembranças das injúrias duram mais que a dos benefícios. Não é raro ver pessoas gastando muito mais tempo falando de seus inimigos do que elogiando os amigos.

Outro aspecto relacionado a essa questão é que para muitos é difícil não sentir saudade, o que também é viver no passado. A saudade é a falta que se sente do magnetismo de outra pessoa.

É importante considerar também que não é difícil ver pessoas reclamando que a vida é curta, mas agindo como se tivessem à sua disposição um estoque inesgotável de tempo. O tempo não espera ninguém. Esperamos demais para fazer o que precisa ser feito, num mundo que só dá um dia de cada vez, sem nenhuma garantia do amanhã.

Entretanto, um dos aspectos mais perturbadores do ser humano é a ansiedade, que é a preocupação em relação ao futuro. A maioria das pessoas se preocupa tanto com o futuro que não desfruta o presente. Quando focamos nossa atenção no amanhã, nos desligamos do momento presente, entrando em estado de ansiedade e preocupação.

Por isso, não devemos deixar que a vida escorra entre os dedos, vivendo no passado ou no futuro: duas ilusões (uma morta, outra inexistente), em que o principal tempo de suas vidas se perde.

Também não podemos dar chance ao passado para se perpetuar, senão não teremos futuro. Devemos deixar o passado no passado, não devemos reclamar dele. Não lamente o dia de ontem. Ele está no

"O verdadeiro futuro é hoje.
O hoje é a unidade produtiva de nossas vidas."

passado, e este nunca mudará. Não adianta chorar o leite derramado. Devemos, sim, conscientizar-nos dos erros e aprender a carregar a caneca. Desapegue-se do passado e vibre no presente.

Só temos sucesso na vida quando perdoamos os erros e as decepções do passado. Se você não perdoar, permitirá que essas mágoas antigas continuem a dominar seu coração. Reiki é amor. O amor, não o tempo cura todas as feridas. Perdoar é um ato de amor e sempre foi uma boa solução. Não basta perdoar as ofensas, é necessário esquecê-las. Quando você perdoa, não apenas faz sair um grande peso de seus ombros, como abre a porta para o amor por você mesmo. O fraco jamais perdoa, o perdão é característica do forte.

A melhor maneira de nos programarmos para o futuro é concentrarmos toda a nossa imaginação e entusiasmo na execução perfeita do trabalho de hoje, conforme nos ensinam os Princípios do Reiki. Jesus também pregava que deixássemos o amanhã cuidar de si e que vivêssemos o hoje ao máximo. Disse o Mestre Jesus: "Portanto, não vos inquieteis com o dia de amanhã, pois o amanhã trará os seus cuidados; basta ao dia o seu próprio mal" (Mateus 6: 34). Se quisermos ser felizes amanhã, tentemos hoje mesmo. O bem que fizermos hoje será nossa alegria amanhã. Cuide do presente, do hoje, para ter um futuro melhor.

O momento atual, que chamamos de presente, é um presente. O hoje é o maior presente que Deus nos deu, é tudo o que temos, não nos esqueçamos de vivê-lo. Deveríamos começar cada manhã como se fosse o dia mais importante de nossa vida. Viver cada dia como se fosse o último. Mantendo-nos no presente, no hoje, evitamos os conflitos, as psicoses e neuroses, eliminando as tensões e os conflitos internos.

Procure ser uma pessoa em busca do aperfeiçoamento diário. Faça um pouco mais, a cada dia, do que você possivelmente pensa que pode.

"O perdão é sempre o melhor remédio."

Só você pode mudar, se for essa sua escolha. A decisão é sua. Pondere bastante ao se decidir, pois é você quem vai carregar, sozinho e sempre, o peso das escolhas que fizer. O importante é que você sempre tem escolha. Sempre é tempo de recomeçar.

Reikiano, não se apresse. Se vivermos um dia de cada vez, viveremos melhor todos os dias de nossas vidas. Os Princípios do Reiki nos ensinam a viver plenamente cada um de todos os momentos de todos os dias.

3.1.1.1 Okoru-na (Não se zangue)

A raiva é uma emoção de emergência. Está entre nós há muitas gerações. Teve sua importância em épocas primordiais (pré-história) para garantir a sobrevivência da espécie humana.

Sentimos raiva quando alguém contraria nossas necessidades e desejos; ela surge do nosso instinto de sobrevivência. É difícil não ativá-la quando somos atacados. A ambição e o medo são sementes da raiva, e esta, por sua vez, é a semente do ódio.

A raiva é uma emoção totalmente desnecessária ao processo de evolução de nossa consciência. Só serve para limitar a consciência e a percepção. É um estado negativo de espírito que produz formas-pensamento enfermiças. Uma pessoa enraivecida está cheia de um poderoso veneno criado por ela mesma. Se não encontrar onde derramá-lo, irá fazê-lo dentro de si mesma. Aquele que aplica um castigo estando com raiva não corrige, vinga-se.

As emanações de amor saem do nosso corpo como nuvens coloridas e alegres; as da raiva, como raios negros que atingem tudo, contaminando os ambientes e qualquer um que entre no recinto ou coma algum alimento ali contaminado. Esteja consciente dessas interações: a raiva contagia. Não devemos nos alimentar nessas ocasiões.

> *"Raiva é loucura transitória.*
> *Se não a controlamos, somos controlados por ela."*

Um pedaço de pão comido em paz é melhor do que um banquete comido com raiva. Ninguém pode ser feliz quando tomado pela raiva. São emoções antagônicas, opostas e inversamente proporcionais. Quanto mais raiva, menos felicidade e paz. A raiva gera infelicidade e é capaz de levar a aflições físicas e emocionais. Ela prejudica a saúde do corpo, ofusca o entendimento e cega a razão. É uma fonte de destruição que se acumula em nossas células. Bloqueia o chacra básico, diminuindo nossa força física e disposição energética, afetando nossos ossos, coluna, intestino grosso, rins, próstata e dentes. Causa a liberação de hormônios endócrinos que atrofiam o cólon intestinal, contraem a vesícula e o duodeno. A raiva também produz a congestão hepática por causa da alteração do ritmo cardíaco ou da circulação sanguínea. Com ela, a energia da força vital alimenta um estado de improdutividade, e não de criatividade. Perdemos muita energia com a raiva. Conforme já dito, um acesso de cólera consome mais forças do que oito horas de trabalho normal. A raiva machuca os outros e àquele que é tomado por ela. Você pode fazer coisas das quais se arrependerá pela vida inteira.

Conta uma velha lenda budista que um menino tinha mau gênio. Seu pai, um velho sábio, deu-lhe um saco de pregos e lhe disse que, a cada vez que perdesse a paciência, ele deveria pregar um prego atrás da porta. No primeiro dia, o menino pregou trinta e sete pregos. À medida que ele aprendia a controlar seu gênio, pregava cada vez menos pregos. Com o tempo, descobriu que era mais fácil controlar seu gênio do que pregar pregos atrás da porta. Chegou o dia em que pôde controlar seu caráter durante todo o dia. Depois de informar a seu pai, este lhe sugeriu que retirasse um prego a cada dia que conseguisse controlar seu caráter. Os dias se passaram e o jovem pôde finalmente anunciar a seu pai que não havia mais pregos atrás da porta. Seu sábio pai pegou-o pela mão,

"Sempre deixe a cabeça esfriar antes de falar."

levou-o até a porta e disse: "Meu filho, noto que tens trabalhado duro, mas veja todos estes buracos na porta. Nunca mais será a mesma. Cada vez que perdes a paciência e sentes raiva, deixas cicatrizes exatamente como as que vês aqui. Tu podes insultar alguém e retirar o insulto, mas, dependendo da maneira como falas, poderás ser devastador, e a cicatriz ficará para sempre. Uma ofensa verbal pode ser tão daninha quanto uma ofensa física".

Não fique dizendo que você não está em paz porque os outros não deixam você em paz. A paz é um estado interior. Ninguém é culpado por nossas emoções, por nossa raiva. Somente se enraivece quem não sabe usar a razão. O sofrimento não tem nada a ver com os eventos, é apenas a reação das pessoas a eles. Tudo depende de como reagimos. Você não pode mudar um evento exterior, mas pode transformar a experiência interior. Podemos atenuar nossas reações, experimentando-as de um modo mais tranquilo. Maomé dizia que a pessoa mais forte é aquela que sabe dominar-se na hora da cólera.

A energia é a essência da vida. Nossos pensamentos e emoções são energia, têm forma e ocupam lugar no espaço. As emoções existem. Quando estamos zangados, não podemos simplesmente desligar a raiva. O importante não é reprimir as emoções, mas dominá-las. A raiva constantemente reprimida se transforma em ódio. Emoções como a raiva precisam ter expressão física, caso contrário, retém a energia tão fortemente que formam uma armadura de músculos tencionados. É preciso apenas usar o raciocínio de maneira a canalizá-las para uma manifestação apropriada. Daí a importância da meditação, da atividade física, do método Reiki, da massoterapia, do relaxamento, etc. Muitas vezes, no momento em que estivermos com raiva, se procurarmos gritar à vontade ou esmurrar almofadas de areia, poderemos liberar energia de

"Quando estiver com raiva, conte até dez.
Com muita raiva, até cem."

forma que não nos cause danos. É sábio sair de perto do que ou de quem nos atingiu, até recuperarmos a calma, em vez de reagirmos impulsivamente. O ideal é sair e dar uma volta, a fim de eliminar essas energias. É melhor ficarmos em silêncio e em segurança. O silêncio nunca nos trai. Sabermos aguardar a hora, esperarmos o momento certo é uma receita quase sempre esquecida, mas de grande sabedoria.

3.1.1.2 Shinpai suna (Não se preocupe)

O prefixo "pré" significa anterioridade. Preocupar-se é ocupar-se antes. É criar um raciocínio por meio de pensamentos dedutivos, suposições, ou seja, sofrer por antecipação. A preocupação é uma das piores formas de atividade mental. É inútil. Preocupar-se é estar inseguro na vida, é não confiar que todas as coisas acontecem de acordo com um propósito divino e universal. Preocupação é uma atividade mental que não compreende nossa conexão com Deus. A preocupação surge de nossas perguntas acerca do futuro.

A preocupação com a imagem que vendemos de nós vem de nosso ego, que nos empobrece. O ego precisa sempre de alimento, pois ele é passageiro. O ego detesta duas coisas: ser contrariado e ser criticado. Um grande ego é sempre candidato a um grande sofrimento. Por trás de toda vítima, há sempre um ego ferido, e a dor do ego é muito pior do que a dor física. O ego nos faz sofrer porque é pequeno e limitado. Morremos pelo ego, sofremos pelo ego, lutamos pelo ego e, depois, reclamamos da falta de felicidade. Enquanto houver ego, haverá violência entre as pessoas.

Nada existe de permanente, exceto a mutação. A cada instante temos uma nova oportunidade de transcender o ego, diminuindo a preocupação com nossa imagem.

O ser humano é o que acredita ser. Todo pensamento é energia, é alimento. O pensamento é criativo.

"Nossa fadiga é frequentemente causada não pelo trabalho, mas, sim, pela preocupação e pela raiva."

A criança nasce feliz porque nasce sem preocupações, o adulto perde a felicidade quando as adquire. Existem pessoas que conseguem se preocupar até com o que já aconteceu. O sábio supera o passado sem voltar a errar.

O tolo deseja saber tudo sobre o futuro, o sábio deseja apenas saber como ser feliz hoje para continuar a ser feliz amanhã. O tolo se preocupa, o inteligente se ocupa, o sábio apenas sorri.

Preocupando-nos, sofremos em vão se o problema não surge ou sofremos duplamente quando ele acontece. Preocupar-se antes do tempo é preocupar-se duas vezes. É uma energia mental desperdiçada, que nos deixa ansiosos de dia e tensos à noite. A preocupação produz reações bioquímicas que nos consomem. A excessiva preocupação com a vida e com a saúde produz a doença. Nossa saúde melhora quase que imediatamente quando nossa preocupação acaba. Preocupação em excesso se transforma em medo e em tristeza, e esta, em veneno para o nosso corpo.

O que você teme, você cria. Você será perseguido pelo que mais teme, atrairá aquilo que teme. O medo atrai como um imã. O medo é também o pior dos conselheiros. Assim como a raiva bloqueia o chacra básico, a preocupação obstrui o chacra do umbigo (ligado ao corpo emocional), responsável pela nossa alegria de viver. Há muita gente que passa tanto tempo se preocupando com a vida e com a saúde que não tem tempo de desfrutá-la.

Não devemos sobrecarregar nossos dias com preocupações desnecessárias. Selecione seus pensamentos, sua mente não é uma lixeira. Tente não interferir na cronometragem universal da vida. Não pense que se preocupar com o futuro lhe dará melhores condições de vivê-lo. O futuro cabe a Deus, por que querer desvendá-lo? Para que nos preocuparmos com o passado ou interrogarmos o futuro, se o presente está cheio de oportunidades que reclamam a nossa atenção? Viva o hoje.

*"A pessoa que sofre antes de ser necessário,
sofre mais que o necessário."*

Espere o melhor da vida, e, quando acontecer algo negativo, apenas aceite como uma lição. De alguma maneira, contribuímos para criar aquela situação para aprendermos algo.

Reikiano, ocupe-se com o momento presente para não se preocupar. Para ser feliz, nada melhor do que trocar as preocupações por ocupações e prepare o futuro sem questioná-lo.

O mundo é um espelho: se sorrimos para ele, ele sorrirá para nós. Rir é um grande remédio e não custa nada. Você tem direito a sua felicidade, viva-a.

3.1.1.3 Kansha shite (Expresse sua gratidão)

A gratidão é a mais bela flor que brota da alma. Palavras de gratidão são doces de se escutar e difíceis de pronunciar. São como joias raras que não estamos acostumados a usar. Daí ser este, provavelmente, o Princípio mais difícil de seguir.

Ser grato por tudo que a vida nos oferece é certamente uma tarefa bastante difícil. Muitas pessoas acham que têm muito pouco ou nada para agradecer. Encaramos como óbvias muitas coisas que, na verdade, são um presente: a vida, o planeta, o sol que brilha e nos aquece, o ar que respiramos, os animais, as plantas que nos alimentam. Precisamos estar cientes das incontáveis dádivas que o Criador nos concedeu. Infelizmente, o ser humano só dá valor às coisas depois que as perde. Como afirma o dito popular: *"Enquanto o poço não seca, não conhecemos o valor da água"*.

O significado das coisas não está nas coisas em si, mas na nossa atitude em relação a elas. Muitos erram reclamando de terem de ir trabalhar, quando o correto seria agradecer por terem trabalho. Sentem tédio com o trabalho doméstico em vez de agradecer por terem um lar.

> *"Quem recebe um favor*
> *nunca deveria se esquecer de ser grato."*

Reclamam da saúde em vez de agradecer por estarem vivos. Reclamam dos pais não terem dado tudo o que queriam em vez de agradecer por terem nascido. Esquecem que há bem mais de nossos pais em nós do que supomos. Reclamam por estar chovendo, em vez de agradecer pela lavagem da poluição e pela agricultura. Reclamam por não terem sapatos, enquanto outros não têm sequer os pés.

No Egito, em 1945, foram descobertos textos de Nag Hammadi, que contêm evangelhos mais antigos do que os do *Novo Testamento*. Felipe cita o Mestre Jesus dizendo: "O que você vê, você se tornará". Se você focaliza o que não tem, continuará na carência. O pedido é uma afirmação de carência. Quando dizemos que desejamos algo, apenas produzimos essa experiência (o desejo).

Quando nos colocamos permanentemente em atitude de gratidão, sentindo-nos gratos não apenas pelo que recebemos, mas pelo que somos e sabemos, começamos a atrair magneticamente a abundância e nada mais nos faltará. A gratidão nos coloca em sintonia com o princípio da abundância. Viver em estado de gratidão é viver em abundância, que é nossa condição natural. É o primeiro passo para tornar a vida um campo de colheitas abundantes. Não há nada faltando neste planeta. É o sistema de distribuição que não funciona corretamente. Primeiro, pela cobiça dos seres humanos. Depois, pelas nossas ilusões sobre a carência.

Quando agradecemos antecipadamente ao Criador aquilo que desejamos, reconhecemos a existência do que desejamos e que isto está lá realmente. Por isso, a oração correta nunca deve ser de súplica, e sim de gratidão. A postura correta não é de suplicar, mas de agradecer. Não devemos pedir nada nas nossas preces, porque não sabemos o que nos é útil e só Deus conhece as nossas necessidades. Devemos ter confiança: Deus nos ama mais do que amamos a Ele. Orar não é pedir, orar é a respiração da alma.

> *"A gratidão da maioria das pessoas não passa de um desejo secreto de receber maiores benefícios."*

Se as pessoas compreendessem mais, julgariam menos. Sofrimento é carência de Deus, é um aprendizado do ser para que ele busque a verdadeira felicidade. Ao contrário de nos lamentarmos com os sofrimentos, deveríamos aproveitá-los como grandes aprendizados.

Reikiano, deixe de pedir. Passe a agradecer e verá como as coisas mudarão. Observará mudanças positivas em sua vida.

Não há dúvida de que é muito melhor ser perseguido do que ser perseguidor. Agradeça até a seus inimigos, aos que o criticam, pois são críticas de grande utilidade. Muitas vezes, as críticas mostram verdades, defeitos, conscientizando-nos do que precisamos melhorar. Alguns críticos são mestres a quem nada se paga. Agradeça por esta ajuda sem cobranças. Por meio de perdão, limpamos nossa mente e criamos a nossa volta uma egrégora de Luz.

3.1.1.4 Gyo wo hage me
(Seja aplicado e honesto em seu trabalho)

O trabalho é a fonte de toda a riqueza e cultura. Afasta de nós o tédio, a corrupção e a necessidade. O trabalho é fundamental. Sem ele surge a neurose. Diz o ditado popular: "Mente desocupada é oficina do demônio". A mente ociosa é prejudicial para si mesma e para a sociedade. A ociosidade é a mãe de todos os vícios. Ela é a estupidez do corpo, e a estupidez é a ociosidade da mente. Não devemos desperdiçar o tempo, pois ele é a pérola dada por Deus para a nossa realização. Devemos ocupar nosso tempo crescendo, desenvolvendo nossas atividades e nossos talentos.

A preguiça é a maior inimiga do progresso. Não permita que ela se esconda em seu ser, pois ela o destruirá. A preguiça mata homeopaticamente. Se vencermos a preguiça, damos o primeiro passo rumo ao trabalho produtivo. Se vencermos a impaciência, damos o segundo.

"O trabalho é, ainda, o melhor meio de viver a vida."

As pessoas crescem por meio do trabalho, aprendem com o trabalho e a vida diária. Tudo que nasce do trabalho é bom. A criação da riqueza não é um pecado, mas, sim, o amor ao dinheiro. O dever espiritual reside na decisão do que fazer com o dinheiro.

Todo trabalho é digno e pode ajudá-lo no seu aperfeiçoamento. Tudo que fazemos e como trabalhamos tem um peso e afeta diretamente o outro e todos os níveis do Cosmo. Nada há melhor do que ser útil. Esta qualidade é o elo que nos prende aos nossos semelhantes. Uma sociedade saudável só se consolida com a cooperação de um grande número de pessoas. Não somos uma entidade isolada que vive num mundo microcósmico separado. Somos uma parte de todas as partes, uma parte da Soma, da Totalidade de Tudo. Numa organização, a forma como desempenhamos nossas tarefas diárias afeta diretamente os objetivos globais da empresa que concordamos apoiar. Assim funciona o Universo.

Conta uma velha lenda do budismo chinês que, por volta do ano 250 a.C., na China antiga, um certo príncipe da região de Thing-Zda, norte do país, estava às vésperas de ser coroado imperador. De acordo com a lei, ele deveria se casar. Sabendo disso, ele resolveu promover uma disputa entre as moças da corte ou quem quer que se achasse digna de sua auspiciosa proposta. No dia seguinte, o príncipe anunciou que receberia, numa celebração especial, todas as pretendentes e lançaria um desafio. Uma velha senhora, serva do palácio havia muitos anos, ouvindo os comentários sobre os preparativos, sentiu uma leve tristeza, pois sabia que sua jovem filha nutria um sentimento de profundo amor pelo príncipe. Ao chegar em casa e relatar o fato à jovem, espantou-se ao ouvir que ela pretendia ir à celebração e indagou incrédula: "Minha filha, o que achas que farás lá? Estarão presentes todas as mais belas

"O prazer pelo trabalho aperfeiçoa a obra."

e ricas moças da corte. Tira esta ideia insensata da cabeça. Eu sei que deves estar sofrendo, mas não tornes o sofrimento uma loucura". A filha respondeu: "Querida mãe, não estou sofrendo e muito menos louca. Eu sei que jamais poderei ser a escolhida, mas é minha oportunidade de ficar pelo menos alguns momentos perto do príncipe. Isto já me tornaria feliz, pois sei que meu destino é outro". A jovem chegou ao palácio à noite. Lá estavam, de fato, todas as mais belas moças, com as mais belas roupas, com as mais belas joias e com as mais determinadas intenções. Então, finalmente, o príncipe anunciou o desafio: "Darei, para cada uma de vocês, uma semente. Aquela que, dentro de seis meses, me trouxer a mais bela flor, será escolhida minha esposa e futura imperatriz da China". A proposta do príncipe não fugiu às profundas tradições daquele povo, que valorizava muito a especialidade de cultivar algo, fossem costumes, amizades, relacionamentos, etc. O tempo passou e a doce jovem, como não tinha muita habilidade nas artes da jardinagem, cuidava da semente com muita paciência e ternura, pois sabia que, se a beleza das flores surgisse na mesma extensão de seu amor, ela não precisaria se preocupar com o resultado. Passaram-se três meses e nada surgiu. A jovem de tudo tentara, usara todos os métodos que conhecia, mas nada havia nascido e, dia a dia, ela percebia cada vez mais longe o seu sonho, ao mesmo tempo em que cada vez mais profundo ficava o seu amor. Por fim, os seis meses haviam passado e nada havia brotado. Consciente do seu esforço e da sua dedicação, comunicou à sua mãe que, independentemente das circunstâncias, retornaria ao palácio na data e hora combinadas, pois não pretendia nada além de mais alguns momentos na companhia do príncipe. Na hora marcada, lá estava, com seu vaso vazio, bem como todas as pretendentes, cada uma com uma flor mais bela do que a outra, de todas as mais variadas formas e cores. Ela estava absorta. Nunca havia

"A fonte da honestidade é a verdade."

presenciado tão bela cena. Finalmente, chega o momento esperado. O príncipe observa cada uma das pretendentes com muito cuidado e atenção. Após passar por todas, uma a uma, ele anuncia o resultado: a bela jovem do vaso vazio seria sua futura esposa. As pessoas presentes tiveram as mais inusitadas reações. Ninguém compreendeu por que ele havia escolhido justamente aquela que nada havia cultivado. Então, calmamente, ele esclareceu: "Esta foi a única que cultivou a flor que a tornou digna de se tornar uma imperatriz, a flor da honestidade, pois todas as sementes que entreguei eram estéreis".

A honestidade é a primeira virtude necessária para o ser humano se ligar ao mundo angelical. Atos honestos são sagrados. Só a justiça e a honestidade propiciam o amor. A desonestidade cria infelicidade, ódio, guerra e inimizades. A lei do carma é: "O que plantarmos, haveremos de colher". Se plantarmos um trabalho com energia honesta e produtiva, colheremos de volta a mesma energia. Disse o mestre de Reiki Fuminori Aoki que, se o desonesto soubesse a vantagem de ser honesto, seria honesto mesmo por desonestidade. O fruto do roubo é sempre colocado num balde sem fundo. O que vem fácil, vai embora fácil. Não podemos transformar, comprar ou vender honestidade, podemos apenas vivenciá-la. É muito mais fácil sermos bons do que justos e honestos. Torne sua existência saudável, fazendo seu trabalho com honestidade.

As pessoas mais respeitosas são sempre as mais respeitadas. A reputação é como fogo: uma vez aceso, conserva-se bem. Mas se apagar, é difícil acendê-lo. Não se preocupe pelo fato de não lhe conhecerem, preocupe-se por não ser digno de ser conhecido. Procure ser uma pessoa de valor, em vez de procurar ser uma pessoa de sucesso. O bom não é ser importante, o importante é ser bom. Não existe travesseiro tão macio

"Só se retém o que se conquista com honestidade."

como uma consciência limpa e tranquila, que ainda é o melhor remédio contra a insônia.

Cada um deve procurar a profissão que a sua vocação pede, fazer algo que lhe agrade, tentar ser o que gosta de ser. Não podemos chegar às grandes realizações se não conquistamos as pequenas. Todo trabalho que merece ser feito merece ser bem feito. Não devemos esperar por um melhor emprego para começar a trabalhar. Devemos cumprir nosso dever, aconteça o que acontecer.

O desejo de vencer e uma atitude vitoriosa são meio caminho andado para o sucesso. É preciso aplicar-se em seu trabalho tenazmente, com boa disposição e com entusiasmo, se quiser triunfar. O entusiasmo é o motivador dinâmico que mantém as pessoas trabalhando com persistência em direção a sua meta. Tudo depende apenas de persistir. Não atrasemos nosso progresso com medo de fracassarmos.

Não devemos, no entanto, confundir este importante Princípio achando que devemos viver só para o trabalho. Muitos fogem de seus problemas escondendo-se no trabalho compulsivo, perdem a saúde para juntar dinheiro e depois gastam o dinheiro para recuperá-la. Para se ter vida longa, é preciso desacelerar. Temos de aprender a ser calmamente ativos. Nada é tão útil às pessoas como a resolução de nunca ter pressa. De nada vale correr, devemos partir com pontualidade. É preciso viver, não apenas existir. Há pessoas que não vivem, apenas estão fazendo hora para morrer. Aprender a sofrer não é aprender a viver. Desacelere, deixe a vida correr mais levemente, mais suavemente. Devemos deixar o trabalho do dia seguinte para o dia seguinte, de maneira que possamos nos dedicar a outras atividades também importantes. Trabalhe, mas não viva só para o trabalho, tenha outras atividades paralelas. O tempo dedicado ao trabalho, à saúde, à família, ao estudo, ao esporte, à boa leitura, aos amigos e ao lazer nunca é perdido.

"Ser honesto é fazer aos outros
o que gostaríamos que fizessem a nós."

3.1.1.5 Hito ni shinsetsu ni (Seja gentil com os outros)

Ser gentil com os outros é sinônimo de ser gentil consigo mesmo. Quando o Mestre Usui pregou o Princípio "Seja gentil com os outros" teve o mesmo propósito do Mestre Jesus quando disse: "Faze aos outros o que queres que te façam" e "Ama ao próximo como a ti mesmo". Esse importante Princípio do Reiki, na verdade, está presente na doutrina das principais religiões: "Tudo quanto queres que os outros façam para ti faze-o também para eles", no Cristianismo; "De cinco maneiras um verdadeiro líder deve tratar seus amigos e dependentes: com generosidade, cortesia, benevolência, **dando o que deles espera receber** (o grifo é nosso) e sendo tão fiel quanto a sua própria palavra", no Budismo; "Não faças aos outros aquilo que, se a ti fosse feito, causar-te-ia dor", no Hinduísmo; "Não faças ao teu semelhante aquilo que para ti mesmo é doloroso", no Judaísmo; "Ninguém pode ser um crente até que ame ao seu irmão como a si mesmo", no Islamismo; "Não faças aos outros aquilo que não queres que eles te façam", no Confucionismo; "Considera o lucro do teu vizinho como teu próprio e o seu prejuízo como se também fosse teu", no Taoismo; "A Natureza só é amiga quando não fazemos aos outros nada que não seja bom para nós mesmos", no Zoroastrismo; "Julga aos outros como a ti mesmo julgas, então participarás do Céu", no Sikhismo; e "Na felicidade e na infelicidade, na alegria e na dor, precisamos olhar para todas as criaturas assim como olhamos para nós mesmos", no Jainismo. A intenção dos grandes mestres é a de realmente orientar as pessoas a evitar um mau futuro, libertando-as da severidade do carma.

A palavra carma provém do sânscrito, um velho idioma hindu, considerado sagrado em alguns templos iniciáticos. A palavra procede do

> *"Ser gentil é mais importante do que estar certo."*

prefixo *"kar"*, que significa fazer ou agir, e do sufixo *"ma"*, que quer dizer efeito ou ação. Carma significa que toda causa gera um efeito semelhante, determinando o próprio destino das pessoas. Carma, portanto, é a causa e o efeito, ou a justa reação a igual e idêntica ação. Não é bem a lei do "olho por olho e dente por dente", como muitos pensam. Ela ajusta, mas não castiga. Não é uma lei especificamente punitiva, pois também é generosa nas boas ações. Cada causa boa ou má do presente também produzirá um efeito bom ou mau no futuro. Daí as palavras de Jesus: *"A cada um conforme as suas obras"*. Não existem recompensas nem castigos, o que existe são consequências.

Destino significa direção ou caminho e não estrada fixa que temos de simplesmente seguir. Sendo assim, ter sorte ou azar é consequência de nossos pensamentos e ações. O Mestre Jesus nos preveniu que "pagaremos até o último ceitil". Uma das leis naturais mais importantes é a lei de causa e efeito: "Tudo que você fizer o outro experimentar, um dia você experimentará". Em outras palavras, cada um colhe o que semeia. Somos donos de nossa vontade e do nosso livre-arbítrio, livres para agir e semear, em benefício ou prejuízo da coletividade, mas implacavelmente obrigados a colher o resultado da semeadura. Podemos esperar de um o que fizermos ao outro. Nosso progresso espiritual depende de nosso modo de pensar, sentir, falar e agir no mundo material. Todos os pensamentos, emoções, palavras e ações geram um tipo de carma para o futuro, seja ele bom ou mau.

As pessoas respondem pelas consequências de suas ações, por isso devemos fazer o bem. Não existe algo como o débito cármico. Queimamos nossos carmas quando resgatamos as dívidas ou efeitos de culpas do passado, quando recebemos de volta o resultado do que fizemos e aceitamos este resgate.

"Faz aos outros o que gostarias que fizessem a ti mesmo.
Todas as dificuldades para criar um planeta de paz baseiam-se
na nossa incapacidade de seguir essa simples instrução."

Nem tudo o que parece ruim é ruim. O mofo, que é um fungo, resultado do apodrecimento, era visto como uma coisa negativa, mas dele é possível retirar a penicilina, descoberta por Fleming, que vem salvando inúmeras vidas. As cobras, escorpiões e outros animais peçonhentos, com seus venenos, já produziram, por meio da indústria farmacêutica, mais benefícios à humanidade do que vítimas.

É preciso não confundir as coisas. Ser gentil com as pessoas não significa necessariamente deixá-las fazer o que querem, não significa apagar a palavra "não" de seu vocabulário. Aprenda a dizer não no momento certo. Muitos problemas acontecem quando você, inadequadamente, diz sim.

A vida é muito simples. O que damos, recebemos. Certa vez, em uma cidade no interior de Minas Gerais, um padeiro foi ao delegado e queixou-se do vendedor de queijos que, segundo ele, estava roubando, pois vendia oitocentos gramas de queijo e dizia estar vendendo um quilo. O delegado pesou o queijo e constatou que ele só pesava oitocentos gramas. Mandou então prender o vendedor de queijos sob a acusação de estar fraudando a balança. O vendedor de queijos, ao ser notificado da acusação, confessou ao delegado que não tinha pesos em casa e, por isso, como todos os dias comprava dois pães de meio quilo cada, colocava os pães em um prato da balança e o queijo em outro. Quando o fiel da balança se equilibrava, ele então sabia que tinha um quilo de queijo. O delegado, para tirar a prova, mandou comprar dois pães de meio quilo na padaria do acusador e pôde constatar que os dois pães equivaliam ao suposto quilo de queijo. Concluiu o delegado que quem estava fraudando a balança era o mesmo que estava acusando o vendedor de queijo.

Albert Einstein pregava o seguinte: "A vida é como jogar uma bola na parede: se for jogada uma bola azul, ela voltará azul; se for jogada uma bola verde, ela voltará verde; se a bola for jogada fraca, ela voltará fraca

> *"Podemos semear à vontade,*
> *criando, porém, o determinismo da colheita obrigatória."*

e se a bola for jogada com força, ela voltará com força. Por isso, nunca jogue uma bola na vida de forma que você não esteja pronto a recebê-la. A vida não dá nem empresta; não se comove nem se apieda. Tudo quanto ela faz é retribuir e transferir aquilo que nós lhe oferecemos".

Seguindo este Princípio do Reiki, você pode evitar algumas doenças cármicas, como o câncer. Cada comportamento inadequado produz um fluido mórbido específico. O bacilo de Koch, responsável pela tuberculose, nutre-se de fluidos do egoísmo, cobiça ou apatia espiritual. A maledicência, a calúnia ou a magia verbal, mental ou física que geram prejuízos ao próximo, criam os fluidos que alimentam os ultravírus causadores do câncer. De acordo com mestres orientais, o câncer é causado por um ultravírus, ainda não identificado pela medicina, que se alimenta de fluidos perniciosos gerados nesta vida ou em vidas anteriores. A causa real do câncer é o fluido enfermiço e negativo que desce da aura para o corpo físico. Colhemos hoje o que geramos no passado, o que explica o fato de pessoas abnegadas e virtuosas também desenvolverem o câncer e outras doenças. Trata-se, nesses casos, de espíritos bastante endividados com a lei cármica. Explicam os mestres orientais que, quando o fluido tóxico proveniente de maus pensamentos, palavras e atos que acarretaram prejuízos ao próximo vertem para o corpo físico, a taxa de *Prana* sofre uma redução, a oxigenação diminui e o núcleo das células é lesado. No desespero da luta pela sobrevivência, as células do organismo entram num processo de multiplicação desenfreada, tentando aproveitar o oxigênio deficiente. Posteriormente, por falta de nutrição adequada, extinguem-se exaustas. Justamente pelo fato de o câncer ser de origem mais fluídica e menos física, muitos casos respondem muito bem ao método Reiki, ao Johrei, aos passes magnéticos e às orações.

"A gente colhe o que a gente planta."

As palavras são a droga mais poderosa usada pela humanidade. A qualidade interior de uma pessoa é revelada pelo que sai de sua boca. Não devemos fazer ou dizer o que não podemos repetir publicamente. Devemos tomar cuidado com as palavras.

Seja humilde. Devemos procurar respeitar a todos com humildade, pois é respeitando que se é respeitado. Não despreze ninguém por estar mal vestido. Você não é melhor do que ele, em nada. Todas as pessoas são especiais. É pela alma e não pelo corpo que os seres humanos são irmãos. Não existem raças inferiores. Só existe uma raça, que é a humana. No íntimo do ser humano reside Deus. Todas as pessoas são "Um Só". Não podemos chamar ao Pai assim, se não entendermos que todos, inclusive nossos concorrentes e inimigos, são criação da mesma Fonte. Nenhuma pessoa é nossa amiga ou inimiga, são todos nossos mestres de vida, são nossos irmãos. Por isso, o Mestre Jesus nos orientou a amar o próximo como a nós mesmos.

Não condene seu próximo, você não sabe o que faria no lugar dele. Quando você julga os outros, não os define, define a si mesmo. Examinando os próprios defeitos, você aprende a aceitar os dos outros.

Procure fazer aos outros o que gostaria que eles lhe fizessem. Buscando o bem de nossos semelhantes, encontramos o nosso bem. Essa é a verdade mais básica, contudo, é a que mais o ser humano ignora. Se as pessoas soubessem das vantagens de ser bom, seriam boas por egoísmo.

Devemos dar na medida em que queremos receber. Enquanto houver egoísmo, haverá sofrimento. A felicidade é o subproduto de fazer o próximo feliz. Ser feliz é contribuir para a felicidade dos outros, uma vez que a maior parte de nossa felicidade consiste no que damos aos que necessitam, pois viver só para si é destruir-se, viver pelo amor ao próximo é crescer divinamente. Então você pode orar e aplicar energia Reiki em uma pessoa, quando não tem como ajudá-la de outra forma.

"A lição só termina quando cumpre o papel de ensinar."

Espere de seus filhos o que fizer com seus pais. Ninguém é vítima sem antes ter sido algoz. Muitos só reconhecem o amor dos pais quando também se tornam pais. Antes de magoar o coração de seus pais, verifique o quanto está dentro dele. Depois de Deus, nossos pais. Seja gentil com eles.

Vemos que os jovens seguem aos bandos, os adultos aos pares, e os velhos, sozinhos. Seja gentil e tenha atenção com os mais velhos. Pense em você amanhã.

Desse modo, não espere um sorriso para ser gentil. Seu sorriso será para o outro a certeza de que pode contar com você naquele momento. Um sorriso é a maneira mais barata de melhorar sua aparência, acrescenta muito à expressão de sua face. O rosto é o espelho da alma. Conhecemos uma pessoa pelo seu riso. Se na primeira vez que o encontramos ele ri de maneira agradável, o íntimo é excelente.

Quando queremos ajudar alguém, devemos dar o exemplo, e não apontar os seus erros. Criticar é uma espécie de vício da mente. Quando nos ocupamos da vida alheia, não nos concentramos em nossos próprios ideais. É, portanto, um enorme desperdício de energia. Nós não mudamos o mundo, nem mesmo as outras pessoas, dizendo-lhes o que fazem de errado. Não se iluda, não há críticas construtivas. O melhor é que procuremos, antes, cuidar de nossa própria vida.

O método Reiki é um caminho para a sabedoria, que nos ensina a respeitar a vida, respeitando todas as criaturas. Esse Princípio do Reiki nos ensina que tudo está vivo, que tudo vibra, que toda criatura tem sua própria vida, que é a expressão do Criador. A Mãe-Terra está viva e respirando. Tudo que compõe o planeta Terra (água, ar, flora, fauna, solo, pessoas) são criações divinas. Somos energia coletiva de uma mesma Fonte. Só existe uma única Energia, que se individualiza em muitas partes. Todas as criaturas provêm da mesma Essência. Se destruirmos

"Cada pessoa que você conhece
deve ser saudada com um sorriso."

a natureza, destruiremos a nós mesmos. O mundo é uma Unidade do ser humano com a natureza e com o Cosmo. Não se pode ser bom pela metade. Ser gentil com os outros implica amar, respeitar e ser gentil com todas as formas de vida que existem na natureza. A União é a Verdade Máxima, e a evolução é apenas outra palavra para o movimento em direção à Verdade.

Não existem duas espécies de processos evolutivos. Toda centelha criada por Deus evolui. Tudo se transforma, evoluindo como expressão cada vez mais apurada, e só consegue despertar em si a noção de existir, após seu psiquismo realizar o curso total através dos reinos mineral, vegetal, animal e hominal. Aprendemos no Oriente que a base da vida espiritual é o psiquismo, que dorme no mineral, sonha no vegetal, desperta no animal e vive no ser humano, ocorrendo uma gradação evolutiva em cada reino da natureza. Apesar de os minerais parecerem estáticos, em sua intimidade, seus elétrons giram a uma velocidade superior a 200.000 km/seg. Num trabalho lento e milenar, à medida que desenvolve sua consciência individual, desliga-se gradualmente do comando instintivo do espírito ou alma-grupo, responsável pelas características, temperamento, ações e reações de determinada espécie mineral, vegetal ou animal que comanda a sua espécie e transfere-se para uma espécie mais evoluída, até alcançar o ser humano. No Oriente, aprendemos a grande verdade de que o animal se transforma em ser humano e o ser humano se sublima em anjo. Isto representa a síntese de toda a escala evolutiva ou o refinamento final de todos os testes e experiências do psiquismo, após as múltiplas passagens por todos os reinos da natureza. Deus está presente em tudo e em todos. É a grande energia que rege o Universo. O artigo primeiro do Pacto pela Terra, criado em encontros ecológicos internacionais, diz o seguinte: "Toda forma de vida é sagrada. Cada ser humano é parte única e íntegra da

"A compaixão para com os animais
é uma das mais nobres virtudes."

comunidade viva da Terra e tem responsabilidade de cuidar da vida em todas as formas". Tente construir, não destruir. Quando em contato com a natureza, não devemos levar nada além de fotos, não deixar nada além de pegadas.

Saber o que é certo e não fazê-lo é a pior covardia. Maltratar animais é demonstrar covardia e ignorância. Nenhuma espécie de violência é justificável, principalmente se for praticada em um ser indefeso. Propaguemos o amor pelos animais e por sua proteção e teremos praticado uma das mais belas e nobres missões da nossa vida.

A humanidade recebeu tudo o que precisa para viver em harmonia, respeito, amor e Unidade. Os seres humanos precisam de oxigênio para sobreviver. Os vegetais, para crescer, retiram o dióxido de carbono da atmosfera (lixo dos animais) e liberam o oxigênio (lixo dos vegetais). Todos os seres e todas as espécies são importantes. Uma espécie não pode sobreviver sem a outra. Quem derruba uma árvore destrói uma parte de sua própria vida. Infelizmente, somente damos importância a seres com dinheiro, *status* e influência. Existem povos, como os kahunas do Havaí, que não colhem uma flor ou erva, não matam nenhum animal para comer ou para usar sua pele, sem pedir permissão à alma-grupo desse ser. Curiosamente denominamos esses povos de primitivos. Em nosso egoísmo, a maior parte das pessoas não está harmoniosamente ligada à Mãe-Terra, caso contrário não a trataríamos de forma tão brutal. Não podemos desfigurar a natureza sem sofrer as consequências de nossos atos inconscientes. Depois da última árvore sem frutos e do último rio envenenado, o ser humano perceberá que dinheiro não se come.

O reikiano que se alimenta de carne vermelha já arranha este Princípio do Reiki. No futuro, quando a humanidade tiver mais discernimento intelectual e moral, irá compreender que é grave delito devorar a carne de nossos irmãos ditos inferiores. O carneiro e as vacas derramam lágrimas

"Comprar uma mercadoria originária de uma espécie ameaçada é apoiar a sua extinção."

ao verem seus filhotes sacrificados. Os bois e porcos gemem inquietos às vésperas da matança, gerando miasmas (energia gerada pelo medo que o animal sente ao morrer), que são transmitidos pela adrenalina contida na carne. Só não vê que a carne é prejudicial quem não quer. O ditado popular que diz "O pior cego é o que não quer ver" cabe perfeitamente aqui. As pessoas pagam muito caro ao devorarem a carne impregnada de miasmas gerados no momento de agonia do sacrifício.

Estômagos de pessoas carnívoras se transformam num sarcófago ou cemitério de cadáveres ou vísceras em decomposição, que passam a exudar fluidos de natureza mórbida impregnados com a angústia e o sofrimento do animal sacrificado, escurecendo a aura do reikiano. Qualquer anormalidade em nossa aura dificulta a captação intuitiva que os nossos mentores nos transmitem. A alimentação carnívora dificulta a sensibilidade psíquica do reikiano, atrapalhando sua intuição. Não precisamos da alimentação carnívora para sermos sadios e robustos. Basta ver os elefantes, gorilas, cavalos, que se alimentam especificamente de vegetais e são mais robustos que os seres humanos. Deus nos deu frutas, legumes, cereais, verduras. Não há necessidade de comermos nossos irmãos menores. Mudar a alimentação faz com que troquemos a vibração que emitimos para o mundo e também a forma como recebemos e reagimos aos impulsos externos. Uma dieta mais leve certamente nos ajuda a alcançar um nível de consciência superior. Essa escolha deve estar alinhada a uma postura de vida. Não comer carne vermelha, por exemplo, é uma escolha pessoal e intransferível. É uma decisão que deve brotar de dentro da pessoa e jamais ser imposta por alguém. Muitas vezes, chocamos pessoas à nossa volta que não estão preparadas para tanta transformação. Não é fácil mudar uma pessoa que sempre se alimentou de carne. Deixar de comê-la é apenas mais um passo dado no caminho da elevação.

> *"Engana-se quem procura Deus voltando as costas para a natureza. Quem renega a natureza renega Deus."*

Os animais também se aperfeiçoam. Observa-se em algumas espécies mais evoluídas, como cães, gatos, bovinos, equinos, elefantes, macacos, por exemplo, a existência de um corpo mental e emocional, embora rudimentar, que lhes faculta manifestarem desejos e emoções. Após a morte de Mozart, o cão do compositor recusou-se a abandonar o túmulo de seu dono, vindo a morrer de inanição. Numa boiada, cada rês apresenta um temperamento diferente, corajoso ou covarde, mostrando uma capacidade de individualização na espécie. Esta particularidade não é observada em animais inferiores, como no caso da maioria dos animais marinhos. Existem registros de que o Mestre Usui, assim como o Mestre Jesus, se alimentava de peixe. Os animais mais primitivos não têm uma consciência individualizada. Seu agir está subordinado ao instinto de um espírito-grupo, que determina seu comportamento em busca da sobrevivência. Todos os peixes de uma mesma espécie constituem vestimentas carnais da sua alma-grupo. Qualquer unidade do cardume age da mesma maneira, seja no oceano Pacífico, Índico ou Atlântico. Na carne dos peixes, dos camarões, das lagostas, dos mariscos, etc., não encontramos miasmas porque não há corpo emocional, bem como espiritualmente não há interferências na evolução da espécie. Pescar um peixe é como colher uma manga. A árvore permanece viva. Reikiano, coma muito peixe!

3.1.2 Asa yuu gasshô shite kokoro ni nenji, kuchi ni tonaeyo

(De manhã e à noite, sente-se em posição gasshô e repita estas palavras em voz alta e para seu coração)

Os micróbios, os vírus e os germes responsáveis por muitos tipos de doenças conhecidas existem no corpo humano desde o nascimento

"O primeiro passo para fazer o bem é não fazer o mal."

em quantidades inofensivas, que não causam incômodos. Em cotas mínimas, são pacíficos e incapazes de romper as defesas psicofísicas e só se multiplicam quando encontram alimento oculto ou terreno enfermiço favorável à proliferação. Lutam, então, pelo direito à vida e à procriação. Cada tipo de germe, limitado a sua quantidade teto, só se prolifera perigosamente depois que recebe o seu alimento predileto e mórbido (miasmas), baixado da aura, após ser criado pelo psiquismo humano. Quando proliferam além de suas cotas mínimas ou de uma quantidade teto que o corpo físico possa suportar sem adoecer, geram as doenças. Os micróbios acompanham, mas não causam as doenças. Na verdade, o que existe são os doentes e não as doenças, que variam em intensidade de doente para doente, dependendo do temperamento, do comportamento e das reações emotivas. As enfermidades têm origem na mente, salvo quando são oriundas de acidentes ou de deficiências congênitas.

O Mestre Usui sabia que a causa originária da maioria das enfermidades que afligem a humanidade está afeta a uma origem geralmente mental e emocional e que a recuperação de muitas enfermidades depende da mudança comportamental dos doentes, de uma higiene mental e não apenas do consumo de produtos ou remédios dos laboratórios farmacêuticos.

Todos os estados mentais se reproduzem. O Universo nada mais é do que uma grande máquina copiadora que reproduz nossos pensamentos. Devemos mudar nossos pensamentos em relação à vida para que ela melhore. Cada pensamento que temos cria nosso futuro. Não só os pensamentos, mas também as palavras e as ações são criativas. O ser humano nasceu com o poder criativo do Universo na ponta de sua língua (palavra). O que pensamos e falamos sempre nos acompanha. Cada um de nós produz suas próprias experiências pelos pensamentos e palavras que expressa.

"A saúde não é um estado da matéria, mas do espírito."

Não conheço, por enquanto, nenhum reikiano que consiga seguir à risca, em tempo integral, os 5 Princípios do Reiki. O único modo de torná-los aplicáveis no dia a dia é envolver-se com o propósito deles. O Mestre Usui recomendava a repetição diária dos Princípios do Reiki. A perseverança é o fundamento da vitória. Repetindo diariamente os 5 Princípios, você promove estas mudanças. É fundamental usá-los diariamente e adquirir consciência da importância de cada um deles. A repetição lhe dá a chance de compreender. A mudança de comportamento gerada pela repetição pode evitar ou minimizar as doenças causadas até por agentes patogênicos.

O hábito é o melhor mestre de todas as coisas. Adote o hábito de dizer algo admirável ao pronunciar as primeiras palavras. Nada é permanente. Tudo muda a todo instante e a todo o momento. Prometa a si mesmo melhorar e tente melhorar. Precisamos nos reeducar, se quisermos educar o próximo. Dizendo de manhã alguma coisa alegre e construtiva, você estabelece uma disposição mental para todo o dia. O som da palavra é um mergulho na eternidade.

3.1.3 Shin shin kaizen, Usui Reiki Ryoho (Tratamento do corpo e da alma, Usui Reiki Ryoho)

Os pensamentos negativos geram emoções inferiores, tais como ódio, raiva, vingança, ciúme, inveja, orgulho e egoísmo. As emoções inferiores são como a lenha vegetal que, após queimada, sempre deixa um resíduo de cinzas de magnetismo tóxico que adere à aura e precisa ser limpo ou expurgado através do corpo físico. O corpo humano é uma espécie de fio terra que descarrega os fluidos tóxicos que aderem ao campo áurico. Funciona como uma espécie de mata-borrão vivo, que absorve esses fluidos venenosos. Estes fluidos irritantes, grosseiros,

"A vida é o que você cria. Crie coisas boas, você é um criador."

densos e hostis são transferidos para o primeiro corpo áurico, o duplo etérico, que funciona como uma válvula de escape para o expurgo desses resíduos nocivos. Do duplo etérico, os resíduos são transferidos para o corpo físico, que funciona como um depósito de lixo (miasmas tóxicos drenados da aura, que ofendem o corpo físico). Essas toxinas psíquicas, durante a purificação áurica, convergem para os tecidos, órgãos ou regiões do corpo, produzindo enfermidades de acordo com a resistência biológica, tipo orgânico e natureza hereditária de cada um. Afetam a região do corpo mais debilitada, condensam-se e alojam-se onde encontram receptividade, seja no fígado, estômago, pulmão, rins, ossos, baço, intestino, pâncreas, sistema linfático, sanguíneo ou endócrino. É muito comum, também, manifestarem-se como problemas de pele, eczemas, etc. As enfermidades que atormentam as pessoas durante o processo dessa limpeza psíquica não são, na verdade, um castigo determinado por Deus, mas o resultado da reação natural do corpo físico afetado pelas energias nocivas geradas pela própria pessoa. Trata-se de um expurgo saneador útil à alma enferma. Quantas pessoas, depois que se aborrecem, são vítimas de graves urticárias ou manifestações eczemáticas? A pele humana funciona como uma tela viva, refletindo para o exterior nossas condições íntimas. Quando os órgãos de filtragem, como os rins, recusam as toxinas psíquicas, estas acabam sendo expelidas pelas partes mais vulneráveis da pele, muitas vezes no couro cabeludo, que é uma região propícia a infecções eczemáticas. Esses fluidos acabam servindo de alimento aos agentes patogênicos atraídos para locais infeccionados. Os eczemas ou os cobreiros têm sua causa principal nos maus fluidos produzidos pela desarmonia mental e emocional do próprio enfermo e são, em geral, de difícil tratamento pelos métodos tradicionais. Muitos médicos orientais, familiarizados com estes ensinamentos, já conseguem identificar as causas dos problemas de pele de seus pacientes.

"A paz é o melhor remédio para todos os males."

Em geral, são a cólera ou a violência mental ou emotiva. O conflito é a causa principal das doenças e da infelicidade. Os gregos, há milênios, já pregavam o conceito "alma sã, corpo são". Advertiam que a saúde do corpo físico depende da saúde da alma. Somos uma trindade formada por corpo, mente e alma.

O maior pecado do ser humano é ignorar suas forças interiores, seus poderes criadores e sua herança divina. A solução para eliminar muitas disfunções e obter a saúde é sanear a alma pela reforma íntima, a fim de evitar os venenos psíquicos. É então recomendado aos doentes buscarem a harmonia psíquica. Precisamos amar para não adoecer. As pessoas infelizes adoecem e envelhecem cedo. A tristeza é a ferrugem da alma. Não há cosmético para a beleza que se compare à felicidade. Ser feliz é ser sábio. A sabedoria não é outra coisa senão felicidade. Um coração alegre faz um rosto bonito. A alegria é um medicamento divino. A alegria de viver é a oração mais feliz de todas. Estar alegre é a maneira de resolver muitos dos problemas da vida. Toda alegria é ganho, mesmo que pequeno.

O Alto tem enviado à Terra diversos líderes da espiritualidade superior a fim de ensinarem às pessoas o caminho da saúde, da paz e da fraternidade. Podemos citar Jesus, Buda, Francisco de Assis, Kardec, Mikao Usui, Ghandi, Krishna, Maomé, Confúcio, Zoroastro, Irmã Dulce, Chico Xavier, Madre Tereza de Calcutá e muitos outros, que recomendaram as virtudes do amor, humildade, tolerância, paciência, bondade e resignação (pregam os mestres orientais que, quando uma pessoa sofre com serenidade, sofre metade. Quem muito se desespera, duplica a dor).

Reikiano, nunca esqueça: as enfermidades se alimentam do combustível gerado pelas emoções inferiores do próprio doente. Essas infecções, muitas vezes, cedem ou desaparecem sob o impacto da energia Reiki,

"Não desperdice energia em coisas banais."

que dispersa os fluidos negativos concentrados nas partes afetadas, entretanto, a pessoa só evitará recaídas saneando a alma, modificando seu comportamento mental e emocional. A vida é um projeto de você mesmo. Seus pensamentos criam a sua realidade. O método Reiki, modificando nossos pensamentos, resgata nossa condição natural de felicidade.

Mestre Mikao Usui durante um de seus últimos seminários, ministrado em Shizuoka, Japão, foto de 1925. (In: AOKI, Fuminori. *Reiki* – A cura natural. p. 67.)

"Viver é a coisa mais difícil do mundo. A maioria das pessoas apenas existe."

CAPÍTULO 4

Simbolismo do Reiki

4.1 O ideograma

A palavra Reiki pode ser escrita com ideogramas japoneses que, como os algarismos romanos, não exprimem letra ou som, e sim uma ideia.

"O caminho é o objetivo."

Segundo o contexto, esses ideogramas podem ter várias leituras, com os seguintes significados:

I. Chuva maravilhosa de energia vital;
II. Chuva maravilhosa que dá vida;
III. A ideia de algo que vem do Cosmo e que seu encontro com a Terra produz o milagre de vida;
IV. Chuva maravilhosa que produz o milagre de vida;
V. A comunhão de uma energia superior com uma terrena que se pertencem mutuamente;
VI. Uma energia maravilhosa que está acima de todas as demais e, além disso, está em você e você pertence a ela.

Obs.: Em alguns casos, esses ideogramas encontram-se reforçados com pequenas formas que representam grãos de arroz os quais simbolizam a vida.

4.2 A cor

A cor simbólica da energia Reiki é o verde, a cor da saúde física, haja vista sua correlação com o chacra cardíaco, responsável pelo nosso amor incondicional e sistema imunológico. Seus ideogramas são feitos em dourado, pois essa é a cor cósmica.

4.3 O bambu

Da natureza, o método Reiki tomou como símbolo o bambu que, em sua simplicidade, resistência (quando enverga), vazio, retidão e perfeição, pode representar metaforicamente o funcionamento da energia.

"Nenhum vento ajuda
a quem não sabe para que porto deverá velejar."

O bambu é flexível, apesar de forte. Ele reverencia o vento que o toca soprando, ele se dobra mostrando-nos que quanto menos um ser se opuser à realidade da vida, mais resistente se tornará para viver em plenitude. O bambu é forte, serve para construção de embarcações, móveis, etc., ou seja, todos que receberam a iniciação no método Reiki tendem a ficar fortes e resistentes. Entre um nó e outro, o bambu é oco, vazio, como vazio é o espaço entre o céu e a terra, representando os que escolheram ser canais de energia Reiki, que passam a funcionar nesse vazio como verdadeiros "tubos" direcionadores de Energia Cósmica. A retidão sem igual do bambu, a perfeição do seu projetar-se para o alto, assim como seus nós, que representam os diferentes estágios do caminho, simbolizam o objetivo do nosso itinerário interior, o nosso crescimento e a evolução em direção à meta. No Japão, o bambu é uma planta de bons auspícios, ou sorte. Pintar o bambu é considerado não só arte como também um exercício espiritual. Em algumas culturas africanas, o bambu é um símbolo de alegria, da felicidade de viver sem doenças e preocupações. É interessante observar como essa simbologia tem a ver com os Princípios do Reiki.

Representação usada pela Reiki Alliance

"Nem todos podem ser ilustres, mas todos podem ser bons."

CAPÍTULO 5

Como tornar-se um canal de Reiki

5.1 O futuro reikiano

Todos nós, em determinados momentos de nossas vidas, passamos por situações difíceis de sofrimento, estejamos ou não direta e pessoalmente envolvidos. Pode ser um sofrimento físico e material, emocional e, em algumas ocasiões, espiritual. Surge, então, o desejo de eliminar o sofrimento ou, pelo menos, de minimizar a dor, proporcionando alívio para nós mesmos e para quem nos cerca, mas nos sentimos completamente impotentes. Quantas vezes pensamos que, se pudéssemos dispor de algo para intervir e ajudar a aliviar os sofrimentos, a vida poderia ser melhor. Então, de alguma forma, chega ao nosso conhecimento que a inesgotável energia Reiki está disponível. Nesse feliz momento, faz-se necessário procurar um mestre de Reiki habilitado e participar de um ritual de sintonização.

Todos podemos ser canais de energia Reiki. O método Reiki encontra-se ao alcance até mesmo de crianças, de preferência com mais de sete anos, anciãos e pessoas doentes. Basta querer!

O reikiano não é criado pelo mestre. É despertado. Por isso, denominamos o Nível 1 do método Reiki de "O Despertar". Somos reikianos em potencial, já nascemos com os canais. O ser humano pode ser comparado

"Evite empregar tempo e dinheiro em coisas que trazem arrependimento."

a uma instalação elétrica completa, cuja lâmpada não acende porque está desatarraxada. O que o mestre de Reiki faz é ajustar o contato da lâmpada.

A partir do momento da iniciação, abre-se dentro da pessoa uma porta que, uma vez transposta, a introduz em uma nova realidade. Abre-se um mundo totalmente novo, diferente, que a princípio não acreditávamos poder existir. Quando nos convertemos em canal de energia Reiki, nos tornamos um meio através do qual a Energia Universal é conduzida. Reiki é uma energia de amor canalizada através do nosso chacra cardíaco. O iniciado converte-se em um verdadeiro canal de energia. Ou seja, terá sempre contato com essa Energia Universal e poderá aplicá-la quando quiser. Damo-nos conta do quanto somos capazes de nos ajudar e de proporcionar conforto ao próximo necessitado, fazendo fluir a Energia Universal Cósmica, espontânea e ilimitada, com um simples gesto, bastando impor as mãos para que ela flua. É tão simples que resistimos a crer que seja real. Mas precisamos ficar alertas para não permitir que esse conhecimento venha a estimular negativamente o nosso ego, o que atrapalharia nosso processo evolutivo.

5.2 Qual o mestre do Reiki adequado?

Como escolher um mestre do Reiki para me iniciar? Existem diferenças entre os mestres do Reiki? As linhagens que levam ao Mestre Usui são importantes? O ideal é um mestre independente ou um que esteja vinculado a uma escola, uma instituição ou uma organização nacional ou internacional? Quem garante o profissionalismo ou a idoneidade dos mestres do Reiki? Qual é o conteúdo básico ideal para cada nível de treinamento? O que encontrarei será suficiente para garantir uma prática competente? Essas são algumas das perguntas mais comuns entre os interessados no método.

"Ser mestre é verdadeiramente ser um eterno discípulo."

Existe, atualmente, um grande número de seminários de Reiki, sendo oferecido através dos meios de comunicação. Cada mestre tem uma metodologia de ensino, mas os seminários são sempre baseados no Sistema Usui. A multiplicação de mestres do método Reiki beneficia o planeta e a humanidade. Entretanto, à medida que a oferta de seminários cresce, os leigos podem sentir dificuldades em escolher o mais adequado para si. Não é fácil para o leigo avaliar qual deva ser o conteúdo básico ideal de um treinamento e se o que irá encontrar será suficiente para garantir uma prática eficaz. Há uma tendência de alguns mestres quererem melhorar ou aprimorar o método Reiki, mesclar conhecimentos esotéricos e holísticos com a prática original. Não havendo critérios oficiais que sirvam como referência, para o leigo fica ainda mais difícil avaliar o que é o método Reiki e o que não é.

Num mundo ávido por *status*, para muitas pessoas um certificado significa autoridade. É o que elas aprenderam a respeitar. Hoje em dia está muito fácil, rápido e barato conseguir um título de mestre de Reiki. No meio do Reiki há muitos iniciados para poucos "acabados". É uma característica da energia Reiki funcionar em todos, independentemente da evolução de sua consciência. Entretanto, ser iniciado como mestre de Reiki não é uma garantia da compreensão do método e da aquisição da experiência didática necessária. Há quem comece a lecionar o método Reiki sem saber o suficiente sobre o assunto. Os certificados que entrego a todos os alunos funcionam como documentos comprobatórios de que eles se submeteram ao processo iniciático e de que estamos inseridos em linhagens que nos levam até o Mestre Usui. Um certificado de Mestrado em Reiki não faz um mestre em Reiki, mas, sim, desenvolve a capacidade para transmitir e ensinar a técnica. Para a compreensão efetiva, muita prática da técnica e certa maturidade são tão importantes quanto

"Reter é perecer."

a iniciação como mestre. No momento das iniciações, todos os mestres de Reiki são iguais, a variação ocorre na capacidade didática de passar os conhecimentos teóricos que se fazem necessários. O verdadeiro mestre não é aquele que tem mais conhecimento, mas aquele que transmite mais conhecimento a seus alunos. O bom mestre é aquele que cria bons reikianos. Se alguém quiser ser um bom mestre, precisará investir o seu tempo nisso, precisa se comprometer e obter um treinamento sério, sólido e extenso. Há mestres formados em seminários de apenas algumas horas, num único dia, o que não garante qualidade de formação profissional. O treinamento do Mestrado do Instituto Brasileiro de Pesquisas e Difusão do Reiki, por exemplo, implica, pelo menos, dezesseis horas de aulas mensais durante sete meses.

O mestre de Reiki é simplesmente um instrutor chamado, no Ocidente, de mestre, e, no Japão, de *sensei*. O termo mestre, no caso, não tem conotação de pessoa iluminada, livre do carma, alguém que tenha poder sobre os demais, que seja melhor que os alunos, nem de hierarquia superior. Ter recebido a iniciação do Mestrado não garante que o novo professor esteja pessoalmente orientado. O mestre de Reiki é uma pessoa capacitada a iniciar outras pessoas e não pode e nem deve ser tomado como um exemplo do ponto de vista moral, ético ou espiritual. Um mestre é qualquer pessoa que desperta em nós o conhecimento que já possuímos.

O fato de termos recebido um nível de determinado mestre não cria a obrigatoriedade de realizarmos os demais níveis com esse mesmo mestre. Nenhum estudante do método Reiki precisa continuar em contato com seu mestre depois de um seminário e nem dele é dependente. Os alunos são absolutamente livres e não têm nenhum grau de compromisso com relação ao mestre ou à instituição a que possam pertencer.

> *"A iluminação exige que você assuma a responsabilidade pelo seu modo de vida."*

O mestre de Reiki não exerce poder sobre seus alunos nem pode ser considerado, obrigatoriamente, melhor ou mais evoluído que eles. O mestre é um instrutor que escolheu aceitar a grande responsabilidade de passar aos interessados o conhecimento que adquiriu.

Em minha atividade de lecionar o método Reiki, já encontrei todo tipo de profissional. Existem mestres que causam boa impressão, mas que não foram treinados corretamente por seus mestres. O seminário, mesmo tendo sido bom, acaba não alcançando os resultados esperados do processo de sintonização e o iniciado acaba se afastando da técnica. Há mestres que, mesmo tendo sido treinados corretamente, por displicência ou relaxamento, cometem erros ao sintonizar seus alunos.

O futuro reikiano deve procurar conhecer o mestre antes de realizar um seminário com ele. Procure saber sobre o trabalho desenvolvido pelo mestre, quantos anos de prática possui, quem foi o mestre dele, onde foi treinado, quanto tempo durou seu treinamento. Faça perguntas práticas ao mestre, tais como o preço do seminário, o porquê das diferenças de preços dos outros mestres, a duração do seminário, se haverá acompanhamento posterior, o conteúdo do seminário. Um aspecto importante a observar na prática de um mestre é que ele esteja acessível para tirar dúvidas que surgirem após o seminário. Existem mestres itinerantes que passam por diversas cidades ensinando o método Reiki. Posteriormente, surgindo a necessidade de consulta, os alunos devem poder localizá-los, seja pela internet, pelo telefone ou por qualquer outro meio de comunicação. O bom professor precisa oferecer apostilas adequadas, que sirvam como boa fonte de consulta e estudo aos alunos. Nunca se deve tornar os alunos dependentes, retendo informações. A beleza do método Reiki está em ensinar em sua plenitude, de forma humilde e amorosa, ficando o aspecto financeiro como consequência de um trabalho de regeneração planetária. Os mestres que trabalham pautados

"Falar mal dos outros
é um modo desonesto de nos elogiarmos."

no amor costumam não cobrar de pessoas que tenham doenças graves, como tumores malignos ou AIDS.

Certifique-se de que o mestre não é viciado em drogas, cigarro ou bebidas, o que refletiria um desequilíbrio prejudicial ao aprendizado.

A prática de religião ou persuasão religiosa deve ser evitada, pois o método Reiki, apesar de ter base no Budismo, não se vincula a religião nenhuma. O mestre deve aprender a não emitir opiniões nos seminários com relação às crenças pessoais políticas, filosóficas, religiosas, ideológicas ou espirituais dos alunos, pois a energia Reiki harmoniza-se perfeitamente com todas elas, tornando-as inclusive mais fortes e claras em alguns casos. Assuntos polêmicos devem ser evitados pelos mestres, tais como aborto, racismo, pena de morte, prática de esportes, eutanásia, etc.

Não é ético o professor se envolver em relacionamentos eróticos/sexuais com seus alunos, explorando, muitas vezes, um momento de fragilidade emocional deles.

É fundamental que a confidencialidade das informações pessoais dos alunos seja respeitada.

Deve ser avaliada a facilidade com que alguns mestres iniciam outros mestres, sem muitas limitações, inclusive em cidades onde não residem e estejam de passagem. O verdadeiro líder não é aquele que tem mais seguidores, mas aquele que forma mais líderes.

Todo mestre deve sempre orientar seus alunos a recomendarem um médico em caso de dúvida sobre alguma doença, durante o exercício do método Reiki. Deve também recomendar que nunca emitam diagnósticos (caso não sejam formados em medicina). A promessa da cura também é um comportamento irresponsável.

Uma indicação de amigos é um ótimo critério para a escolha de um mestre. E, finalmente, ouça sua "voz interior". Use a intuição.

"Quem faz as tarefas com amor as faz melhor."

O mestre deve deixar claro que não é o dono da verdade, que não irá transmitir a sabedoria absoluta e que tampouco é o dono da energia Reiki ou o único a transmitir o verdadeiro método Reiki.

É fundamental ao novo professor considerar e respeitar o trabalho realizado por todos os mestres, principalmente os que o antecederam. Infelizmente, no método Reiki, como em todos os negócios, observa-se acirrada concorrência entre os mestres. O ideal seria que as pessoas não lecionassem o método Reiki antes de eliminar os padrões pessoais de competição, por meio de terapias de evolução de suas consciências.

Atualmente, há esforços para estabelecer critérios mundialmente válidos para o ensino do método Reiki, de modo a comprometer os professores com a prática original. Preocupado com esse aspecto, estive no Japão em novembro de 1998 e em janeiro de 2002, onde reavaliei meus métodos de ensino com o mestre Fuminori Aoki, presidente da Associação Reido Reiki (Tóquio), e com o mestre Doi Hiroshi, presidente da Associação Gendai Reiki Healing Kyokai (Kyoto). Nessas ocasiões, recebi novas iniciações *(Reiju)* no Sistema Tradicional de Reiki Japonês e fui autorizado a emitir certificados reconhecidos pelas instituições criadas por ambos, Fuminori Aoki e Doi Hiroshi.

Caso você esteja pensando em cursar um determinado seminário, não hesite em pedir ao mestre responsável o conteúdo do mesmo. Seria de grande valia que todos os seminários anunciados apresentassem uma lista do conteúdo abordado, facilitando aos aspirantes a escolha do mestre mais adequado. Apresento, a seguir, o que considero fundamental para o treinamento nos três níveis básicos do método Reiki.

"Realize, mesmo chorando, aquilo que prometeu sorrindo."

5.3 Conteúdo de referência para o Nível I

1) Entrega de apostilas e certificado de participação, sem qualquer custo adicional;

2) Apresentação da(s) linhagem(ns) das quais o aluno passa a fazer parte;

3) Conteúdo programático:

   3.1) Como funciona o método e a energia Reiki.

   3.2) A história do método Reiki: antecedentes da sua descoberta. O descobridor Mikao Usui. A meditação de Mikao Usui. Mikao Usui e os primeiros resultados do método Reiki. O método Reiki e o início da sua divulgação. Os 5 Princípios do Reiki. Chujiro Hayashi e a continuidade do trabalho. Hawayo Takata e o método Reiki no Ocidente;

   3.3) Simbolismo do Reiki: o ideograma, a cor e o bambu;

   3.4) Como tornar-se um canal de energia Reiki: o futuro reikiano. O ritual de sintonização. Os vinte e um dias de limpeza energética. Os sistemas e escolas do método Reiki;

   3.5) A divisão do método Reiki: Níveis 1, 2, 3-A e 3-B;

   3.6) A visão holística do corpo humano: aura e chacras;

   3.7) Como e onde aplicar a energia Reiki;

   3.8) As posições para aplicação;

4) Ritual de sintonização energética;

5) Legislação para praticantes não médicos.

Obs.: O aluno, em geral, poderá assistir a diferentes seminários de Nível 1, a título de reciclagem, geralmente, pagando uma taxa de participação, a fim de melhor selecionar um mestre para o Nível 2.

"Se deres um peixe a um homem, ele comerá uma vez.
Se o ensinares a pescar, ele se alimentará a vida inteira."

5.4 Conteúdo de referência para o Nível 2

1) Distribuição de boas apostilas, que funcionem como instrumento de consulta para os alunos, e certificado de participação;
2) Ritual de sintonização energética com os três símbolos do Nível 2;
3) Conteúdo programático:
   3.1) Explicação sobre os símbolos do Reiki: O polêmico sigilo dos símbolos. O símbolo Choku Rei, o símbolo Sei He Ki e o símbolo Hon Sha Ze Sho Nen;
   3.2) Reiki à distância: técnica da redução, técnica do substituto, técnica da foto e técnica do joelho;
   3.3) Técnicas de transformação: Técnica do caderno e técnica da caixa.

5.5 Conteúdo de referência para o Nível 3-A

1) Distribuição de boas apostilas, que funcionem como instrumento de consulta para os alunos, e certificado de participação;
2) Ritual de sintonização energética com o quarto símbolo do Nível 3-A;
3) Conteúdo programático:
   3.1) Explicações sobre o Nível 3-A;
   3.2) Explicação sobre o símbolo Dai Koo Myo;
   3.3) Ativação dos canais de força;
   3.4) Aplicação de energia Reiki para multidões;
   3.5) Aplicação de energia Reiki no planeta;
   3.6) Meditação com os quatro símbolos do Reiki;
   3.7) Como montar e usar uma mandala de cristais;
   3.8) Cirurgia energética kahuna.

"Devemos ajudar nosso semelhante a levantar sua carga, porém não carregá-la para ele."

5.6 O processo de sintonização

Na origem da humanidade, o ser humano mantinha seus canais de energia intactos, gerando felicidade e harmonia. Com o processo de esquecimento de nossa origem, em face da extrema individualização do ser humano, a evolução do egoísmo e do orgulho, enfraquecemos esses canais de ligação. Deixamos de usá-los e passamos a não receber toda a energia necessária para o nosso bem-estar. Passamos a reter somente a energia vital *(ki)* indispensável ao sustento do nosso processo bioquímico. Mikao Usui descobriu como nos religar à Energia Primordial do Universo. O *religare*, esse processo ao qual primeiramente foi dado o nome de *Reiju*, no Japão, hoje recebe várias denominações, como iniciação, processo de ajustamento, ativação energética, harmonização, sintonização ou *attunement* (pôr em harmonia), como é usado nos EUA. As sintonizações são justamente o cerne do método Reiki, tornando-o diferente de outras práticas terapêuticas que podem ser assimiladas com a leitura de livros, apostilas, etc. Elas são muito precisas e só podem ser transmitidas por um mestre de Reiki devidamente treinado. Um verdadeiro mestre de Reiki recebeu uma série de transmissões de energia e está apto a aplicar, a ensinar e a ativar esta energia em outros.

Muitos têm medo quando se defrontam com uma situação desconhecida. Entretanto, nada no método Reiki, incluindo o processo iniciático, pode prejudicar alguém.

A energia Reiki vem diretamente da mais alta Fonte Espiritual e as iniciações devem, portanto, ser tratadas com o maior respeito. A sintonização é um presente, um verdadeiro milagre. A iniciação no método Reiki, quando um novo reikiano é despertado, é um ritual sagrado de grande beleza. Esse processo maravilhoso o tornará definitivamente um

> *"Qualquer pessoa pode ser modificada para melhorar,*
> *se ela assim se propuser."*

canal de energia Reiki. Muda para sempre a vida do iniciado de maneira muito positiva e profunda. A sintonização acende uma luz num ambiente escuro, despertando dons que um dia foram universais, mas que hoje estão praticamente esquecidos. No processo de sintonização, todos os canais de força do corpo, responsáveis pela captação e distribuição da nossa energia, são ativados para funcionarem nos moldes originais, proporcionado a condição de tratar e harmonizar não somente a nós mesmos, mas também a todos que toquemos. Uma vez estabelecida a ligação, as mãos irradiam energia quando colocadas sobre as partes doentes, aliviando dores, estancando sangramentos etc.

No livro *"Living Reiki: Takata's Teachings"* (Mendocino, CA, Life Rhythm Press, 1992), a mestre do Reiki Fran Brown faz referência à Mestre Takata, que costumava comparar a sintonização de um reikiano a de um aparelho de rádio ou TV. Para assistir a um determinado canal, faz-se necessário sintonizar o aparelho na frequência da rede transmissora. O mesmo ocorre com os indivíduos: para se conectar à Energia Universal, devem estar sintonizados com ela. O reikiano passa a funcionar como uma "pirâmide viva" na captação da Energia Universal. Tive conhecimento de mestres que realizaram sintonizações até em animais, com resultados satisfatórios.

Durante o ritual, o mestre do Reiki utiliza uma antiga técnica oriental, que liga o indivíduo a níveis mais elevados de consciência e à Fonte Ilimitada da Energia Universal. Há uma ativação no chacra coronário (glândula pineal), fazendo com que nossa vibração e frequência aumentem e transformem-se, passando a níveis mais elevados, num verdadeiro salto orbital eletrônico quântico. Esse processo, além de ampliar nossa consciência, gera uma transformação proveniente do deslocamento de nosso centro de equilíbrio energético, do chacra do plexo solar para o

"O verdadeiro amigo
é aquele que nos torna melhores do que somos."

chacra cardíaco. Ficamos mais amorosos, humildes e tolerantes. A sintonização cria um canal para a Energia Cósmica fluir. Ela ativa os chacras coronário, cardíaco e o das palmas das mãos para usá-los na canalização de energia Reiki. Recebi relatos de alunos que trabalhavam com imposição de mãos antes do método Reiki, mas que em poucos minutos se sentiam totalmente exauridos. Depois da iniciação no Reiki, sentiram que passaram a trabalhar não mais com a própria energia *(ki)*, mas sim com a Energia Cósmica captada, que passou a percorrê-los durante as sessões. Embora a abertura do canal de passagem da energia Reiki aconteça entre o chacra cardíaco e o coronário, os chacras inferiores são igualmente importantes e ajustam-se à frequência vibratória correspondente a dos chacras superiores.

Conheci diferentes técnicas para dar iniciações no Reiki, todas eficientes. Na prática mais tradicional são usados quatro rituais de iniciação para o Nível 1. Um para o Nível 2, um para o Nível 3-A e outro para o Nível 3-B. O processo que adotei é o mesmo usado pelo The International Center for Reiki Training, em Michigan, EUA, onde realizei um seminário avançado *(Advanced)* e um curso de Mestrado, com seu dirigente e fundador, mestre William Lee Rand. Este método é eficiente e simples, pois não fazemos as quatro iniciações separadamente, como ocorre no tradicional Sistema Usui. Esse processo é proveniente de diferentes sistemas, nos quais os símbolos do Reiki Tibetano são adicionados aos símbolos tradicionais do Sistema Usui. Alunos que receberam iniciações de ambas as formas consideraram este processo mais intenso.

Para que o corpo se torne mais sensível e perceba melhor o processo iniciático, o ideal é que não esteja sobrecarregado com substâncias que diminuem a capacidade perceptiva, como carne vermelha, álcool e drogas. Dessa forma, a iniciação poderá ser vivenciada conscientemente e as

"As grandes prisões são aquelas criadas por nós mesmos."

mudanças serão percebidas com mais intensidade. Mesmo que a pessoa tenha ingerido alimentos mais pesados e consumido bebidas alcoólicas nas horas que antecederam ao seminário, a iniciação ocorrerá, mas poderá haver uma menor percepção por parte do iniciado.

Com um pouco de experiência, um mestre consegue avaliar se um aluno foi iniciado corretamente. Para os leigos, essa tarefa se torna bastante difícil.

O momento da iniciação é sagrado. Portanto, não pode ser interrompido. Alguns cuidados práticos nesse momento são essenciais: campainha, telefone convencional ou celular deverão ficar desligados. Permito que meus alunos assistam à iniciação, desde que permaneçam em silêncio. Nos meios mais tradicionais do método Reiki, a assistência não é permitida.

A iniciação de uma única pessoa não demora mais do que cinco minutos. A temperatura da sala sofre um aumento considerável durante o processo, ficando energizada por um bom tempo depois do ritual.

Os iniciandos deverão permanecer durante todo o processo com os olhos fechados. Dessa forma, poderão perceber o que ocorre nesse momento único. Isto se tornaria mais difícil se ficassem questionando o porquê de cada gesto do mestre. O interesse de permanecer com os olhos fechados é do próprio aluno, que deverá estar sentado numa cadeira com o espaldar reto e com os pés descalços, no chão. As mãos deverão permanecer unidas em posição de prece, na altura do peito, pois serão tocadas e trabalhadas pelo mestre.

Muitos consideraram o momento iniciático um marco vivencial dos mais importantes e significativos. A iniciação, a exemplo do amor, tem de ser vivenciada, não pode ser descrita racionalmente. As sintonizações afetam cada pessoa de forma diferente, dependendo de seu momento e de

> *"Não permita que o telefone interrompa momentos importantes. Você tem um aparelho para a sua conveniência, não para a de quem liga."*

seu padrão vibratório. Durante o processo de iniciação, a pessoa que está sendo ativada poderá experimentar uma série de sensações e emoções, tais como intensa paz e harmonia, um calor agradável, um profundo relaxamento, calor nas mãos, tristeza, choro ou amor. A pessoa também poderá visualizar mestres, ver luzes e cores como azul-celeste, violeta, dourado e até mesmo projetar-se para o passado. Já tivemos oportunidade de ouvir relatos de muitas pessoas que visualizaram parentes desencarnados. Outras não percebem nada, nem durante a cerimônia, nem nas primeiras semanas após terem sido iniciadas, ou durante as aplicações, pois seus sensores ainda não foram devidamente educados, ou seja, não há garantias de que a percepção de sensações venha a ocorrer no princípio da prática do método Reiki.

Durante a iniciação, o mestre sente sua aura iluminar-se. Entretanto, o processo, quando executado em muitas pessoas em um mesmo dia, pode ser cansativo.

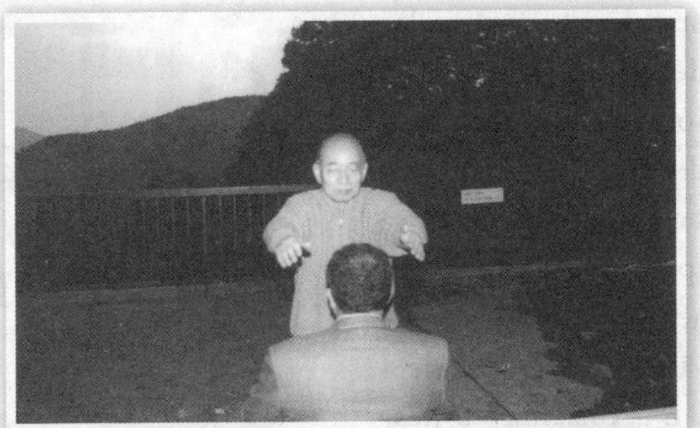

Na foto, Johnny De' Carli, no monte Kurama, recebendo a iniciação no Mestrado em Reiki das mãos do mestre Doi Hiroshi.

"Por mais longa e escura que seja a noite, o sol sempre volta a brilhar."

5.7 Os 21 dias de limpeza energética

As toxinas e impurezas consideradas lixo energético são armazenadas no ser humano desde o nascimento, minimizando a qualidade de vida. Após a iniciação, pode parecer que nossa condição piorou ou ficou mais grave. Na verdade, estaremos passando por um processo de limpeza, que não pode ser evitado. Esse processo pode comportar graves crises, pois antigos bloqueios energéticos estarão sendo expurgados. Durante essa eliminação, serão removidas todas as toxinas e impurezas dos nossos corpos físico, emocional, mental e espiritual. A limpeza ocorrerá através de fezes, urina, suor, pensamentos, sonhos e na forma das emoções negativas que foram criadas. Após a remoção desses sedimentos, o corpo estará apto a funcionar de forma mais harmoniosa e positiva. A limpeza, na passagem do chacra coronário para o chacra cardíaco, leva mais ou menos três dias. Por serem mais densos e de vórtices menos velozes, nos centros inferiores, leva aproximadamente os dezoito dias restantes. Nesse período de eliminação, é imprescindível que seja feita todos os dias a autoaplicação, para facilitar o processo de limpeza, principalmente as posições 1 e 4 da cabeça, 1 e 3 da frente e 3 e 4 das costas. É aconselhável, nessas três semanas evitar, ou pelo menos minimizar, o consumo de bebida alcoólica, carne vermelha

"Lembre-se daqueles que o amam."

e enlatados. Procure ingerir bastante água, frutas, legumes, verduras e alimentos com alto teor de fibras.

O reikiano, após cada iniciação em diferentes níveis do Reiki, poderá sentir reações emocionais (raiva/amor), magnéticas (rejeição/atração), mentais (pensamentos/confusões) e espirituais (construção/destruição). Este processo durará de quatro a, no máximo, vinte e um dias.

5.8 Linhagens do Reiki

O método Reiki é uma prática de natureza espiritual sagrada, fundada pelo Mestre Mikao Usui. Após a sintonização, todo reikiano devidamente iniciado, por força das circunstâncias, obrigatoriamente passa a pertencer a uma determinada linhagem ou "árvore" do Reiki, que é uma sequência de nomes de mestres que nos leva sempre, em qualquer linhagem ou escola, ao professor Mikao Usui. Não existe linhagem que não leve a ele. A cada novo mestre iniciado, a corrente se expande. Considero importante que o reikiano tenha conhecimento da corrente de mestres à qual pertencerá. O reikiano deve honrar sua linhagem, conforme nos ensinam os 5 Princípios do Reiki. Particularmente cursei onze mestrados em linhagens distintas, além de pertencer, pelas iniciações dos Níveis 1, 2 e 3-A, à linhagem da dra. Claudete França, a primeira mestre de Reiki nascida no Brasil.

"Faça o que você deseja,
desde que não interfira no direito de o outro fazer o mesmo.
Esse é o princípio da moral."

5.8.1 Primeiro exemplo de linhagem

<table>
<tr><th colspan="2">Linhagens Sistema Usui/Tibetano</th></tr>
<tr><td colspan="2">Mikao Usui
Chujiro Hayashi
Hawayo Takata
Phyllis Lei Furumoto
Pat Jack, Carol Farmer, Cherie A. Prashn, Lean Smith
William Lee Rand</td></tr>
<tr><td>Johnny De' Carli</td><td>Cyndi Power
Sandra Olivieri
Johnny De' Carli</td></tr>
<tr><td colspan="2">"Meus alunos"</td></tr>
</table>

Mestre William Lee Rand
Southfield - Michigan - USA

"Cada pessoa que encontramos é superior a nós em alguma coisa e nisso podemos aprender com ela."

5.8.2 Segundo exemplo de linhagem

Linhagem Sistema Osho Neo-Reiki
Mikao Usui Chujiro Hayashi Hawayo Takata Phyllis Lei Furumoto Premjuk Upasana Raj Petter Jay J. Falk Lore Pantlen Michael Prgomet Johnny De' Carli
"Meus alunos"

Mestre Michael Prgomet
Egelsbach – Alemanha

"Quando o aluno está pronto, o mestre aparece."

5.8.3 Terceiro exemplo de linhagem

Linhagem Sistema Tradicional Japonês
Mikao Usui Juzaburo Ushida Kanichi Taketomi Toyokazu Wanami Kimiko Koyama Doi Hiroshi Fuminori Aoki Johnny De' Carli
"Meus alunos"

Mestre Fuminori Aoki
Tóquio – Japão

"A maneira mais fácil de crescer
é cercar-se de pessoas mais preparadas do que você."

5.8.4 Quarto exemplo de linhagem

Linhagem Gendai-Reiki-Ho
Mikao Usui Kanichi Taketomi Kimiko Koyama Doi Hiroshi Johnny De' Carli
"Meus alunos"

Mestre Doi Hiroshi
Kyoto – Japão

"A melhor sala de aula do mundo está aos pés de uma pessoa mais velha."

Mestre William Lee Rand (à direita), e Johnny De' Carli, em Michigan – USA.

Mestre Michael Prgomet e Johnny De'Carli, em Egelsbach – Alemanha.

"Prepara-te, pois terás de seguir sozinho. O mestre só pode apontar a direção."

Mestre Fuminori Aoki e Johnny De' Carli,
em Tóquio – Japão, em novembro de 1998.

Mestre Doi Hiroshi e Johnny De' Carli, em visita ao monte Kurama,
Kyoto – Japão, em janeiro de 2002.

*"Não permita que o que você é
interfira no que você poderá vir a ser."*

5.9 Os sistemas do Reiki

O objetivo desta obra é, principalmente, a divulgação do Sistema Usui (*Usui Reiki Ryoho*), ensinado pela Mestre Hawayo Takata. Existem outros sistemas ou métodos de Reiki ou de utilização da mesma energia. Podemos destacar o Sistema Osho Neo-Reiki e o Sistema Usui/Tibetano.

5.10 Escolas do Reiki

A Mestre HawayoTakata, antes de falecer, criou uma associação do Reiki que foi denominada AIRA (*American International Reiki Association*). Em consequência de divergências na AIRA, em 1982, surgiram novas associações. Alguns mestres permaneceram na AIRA e nomearam como sua grã-mestre, Barbara Weber Ray. Outros, ao separarem-se, criaram a Reiki Alliance, nomeando, como sua grã-mestre, conforme Takata havia pedido, sua neta Phyllis Lei Furumoto. A diferença entre as duas escolas é, basicamente, que a AIRA divide o método Reiki em sete níveis, denomina-o de Radiance Technique e não aceita alterações em seus princípios estabelecidos desde então, haja visto seus mestres precisarem de autorização da grã-mestre, atualmente, a dra. Barbara Weber Ray, para iniciar novos mestres. Já a Reiki Alliance apresenta o método Reiki em três níveis, seguindo a linha do Mestre Mikao Usui. Os mestres da Reiki Alliance reconhecem outros mestres formados por outros sistemas e seus mestres podem iniciar outros mestres sem a permissão da grã-mestre. Ambas as linhas são válidas e transmitem o verdadeiro Reiki. As duas grã-mestres foram iniciadas pela Mestre Hawayo Takata, e, quanto à técnica, não há diferença na transmissão em si.

"Não pode ser mestre quem nunca foi aluno."

Mestre Phyllis Lei Furumoto,
da Reiki Alliance

Mestre Bárbara Weber Ray,
da AIRA

Um terceiro grupo decidiu não aceitar as orientações e diretrizes das duas associações criadas e resolveram seguir seu próprio caminho na interpretação da técnica e se autodenominaram mestres independentes, formando, dessa maneira, a Unlimited Reiki. Outros, ainda, formaram centros ou núcleos de trabalhos com identificação com os mestres iniciados ou sintonizados por eles. A responsabilidade de divulgar o método Reiki é exercida igualmente por todos os mestres, independentemente da sua vinculação com estas duas escolas principais.

Surgiram recentemente outros grupos e núcleos de difusão do método Reiki que estão projetados internacionalmente. Citamos, a seguir, o endereço dessas principais escolas:

a) **American Internacional Reiki Association**
INC. P.O. BOX 86038 – 33.738
St. Petersburgo – Florida – USA;

*"Lembre-se de que ninguém vence sozinho.
Tenha gratidão no coração e reconheça prontamente
aqueles que o ajudaram."*

b) **The Reiki Alliance**
P.O. BOX 41, 83.810 - 140.141
Cataldo - Idaho - USA;

c) **The International Center For Reiki Training**
29209 Northwerstern HWY., # 592
Southfield - Michigan - USA;

d) **ASW. und Enegiearbeit Zentrum**
63329 - E. Kastner Str.72
Egelsbach - Alemanha;

e) **Osho Commune International**
17, Koregaon Park
Pune - 411.001 - Maharashtra - Índia
Fone: 91-0-212-628562
E-mail: commune@osho.net

f) **Instituto Brasileiro de Pesquisas e Difusão do Reiki**
Mestre Johnny De' Carli
E-mail: ritadecarli@gmail.com | Site: www.reikitradicional.com.br
São Paulo: Alameda Santos, 2223, conj. 52 - Cerqueira César - São Paulo/SP - CEP 01419-101 - Telefone: (11) 3062-9941; telefax: (11) 3062-9647 e celular: (11) 9619-2769 (VIVO)
Rio de Janeiro: Rua Siqueira Campos, 43, salas 633 e 634 - Copacabana - Rio de Janeiro/RJ - CEP 22031-070 - Telefone: (21) 2256-8267; telefax: (21) 2235-3142 e celular: (21) 8100-9723 (TIM)

Obs.: Se você está interessado em aprender o método Reiki e não pode vir ao Rio de Janeiro, comunique-se conosco, reúna um grupo, e poderemos ir até a sua cidade ministrar um seminário.

"Não existe separação. Ninguém é melhor, superior, inferior, mais ou menos do que os outros."

CAPÍTULO 6

A divisão do método Reiki

O Mestre Mikao Usui ensinou três níveis ou graus principais do Reiki que devem ser mantidos intactos em sua essência. Todos os níveis são ativados com iniciações. O Nível 1 do Reiki é completo em si mesmo. O aluno que recebe o Nível 1, de acordo com sua conveniência, pode parar ou aprender outros níveis e se aprofundar nos estudos.

Vários mestres, hoje, dividem o terceiro nível do Reiki em dois subníveis, conforme apresentado neste livro (Mestre Interior e Professor). Essa forma de nivelar os ensinos parte do princípio de que o aluno, para aplicar o símbolo do Mestrado (Dai Koo Myo) em sua vida pessoal, não obrigatoriamente deve submeter-se ao demorado (aproximadamente sete meses) e caro treinamento de um professor e ensinam o chamado Nível 3-A em seminários rápidos, e em seminários mais longos, o denominado Professor, como o Nível 3-B. Os seminários do Reiki são passados em períodos de aula que variam de oito a dezoito horas de acordo com a quantidade de alunos e com a capacidade didática do mestre.

Alguns mestres recomendam um tempo não inferior a três meses, principalmente, entre o Nível 2 e o Nível 3-A; outros professores, como a mestre norte-americana Lori George, que mora em Northpend, EUA, prega o Reiki intensivo. Todas as iniciações originais são feitas numa só

"Não seja impaciente com o Universo."

ativação, todos os recursos do método Reiki são colocados à disposição do aluno numa só iniciação, e fica a critério do iniciado a rapidez com que vai avançar. É lógico que a energia Reiki não vai prejudicá-lo, mas o processo de limpeza energética de vinte e um dias pode, dependendo do caso, tornar-se penoso para o aluno, além de ele não ter tido tempo suficiente para entender o significado profundo de cada nível.

6.1 Nível 1 (O Despertar)

O Nível 1 também é chamado de Físico, já que a transmissão da energia Reiki produz-se por contato físico através das mãos do reikiano para o receptor. As pessoas sintonizadas estão capacitadas a canalizar a Energia Primordial Cósmica através das mãos pelo simples fato de colocá-las sobre aqueles que devem ser harmonizados, inclusive elas próprias, animais e plantas. Não é necessário direcionar a mente, concentrar-se, fazer orações, acreditar ou desejar a recuperação. A energia Reiki não precisa da nossa aprovação para agir.

Conforme já dissemos, qualquer pessoa pode receber o Nível 1 do Reiki. Não há uma condição prévia especial; os conhecimentos são simples e poucos, o que se ensina, basicamente, são as posições das mãos, por isso não são necessários conhecimentos prévios especiais para aprender a técnica Reiki.

É recomendável, após a iniciação, a troca de energia Reiki entre reikianos durante quatro dias consecutivos, visando limpar os canais energéticos abertos nas ativações, mas isso não é uma regra. Esta troca trará mais segurança ao praticante que vivenciará também a experiência de receptor de energia Reiki.

No Nível 1, o tempo de um tratamento completo em si mesmo ou em outra pessoa leva de sessenta a noventa minutos. É conveniente começar

> *"Aquele que deu um passo no caminho está um passo mais próximo do destino."*

consigo mesmo todos os dias e, posteriormente, dar tratamento a familiares e amigos. Essa prática enriquecerá sua bagagem de conhecimento com relação a tempos e posições que visam a alcançar os centros energéticos mais importantes (chacras), meridianos e órgãos, em busca de uma harmonização completa.

No primeiro seminário, o reikiano aprenderá também a história do Reiki.

Nos seminários de Nível 1, quase sempre observamos o mesmo fenômeno de comportamento dos participantes. Iniciam o seminário com uma atitude bastante cética, não conversam entre si, não exteriorizam suas emoções, como se estivessem isolados do mundo. Após a sintonização, começam a conversar, sorrir, brincar. No final, agem como se fossem amigos há anos, abraçam-se, trocam telefones e *e-mails*. Observo que muitos voltam a encontrar-se posteriormente.

6.2 Nível 2 (A Transformação)

O Nível 2 é conhecido também como Mental, pois o iniciado trabalhará problemas mentais e emocionais. O seminário de Nível 2 desenvolve-se em um período semelhante ao do primeiro. Nessa ocasião, é feita uma iniciação com mais dois símbolos, agora totalizando três símbolos sagrados do Reiki, que são ensinados e sintonizados no participante. Os diferentes tipos de tratamento dependem da combinação que se faz desses três símbolos.

Fazemos o Nível 2 quando sentimos uma necessidade de um crescimento maior e de mais conhecimento em relação à energia. O processo de sintonização fornece um salto no nível vibratório pelo menos duas vezes maior que o experimentado no Nível 1.

*"A vida é uma eterna transformação.
Você está diferente a cada instante."*

O Nível 2 dá grande ênfase ao ajuste do corpo sutil (emocional e mental) e não ao corpo físico, que é focalizado no Nível 1, passando novamente o aluno por um período de limpeza que poderá chegar agora a quatro meses.

O Nível 2 não é um aperfeiçoamento do primeiro, já que cada um é um módulo completo e perfeito, fechado em si mesmo. Em geral, quando chegamos ao segundo nível, valorizamos ainda mais o primeiro.

O aluno que recebe a iniciação do Nível 2 precisa de muito menos tempo do que antes para realizar uma sessão completa de Reiki, mais ou menos sete e meio a trinta e cinco minutos, dependendo da forma de aplicação. Vale registrar que, com os símbolos, a ação da energia ocorre também no nível físico em grande intensidade, devido às vibrações potencializadas envolvidas no processo.

Os símbolos ensinados podem ser usados também para enviar energia a distância, ao passado e ao futuro. No Nível 2, temos de refundamentar a maneira atual de explicar os conceitos de tempo e espaço (distância), pois, quando trabalhamos com os símbolos, a energia atua em uma outra dimensão, na qual ocorre o *continuum* de tempo e espaço.

6.3 Nível 3-A (A Realização)

Também conhecido como o grau de Mestre Interior ou Consciência. O aluno aprende o símbolo do Mestrado e será capaz de realizar na vida muitos de seus desejos e sonhos. Essa iniciação ainda não qualifica o aluno a ensinar o método Reiki. Sua utilização fica limitada ao uso pessoal.

O Nível 3-A requer habilidade, pois o volume de energia envolvido no processo é muito grande. Nesse nível recebemos um símbolo sagrado

"A verdadeira mudança vem de dentro."

que serve para amplificar e intensificar os efeitos dos símbolos recebidos no Nível 2, capacitando o aluno a harmonizar e tratar um grande número de pessoas, uma multidão, estados e até países. Podemos ser considerados agentes da regeneração planetária.

O Nível 3-A leva o aluno a encontrar sua verdade mais real, a tocar seu próprio carma, o aprendizado consciente e constante.

6.4 Nível 3-B (O Mestrado)

O Nível 3-B é o de mestre de Reiki, também chamado de Espiritual ou de Professor. A pessoa que é sintonizada como mestre de Reiki recebe os conhecimentos de como iniciar novos reikianos. Essa iniciação não obriga ninguém a ensinar e, assim, cada vez mais pessoas decidem fazer tal escolha dentro de uma visão de crescimento interior. Essa formação necessita de aproximadamente sete meses de treinamento. É importante prestar atenção na alimentação, que deve ser saudável, e em exercícios de desenvolvimento pessoal.

O aluno, ao receber a iniciação do Mestrado, assume o compromisso de transmitir o método Reiki da forma como vem sendo feito desde o descobrimento.

"A fruta madura cai do galho no tempo certo.
Simplesmente caminhe."

CAPÍTULO 7

A visão holística do corpo humano

7.1 O conceito holístico

A partir das teorias de Albert Einstein, houve uma evolução e nasceu uma visão moderna no Ocidente que é, ao mesmo tempo, muito antiga no Oriente: o conceito holístico. Holístico é uma palavra derivada do vocábulo grego *holos*, que significa "todo". Holístico pode ser entendido como total ou por inteiro. A visão holística desmonta a teoria mecanicista newtoniana, que apresentava o Universo feito de átomos e enuncia cada fenômeno como resultado de um processo de causa/efeito, além de considerar que todas as reações físicas têm em sua base uma só causa física. Atualmente, muitas pessoas ainda preferem permanecer fechadas nessas teorias simples, objetivas e tangíveis e, por comodidade, ou por desconhecimento, não avaliam o Universo de forma mais profunda. Essa concepção faz com que procuremos um médico da mesma forma que procuramos um mecânico de automóveis, buscando reparos mecânicos e físicos.

Einstein, em sua teoria da relatividade, com sua famosa equação $\mathbf{E = m \times C^2}$, onde "E" equivale a energia, "m", massa dos corpos físicos, e "C", a velocidade da luz, nos demonstrou que massa e energia são uma única realidade que se apresenta de forma diferente, contestando

"Se você só acredita no que vê, está limitado ao que se encontra na superfície."

a visão newtoniana. A física atômica apresenta a matéria composta de átomos, e estes, de partículas atômicas como prótons, nêutrons e elétrons. Posteriormente, foi descoberto que havia partículas subatômicas ainda menores, *quanta*, com formas de ondas ou energias. Consequentemente, nosso corpo não pode ser comparado a uma estrutura mecânica que se monta e desmonta, mas, sim, a uma estrutura que se compõe das partes energética, espiritual e física, que se mantêm unidas graças a uma série de fenômenos que se encontram relacionados entre si e com o Universo em movimento. Comparados com o Universo, somos menos que um grão de areia. Entretanto, sem a nossa presença, o Universo não existiria, pois somos uma das partes que forma o Todo. Essa é a visão holística.

7.2 Chacras

A palavra chacra é sânscrita e significa roda. Encontramos uma vasta literatura a respeito de teorias orientais sobre os chacras que são, na verdade, a base do trabalho científico de terapeutas e pesquisadores ocidentais. Como a energia Reiki trabalha, principalmente, nos corpos sutis, é muito importante conhecer esses trabalhos. No Oriente, onde se conhecem os chacras desde a antiguidade, dão-lhes nomes exóticos. No Ocidente, referimo-nos a eles pela numeração ordinal (primeiro, segundo, etc.) e pelo nome do seu centro físico de localização no corpo humano. Chacras são centros energéticos redondos. No Oriente, os chacras são vistos como redemoinhos de energia, pequenos cones (funis) de energia giratória. São amplos, brilhantes e translúcidos, e têm, no ser humano normal, um diâmetro de cinco a dez centímetros, atingindo vinte centímetros de diâmetro nas pessoas espiritualmente desenvolvidas. O tamanho dos chacras depende do desenvolvimento espiritual e das vibrações que emitimos. Nas pessoas mais materialistas,

"Se você controlar os pensamentos,
controlará as suas emoções, pois estas se originam daqueles."

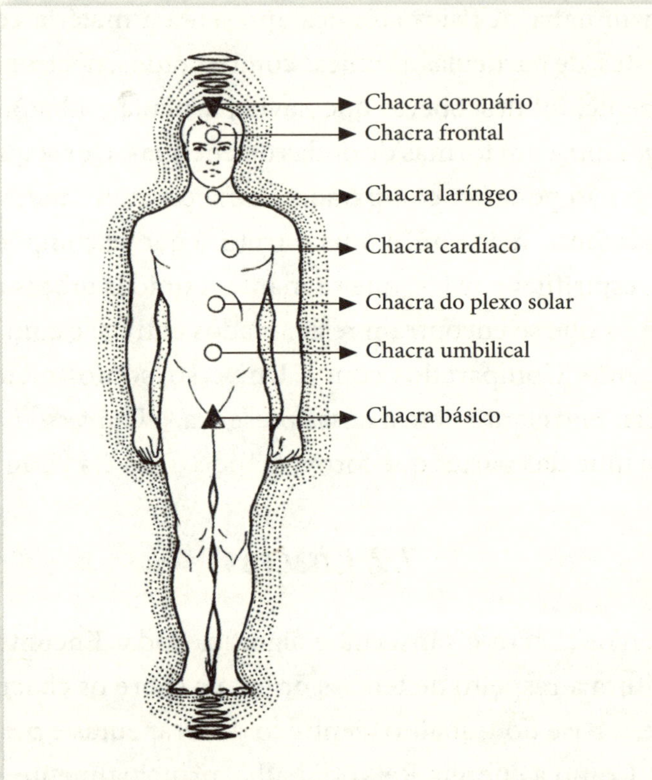

de vibrações mais baixas ou primitivas, apresentam-se em cores mais escuras, opacas e com diâmetro reduzido. No primeiro caso, canalizam maior quantidade de energia, facilitando o desenvolvimento das faculdades psíquicas. Cada chacra tem ressonância com uma cor que deriva da frequência de vibração daquele. Cada qual vibra com um som ou *mantra* que corresponde a uma nota musical e também se relaciona a um elemento natural (terra, água, fogo, ar, e éter). Na representação oriental, cada chacra é visto com um número variável de pétalas, como se fossem flores, em função da complexidade de cada um. Os escritos antigos mencionam aproximadamente oitenta e oito mil chacras.

"Algumas pessoas pensam que são o que sua aparência física revela. O corpo nada mais é que a garagem onde temporariamente estacionamos a alma."

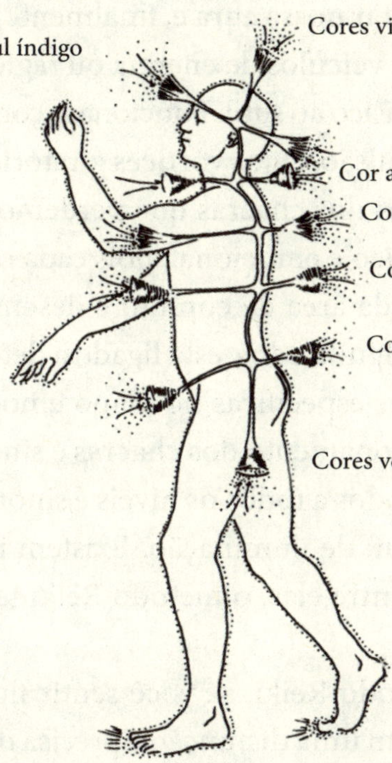

Isso significa que no corpo humano não existe praticamente um único ponto que não seja sensível energeticamente. A maior parte deles desempenha papéis secundários. Os chacras estabelecem-se nos canais energéticos, mais precisamente em intersecções dos fluxos energéticos conhecidos como meridianos. Os principais chacras trabalhados no método Reiki são sete e estão localizados da base da coluna ao topo da cabeça. Desses, dois são simples, tendo apenas um vórtice (acesso): o primeiro e o sétimo. Os demais são duplos, apresentando vórtices anteriores e posteriores. A aura humana está ligada a esses sete principais chacras. Os chacras são responsáveis pelo fluxo energético no corpo humano.

"A doença é somente a ponta do iceberg."

Têm como função principal absorver o *prana* (energia proveniente do sol), metabolizá-lo, alimentar nossa aura e, finalmente, emitir energia ao exterior. Funcionam como veículos de energia ou regiões de conexão de energia que ligam o corpo físico ao sutil. Funcionam como uma espécie de aparelho de captação e expulsão, cujos vórtices giratórios ficam em constante movimento. É através dos chacras que perdemos energia quando estamos em sofrimento físico e emocional, pois cada chacra é um ponto coletor de uma determinada área de conflito e desenvolvimento. Cada chacra tem a sua função e significado e está ligado a determinados órgãos que desempenham funções específicas no plano emocional, psíquico e espiritual. O perfeito funcionamento dos chacras é sinônimo de perfeita saúde, mas a abertura de todos a todos os níveis é sinônimo de evolução. É o que os mestres chamam de iluminação. Existem inúmeras técnicas de abertura dos chacras. Entre elas, o método Reiki tem a vantagem de ser uma técnica suave.

Na aplicação do método Reiki, se você sentir fluir muita energia, significa que esse chacra tem uma disfunção e precisa de atenção. Se você conhece as funções dos chacras, pode compreender o estado do receptor e saber como ele lida com a vida.

Vamos descrever, a seguir, as características dos sete chacras principais.

"O primeiro passo para eliminar o conceito de carência consiste em agradecer ao Infinito por tudo o que você é e tem."

7.2.1 Primeiro chacra ou chacra básico

Chacra básico ou primeiro chacra	
Nome	**Muladhara**
Localização	**Base da coluna vertebral**
Cores	**Vermelho e preto**
Corpo áurico	**Etérico e físico**
Elemento	**Terra**
Nota musical	**Dó**
Mantra	**Lam**
Nº de pétalas	**4**

O chacra básico situa-se na base da coluna vertebral, entre o ânus e os órgãos sexuais, na linha da cintura pélvica. Este chacra é aberto para baixo e representa a ligação do ser humano com o planeta Terra, com o mundo material e físico. Seu elemento correspondente é terra, seu som é o *lam*, e a nota musical, o dó. As cores deste chacra são o vermelho e o preto. Usando essas cores, a energização deste chacra pode ser acelerada. O chacra básico está vinculado a nossa existência terrena, nossa sobrevivência. Relaciona-se com o nível da consciência que nos permite sobreviver no mundo, com tudo o que é material, sólido e corporal, como também com nossa energia física e com nossos desejos de viver no mundo físico. Quanto mais aberto e vitalizado estiver este chacra, mais elevada será nossa energia física (disposição). Assim, estaremos bem enraizados e viveremos com determinação e constância. Por isso estão concentradas nele as qualidades e os temores associados ao que tem relação com a sobrevivência, como, por exemplo, o alimento, o ar, a água,

"Você está aqui por alguma razão,
que não é, em absoluto, acumular bens materiais."

os recursos econômicos, o trabalho ou o emprego, a capacidade de luta, ganhar e gostar de dinheiro, lutar pela realização de seus ideais e desejos, ter rumo e orientação e não depender de outras pessoas, ou seja, tudo o que é necessário para nossa existência. Se o reikiano sente que o primeiro chacra de alguém precisa de muita energia, pode facilmente diagnosticar que o receptor tem dificuldades em uma ou mais das qualidades acima indicadas. Seu centro físico corresponde às glândulas suprarrenais, que produzem a adrenalina, tendo a função de prover a circulação, equilibrar a temperatura do corpo, preparando-o para reações imediatas. É o chacra que capta energia para manter em nosso corpo a coluna vertebral, rins, ossos, dentes, intestino grosso, ânus e reto.

Bloqueios no chacra básico sujeitam a pessoa a produzir fisicamente anemia (deficiência de ferro), leucemia, problemas de circulação, pressão baixa, pouca tonicidade muscular, fadiga, insuficiência renal, excesso de peso. Resultam também em sintomas e atitudes mentais, como pacifismo extremo ("Eu não consigo fazer mal a uma barata!"), medo existencial ("Ninguém em sã consciência poderia ter filhos atualmente!"), agressão excessiva ("Agridam este flamenguista nojento!"), medo da morte ("Não quero correr nenhum risco!"), problemas com planejamento do tempo ("Não sei por que estou sempre atrasado!"), impaciência ("Por que esse idiota não sai da frente?") e dependência ("Não consigo viver sem ele/ela!").

"Não existe um caminho para a felicidade. A felicidade é o caminho. Não existe um caminho para a prosperidade. A prosperidade é o caminho."

7.2.2 Segundo chacra ou chacra umbilical

Chacra umbilical ou segundo chacra	
Nome	**Svadhishthana**
Localização	**Região do umbigo**
Cor	**Laranja**
Corpo áurico	**Emocional**
Elemento	**Água**
Nota musical	**Ré**
Mantra	**Vam**
Nº de pétalas	**6**

O chacra umbilical ou chacra do umbigo localiza-se na região do mesmo nome, está aberto para frente, tendo também um vórtice posterior. Sua cor é laranja, seu elemento correspondente é água, seu som é o *vam*, e a nota musical, o ré. É o chacra da propagação da espécie e, portanto, da reprodução. É um chacra fundamental, cuja correta atividade nos permite amar a vida, fazendo com que seja mais prazerosa. É o chacra que concentra as qualidades que têm a ver com a sexualidade, curiosidade, busca criativa do prazer material, gosto pelas coisas belas, pela arte, pelas emoções e pelas relações com outros indivíduos, como, por exemplo: atração sexual, abertura para coisas novas, relações afetivas, amorosas e sexuais. Este chacra é a sede dos medos, dos fantasmas e fantasias negativas vinculadas à sexualidade e ao comportamento frente ao outro sexo. Se funcionar mal, pode transformar a vida num pequeno "inferno" pessoal que termina se refletindo nas pessoas com quem vivemos e nos relacionamos. No corpo, é direcionado para os órgãos

> *"Nada pode ser possuído, e, quanto mais cedo*
> *você perceber isso, mais sintonizado estará*
> *com o maravilhoso princípio da abundância."*

reprodutivos; suas glândulas correspondentes são ovários, na mulher; e testículos e próstata, no homem. Bloqueios nesse chacra frequentemente resultam em sintomas físicos, como doenças relacionadas com os fluidos do corpo (laringe, linfa, saliva, bílis) ou com órgãos processadores desses líquidos (rins, bexiga, glândulas linfáticas). A afirmação "ele não tem alegria de viver" resume a condição de um chacra sexual desequilibrado. Bloqueios no centro sexual frequentemente resultam em sintomas mentais como medo da proximidade física ("Não me toque!") e repugnância pelo corpo ("Sexo é para animais, os seres humanos nasceram para algo mais elevado!"), mania de limpeza, incompreensão ("Eu não entendo!"), uma mente muito centrada na razão ("Para que servem os sentimentos?"), ênfase excessiva a sentimentos impulsivos ("Para que refletir? Eu ajo por instinto!"), desordens rítmicas ("Não sei e não consigo dançar!", "Por que sempre tenho cólicas menstruais?", "Prefiro trabalhar à noite!"), isolamento ("Casamento e relacionamento não me servem!"), frigidez, impotência, falta de apetite sexual ("Não preciso de sexo, não vejo o que os outros obtêm com ele!"), medo de cair ("Eu nunca saltaria de um trampolim!"). Esses temores podem prejudicar a experimentação do prazer material no sentido amplo e o gozo pleno da vida.

Se os dois primeiros chacras (básico e umbilical) não estiverem abertos em todos os seus aspectos, os outros chacras não serão capazes de abrir-se completamente e funcionarão de um modo muito restrito.

"Assuma o compromisso pessoal de fazer aquilo que gosta e gostar daquilo que faz."

7.2.3 Terceiro chacra ou chacra do plexo solar

Chacra do plexo solar ou terceiro chacra	
Nome	**Manipura**
Localização	**Boca do estômago**
Cor	**Amarela**
Corpo áurico	**Mental**
Elemento	**Fogo**
Nota musical	**Mi**
Mantra	**Ram**
Nº de pétalas	**10**

Localiza-se na região do diafragma, um pouco acima do estômago, ligeiramente à esquerda. Está aberto para frente, tendo também um vórtice posterior. A cor deste chacra é o amarelo, seu elemento é o fogo, seu som é *ram,* e a nota musical, o mi. Representa a personalidade e estão ali concentradas as qualidades da mente racional e pessoal, da vitalidade, da vontade de saber e aprender, da ação do poder, do desejo de viver, de comunicar e participar. É o ponto de ligação com outras pessoas. Trata-se de um chacra poderoso, que promove a autoaceitação. É por sua plena harmonia que vivemos com plenitude nossos atributos físicos e mentais, que nos movemos na sociedade com desenvoltura e harmonia. O terceiro chacra é o que mais se relaciona com o nosso ego e, por isso, absorve muita energia dos dois primeiros.

Vontade e poder representam para nós, na sociedade atual, uma chave do êxito, mas pode implicar, com o desejo do aumento de posses, que passemos a desrespeitar nossos semelhantes, impondo-nos sobre os

"Primeiro fazemos nossos hábitos,
depois nossos hábitos nos fazem."

demais com o objetivo de obter o que nos interessa. O egoísmo obstrui, desequilibrando ou desarmonizando os chacras superiores e, consequentemente, atrapalha nosso processo evolutivo.

O centro físico do chacra do plexo solar corresponde ao pâncreas, cuja função é a transformação e digestão dos alimentos. O pâncreas produz o hormônio insulina, equilibrador do açúcar no sangue, e transforma os hidratos de carbono que, além de isolar as enzimas, são importantes para a assimilação de gorduras e proteínas. Este chacra comanda o estômago, a musculatura abdominal, o fígado, a vesícula, o baço e o pâncreas. Seu desequilíbrio é responsável pelas secreções gástricas desordenadas e disfunções das glândulas salivares. Se este chacra estiver desarmonizado, o sentimento de inferioridade poderá ser alimentado e as capacidades mentais, tais como lógica e razão, poderão diminuir, aumentando, como consequência, a confusão e o sentimento de insegurança. Em decorrência disso, a pessoa pode produzir patologias, tais como diabetes, desordens no trato digestivo, alergias, sinusite, insônia, além da separação entre amor e sexo. Bloqueios no chacra do plexo solar frequentemente resultam em sintomas e atitudes mentais, como pretensões ao poder e controle ("Meu marido", "Minha mulher", "Meu filho", "Meu dinheiro"), ambição ("A vida não tem valor se eu não consigo: uma função mais elevada; um emprego melhor; um(a) amante; um carro novo todo ano"), gasto compulsivo ("Preciso desesperadamente de joias ou roupas novas!"), ansiedade de *status* ("O que vou fazer se o meu patrão me despedir?", "Se não passar no vestibular?", "Se tiver que vender o carro novo!") e de inveja ("Esse cara tem uma BMW nova!").

"Os pensamentos, quando corretamente nutridos
e absorvidos, tornam-se realidade.
Os pensamentos são elementos de poder."

7.2.4 Quarto chacra ou chacra cardíaco

Chacra cardíaco ou quarto chacra	
Nome	**Anahata**
Localização	**Na região cardíaca**
Cores	**Verde e rosa**
Corpo áurico	**Astral**
Elemento	**Ar**
Nota musical	**Fá**
Mantra	**Yam**
Nº de Pétalas	**12**

O chacra cardíaco localiza-se na porção superior do peito, na região do coração, ligeiramente à esquerda. Está aberto para frente, tendo também um vórtice posterior. Sua cor é o verde e o rosa, sua glândula correspondente é o timo, seu elemento é o ar, seu som é o *yam*, e a nota musical, o fá. Representa o amor incondicional, que nos permite amar inteiramente e sem condições restritivas. Quando está ativo, relacionamo-nos com tudo e com todos, aceitando tanto os aspectos positivos quanto negativos, e somos capazes de dar amor sem esperar nada em troca. Damos um sentido pleno à nossa existência se trabalhamos bem este chacra de amor e compaixão. É o chacra que está no meio, uma ponte de transferência de energia dos chacras inferiores e superiores. É o chacra pelo qual passa toda a energia que desejamos presentear aos outros. Somente se este chacra for aberto e vitalizado poderemos canalizar energia Reiki. Daí alguns reikianos, logo após a sintonização, sentirem a energia fluir com maior intensidade,

"Viver é amar. A qualidade do amor faz a qualidade da vida."

face estarem, de modo geral, com o chacra cardíaco mais harmonizado que o de outras pessoas. O centro físico desse chacra corresponde ao timo, cuja função é regular o crescimento (nas crianças), dirigir o sistema linfático, estimular e fortalecer o sistema imunológico. Quando em desequilíbrio e sem harmonia, pode produzir patologias, tais como: síndrome de pânico, cãibras, acidose, palpitações, arritmia cardíaca, rubor, pressão alta, enfermidades dos pulmões, problema no nível do colesterol, intoxicação, tensão e câncer, incapacidade de amar, pensamentos de que o próximo, o destino e Deus são incompatíveis conosco, tendências a desenvolver mecanismos violentos de resposta aos outros. Em vez de solicitarmos ajuda dos outros, o lema passa a ser "eu contra todos", o que desarmoniza instantaneamente o terceiro chacra. Bloqueios no chacra cardíaco frequentemente resultam em sintomas e atitudes mentais, como a imposição de condições ao amor ("Se você não fizer o que quero, irei me separar!"), amor sufocante ("Filho querido, eu só quero o melhor para você!"), egoísmo ("Você precisa estar aqui no caso de eu precisar de ajuda!").

"O melhor exemplo é o das mães,
que sabem amar com renúncia."

7.2.5 Quinto chacra ou chacra laríngeo

Chacra laríngeo ou quinto chacra	
Nome	**Vishuddha**
Localização	**Garganta**
Cor	**Azul-claro**
Corpo áurico	**Etérico-padrão**
Elemento	**Éter**
Nota musical	**Sol**
Mantra	**Ham**
Nº de pétalas	**16**

Localiza-se no meio da garganta, próximo da região designada como "pomo de Adão". Está aberto para frente, tendo também um vórtice posterior. Sua cor é o azul, sua glândula correspondente é a tireoide, seu elemento o éter, o som é *ham*, e a nota musical, o sol. O chacra laríngeo é o chacra da comunicação, da criatividade, do som e da vibração, da capacidade de receber e assimilar. Relaciona-se com os sentidos do paladar, audição e olfato. Governa a postura do corpo. É o chacra da comunicação externa e o começo da comunicação interna (clariaudiência) e autoexpressão. É o portão para a alta consciência e para a purificação, e é pelo trabalho desse chacra que podemos iniciar o caminho espiritual, em consequência de nos colocarmos em comunicação com nossa essência superior. É o centro psicológico da evolução da criatividade, responsabilidade, iniciativa e autodisciplina. Quando está aberto e harmonizado, somos conscientes da responsabilidade de nosso desenvolvimento em todos os sentidos, desde as nossas necessidades

"Não perca seu tempo respondendo a quem o critica."

materiais até as espirituais. Passamos a saber qual nosso papel na sociedade, no trabalho e nos preocupamos em conseguir o máximo de satisfação possível. Seu centro físico corresponde à tireoide, que desempenha um papel importante no crescimento do esqueleto e dos órgãos internos, regulando o metabolismo. Regula o iodo e o cálcio no sangue e tecidos. Sua energia também é responsável pela parte inferior da face, nariz e aparelho respiratório, traqueia, esôfago, cordas vocais, laringe e sistema linfático. Quando em desarmonia, aparece o medo da desaprovação de nossos semelhantes, medo do fracasso na vida social e nos convertemos em seres potencialmente agressivos, adotando uma atitude instintiva de defesa própria. Podemos ser levados a nos esconder no orgulho para poder suportar a carência de êxito. Seu desequilíbrio produz patologias como: suscetibilidades a infecções virais ou bacterianas (amidalites, faringites), resfriados, herpes, dores musculares ou de cabeça na base do crânio (nuca), congestão linfática, problemas dentários e endurecimento dos maxilares (bruxismo). Quando há hiperatividade deste chacra, o indivíduo é rouco, fala com voz aguda e estridente e pode transformar-se em um demagogo ou alguém que debate só por debater, gosta de discutir, quer mudar o mundo de acordo com suas ideias. O indivíduo nessas condições tende a manter a cabeça erguida com o "nariz para o ar". Bloqueios no chacra laríngeo frequentemente produzem sintomas físicos como rouquidão ("Não consigo falar muito tempo sem ficar rouco"), dificuldade de se comunicar, gagueira, palavras embaralhadas, cabeça curvada para baixo, queixo inclinado na direção da laringe. Esse chacra participa de qualquer desequilíbrio psicofísico.

"O comportamento revela melhor o que você é do que as palavras."

7.2.6 Sexto chacra ou chacra frontal

Chacra frontal ou sexto chacra	
Nome	**Ajna**
Localização	**Entre as sobrancelhas**
Cor	**Azul índigo**
Corpo áurico	**Celestial**
Elemento	**Éter**
Nota musical	**Lá**
Mantra	**Om**
Nº de pétalas	**96**

O chacra frontal, ou terceiro olho, localiza-se no meio da testa, entre as sobrancelhas, logo acima do nível dos olhos. Está aberto pela frente, tendo também um vórtice posterior. Sua cor é o azul índigo, está ligado ao corpo celestial da aura, não tem elemento correspondente no mundo físico, sua glândula correspondente é a pituitária, o seu som é o *om*, e a nota musical, o lá. O chacra frontal é o chacra dos sentidos, responsável pela energia da parte superior da cabeça (acima do nariz), parte craniana, olhos e ouvidos. Representa a intuição, a vidência e a audiência no campo da paranormalidade. Percepção, conhecimento e liderança são prerrogativas deste chacra, que nos permite entrar no mundo do aparentemente invisível mediante a percepção extrassensorial. Através dele, emitimos também nossa energia mental. Atua diretamente sobre a pituitária (hipófise), que dirige a função das demais glândulas. Quando em desequilíbrio, produz patologias tais como: vícios de drogas, álcool, compulsões, problemas nos olhos (cegueira, catarata), surdez.

"A intuição é uma bondosa orientação.
Confie na sua intuição e siga com ela,
esta sempre a conduz ao crescimento e ao objetivo."

Pode também afetar os órgãos a ele correspondentes, além de ficarmos numa situação confusa, em que as ideias e os conceitos não têm uma correspondência com a realidade, obstruindo nossas ideias criativas. Ficamos sem raciocínio lógico e sem capacidade de colocar em prática nossas ideias. Bloqueios no chacra frontal motivados pela sua hiperatividade causam sintomas como falta de objetivo, instabilidade de vida ("Eu não sei por que vivo!"), alienação do trabalho ("Não importa o serviço desde que o salário seja bom!") e medo de aparições, espíritos, fantasmas etc. Alguns outros sintomas típicos são desempregos permanente pela instabilidade profissional, mudanças de residência constantes, troca contínua de parceiros amorosos, vestir-se de acordo com a tendência da última moda, adoração a ídolos, fanatismo, falta de opinião, ausência total de interesse por qualquer coisa e falta de iniciativa. A afirmação "Ele não acha o seu caminho" resume a condição de um chacra frontal desarmonizado.

"Na oração, você se dirige a Deus.
Na intuição, Deus se dirige a você."

7.2.7 Sétimo chacra ou chacra coronário

Chacra coronário ou sétimo chacra	
Nome	**Sarashara**
Localização	**Na parte alta da cabeça**
Cor	**Branco, dourado e violeta**
Corpo áurico	**Causal**
Nota musical	**Si**
N.º de pétalas	**1.000 (972)**

O chacra coronário está localizado no alto da cabeça, no topo. Está aberto para cima e possui um único vórtice. Tem forma diferente dos demais chacras, com intensas radiações luminosas e translúcidas. As cores desse chacra são o branco, o dourado e o violeta. O sétimo chacra é luz de conhecimento e consciência, visão global do Universo, nosso caminho de crescimento, fazendo com que possamos alcançar a serenidade espiritual e a completa consciência universal. Representa a compreensão e a ligação com Energias Superiores. É o chacra mais complexo, o elo entre a mente espiritual e o cérebro físico, relacionando-se com o nosso ser completo e com a Realidade Cósmica. Está associado à conexão da pessoa com sua espiritualidade e à integração de todo o ser físico, emocional, mental e espiritual. Em virtude de estar na condição de semelhante ao Universo, ao Todo, ao Cosmo, a Deus, não tem som correspondente no mundo físico, é feito de puro silêncio da formação dos mundos. Sua nota musical é o si. Chegar à abertura e à plena consciência deste chacra conduz à perfeição do ser, mas somente se chega

"A existência de Deus é mais certa do que o mais certo teorema da geometria."

a essa condição depois da abertura e a consciência de todos os outros chacras. Corresponde à glândula pineal, que atua no organismo como um todo. Quando em equilíbrio, permite-nos experiências muito pessoais. As sensações vão além do mundo físico, criando no indivíduo o sentido de totalidade, de paz e fé, dando um sentido próprio à existência.

A falta de equilíbrio do sétimo chacra acarreta uma puberdade tardia, a não compreensão da parte espiritual, tanto própria quanto alheia, e, por conseguinte, uma visão materialista da existência. A pessoa não tem conexão com a sua espiritualidade e produz patologias tais como: insônia, enxaqueca, desordens no sistema nervoso, histeria, possessão, obsessão, neuroses e disfunções sensoriais.

"Quando você aprender a ingressar no seu reino interior, terá um refúgio interno sempre à disposição."

7.2.8 Tabela – Chacras e suas correspondências

Chacras	Nome	Corpo Áurico	Som	Cor	Elemento	Nota Musical	Pétalas
Básico	Muladhara	Etérico/Físico	Lam	Vermelho	Terra	Dó	4
Umbilical	Svadhishthna	Emocional	Vam	Laranja	Água	Ré	6
Plexo solar	Manipura	Mental	Ram	Amarelo	Fogo	Mi	10
Cardíaco	Anahata	Astral	Yam	Verde ou rosa	Ar	Fá	12
Laríngeo	Vishuddha	Etérico padrão	Ham	Azul-claro	Éter	Sol	16
Frontal	Ajna	Celestial	Om	Azul índigo	—	Lá	96
Coronário	Sarashara	Causai	—	Violeta, branco e dourado	—	Si	972

"A harmonia se instaura em você por meio do seu pensamento. O antecessor de cada ação é um pensamento."

7.2.9 Tabela - Chacras e suas funções e disfunções

Chacras	Funções	Disfunções
Básico	Sobrevivência e existência terrena, ligação com o mundo material, energia física.	Raiva, impaciência, apego, materialismo, culpa, vergonha, vícios, violência, morte, dor.
Umbilical	Reprodução e propagação da espécie, sexualidade.	Controle, sujeição ou desvio da sexualidade, rejeição, solidão, ressentimentos, vingança, ciúme, depressão, inveja.
Plexo solar	Personalidade, vitalidade, ação e vontade, paz e harmonia, autoestima, proteção contra vibrações negativas.	Ansiedade, preocupação, indecisão, preconceito, desconfiança, negligência, mentira.
Cardíaco	Amor incondicional, união, sistema imunológico.	Desilusão, transição, pânico, depressão.
Laríngeo	Comunicação, criatividade, iniciativas, independência.	Fracasso, apatia, desespero, limitação, medo, insegurança, autorreprovação, submissão.
Frontal	Intuição, paranormalidade, percepção extrassensorial, raciocínio lógico.	Ganância, arrogância, tirania, rigidez, alienação.
Coronário	Ligação com energias superiores, plenitude.	Neuroses, irracionalidade, desorientação, fobias, histeria, obsessão.

"Não deixe que as emoções o imobilizem.
Encare-as como oportunidades."

7.2.10 Tabela – Chacras e suas relações com glândulas, órgãos e disfunções

Chacras	Funções	Disfunções
Básico	Suprarrenais	Rins (insuficiência renal), coluna vertebral, ossos, dentes, intestino grosso, ânus, reto, próstata, anemia, excesso de peso, pressão baixa, fadiga, pouca tonicidade muscular, problemas de circulação, desequilíbrio na temperatura do corpo, leucemia e tensão nervosa.
Umbilical	Gônadas, glândulas sexuais masculinas e femininas (testículos e ovários)	Sistema reprodutor, bexiga, quadris, pernas, pés, nervo ciático, espasmos musculares, câibras, eólicas, desordens menstruais e desequilíbrios hormonais.
Plexo solar	Pancreáticas	Baço, estômago, fígado, vesícula, intestino delgado, parte inferior das costas, sistema nervoso vegetativo, sentimento de inferioridade, falta de lógica e razão, insegurança e insônia.
Cardíaco	Timo	Coração, arritmia cardíaca, sistema circulatório, brônquios e aparelho respiratório, parte superior das costas, nervo vago, sangue, pele, rubor, pressão alta, colesterol alto, palpitações, acidose, síndrome de pânico e incapacidade de amar.
Laríngeo	Tireoide	Garganta, amígdalas, laringe, cordas vocais, esôfago, susceptibilidades a infecções virais e bacterianas, resfriados, amigdalites, faringites, dores musculares e de cabeça (nuca), problemas dentários, endurecimento dos maxilares (bruxismo), congestão linfática, herpes e medo de fracasso na vida social.
Frontal	Pituitária	Sistema nervoso central, olhos (cegueira, catarata, glaucoma), ouvido (surdez), nariz (rinite), falta de raciocínio lógico, vícios de drogas, álcool e outras compulsões.
Coronário	Pineal	Cérebro, insônia, enxaqueca, disfunções sensoriais, neurose, histeria, possessão, obsessão e materialismo.

"Quando você souber que tem alguma enfermidade física, poderá se preparar para sofrer ou para se recuperar."

7.3 Formação dos bloqueios nos chacras

Os bloqueios energéticos, verdadeiros nós energéticos gerados por emoções negativas, fixam-se, primeiramente, e com bastante intensidade, nos chacras, provocando "entupimentos" fazendo com que as energias não fluam, tirando-nos, assim, do estado de harmonia. Os chacras congestionados não podem irradiar a energia de forma correta, forçando-se a uma atividade exagerada para a manutenção das energias em níveis satisfatórios.

Através de técnicas diversas, entre elas o método Reiki, podemos dissolver essas estruturas emocionais negativas e nocivas.

7.4 Dissolução dos bloqueios com a energia Reiki

A ação da energia Reiki, por meio de frequência mais alta de vibração, dissolve bloqueios energéticos quando a energia terapêutica percorre os meridianos, canais elétricos, *nadis* e chacras permitindo a liberação e harmonização dos chacras de maneira gradual e uniforme. Durante o processo de expurgo e limpeza energética, as energias bloqueadas dissolvidas voltam à nossa mente consciente, fazendo com que retornemos à cena onde vivenciamos a situação desagradável que gerou tal bloqueio (ressentimento, mágoas, ciúmes, raiva etc.). Muitas vezes até doenças físicas que não tiveram seu molde energético totalmente destruídos podem-se manifestar como sintomas da dissolução. Durante esse período, podemos ter a impressão que a nossa situação piorou. Com a intensificação da aplicação da energia Reiki, tornaremos esse período menos traumático, lembrando-nos sempre que algumas liberações são mais lentas que outras. Com o tempo, libertamos-nos definitivamente dessas disfunções.

> *"A recuperação deve sempre implicar na remoção daquele erro básico que cometemos."*

7.5 Meridianos e *nadis*

Segundo a cultura chinesa, os meridianos são os canais energéticos que percorrem o corpo e conduzem a energia vital. Cada um dos meridianos está relacionado com um órgão e com uma função, os quais, por sua vez, estão relacionados ao princípio chinês do *yin* e do *yang*. Quando a energia que os percorre está em desequilíbrio, é possível reequilibrá-los estimulando os meridianos em diversos pontos. Esse é o princípio da Acupuntura, do *Do-in* e do *Shiatsu*.

Os *nadis* são três: *sushumna*, *ida* e *pingala*. *Ida* e *pingala* têm a capacidade de captar o *prana* diretamente do ar, através da respiração, e expelir tóxicos durante a exalação. Daí a importância de uma boa prática respiratória. *Ida* é o canal condutor de energia lunar (tranquilizadora). Esse canal básico começa no lado esquerdo do chacra básico e termina na parte superior da narina esquerda. *Pingala* é o canal condutor de energia solar (estimulante). Esse canal começa no lado direito do chacra básico e termina na parte superior da narina direita. *Sushumna* é o canal por meio do qual se processa a descida e subida de energia. Todos os chacras têm suas "raízes" nesse canal, que vai do chacra coronário ao chacra básico.

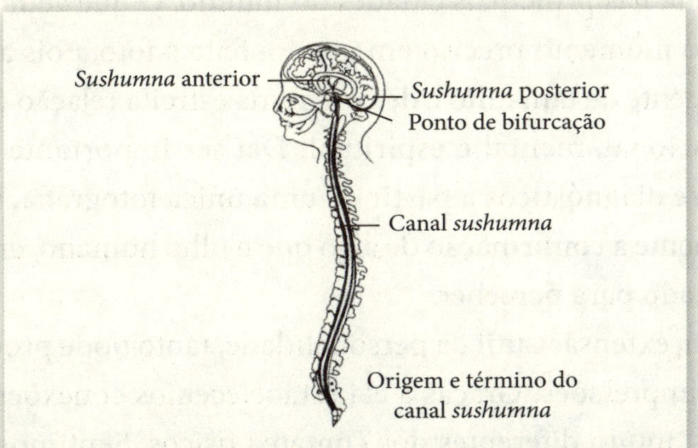

> *"Se o que tens te parece insuficiente,*
> *então, mesmo que possuas o mundo inteiro,*
> *ainda te sentirás na miséria."*

7.6 A aura humana

A aura humana é uma emanação sutil e magnética produzida por forças etéreas. Todos os corpos possuem esse campo magnético, que se irradia como os raios solares emanam do sol. A aura, embora ignorada pela maior parte das pessoas, é percebida e claramente reconhecida por indivíduos que se encontram em condições adequadas de sensibilidade, os chamados sensitivos.

Paracelso foi um dos primeiros estudiosos do Ocidente a divulgar a Teoria do Campo Astral. Pesquisas científicas provam que todos os corpos, animados ou inanimados, emitem uma radiação sutil. Essa emanação recebeu vários nomes. É o magnetismo de Mesmer, o fluido elétrico de Jussieu, as chamas odílicas de Reichenbach, a sensibilidade exteriorizada de Rochas, os raios vitais do dr. Baraduc. Os russos denominaram as emanações energéticas de bioplasma.

A famosa câmara Kirlian, que fotografa a aura, assim chamada em homenagem a seu inventor (Samyon Davidovich Kirlian), foi reconhecida pela Academia de Ciências Médicas de Moscou. Hoje as técnicas fotográficas foram modernizadas e a fotografia da aura (bioeletrografia) pode ser feita nas principais cidades do mundo. O que vemos é a representação do momento preciso em que foi feita a foto, pois a aura muda constantemente de tamanho e de cor, numa estreita relação com a saúde física, emocional, mental e espiritual. Daí ser importante não extrair conclusões e diagnósticos a partir de uma única fotografia. O resultado é simplesmente a confirmação de algo que o olho humano, em geral, não está preparado para perceber.

A aura, extensão sutil da personalidade, tanto pode produzir quanto receber impressões. Graças a ela estabelecemos conexões sensoriais, energéticas, muito diferentes dos contatos físicos. Sentimos atração ou

> *"As doenças não passam de descargas energéticas das lembranças pessoais."*

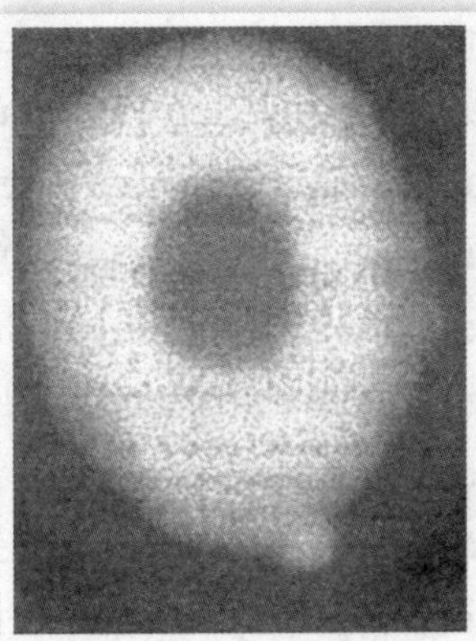

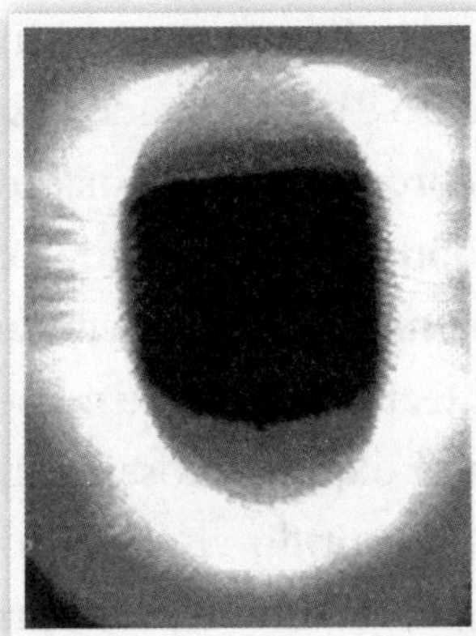

Fotos Kirlian do dedo indicador da mão direita –
à esquerda: Johnny De' Carli, e à direita: Leo G. Venzon

repulsão instintiva, dependendo do caso, aparentemente sem razão de ser. Atração e repulsão, no entanto, revelam uma harmonia ou uma desarmonia intrínseca entre as auras. De nenhuma outra maneira podemos explicar a atração ou repulsa que sentimos tão frequentemente quando encontramos certas pessoas pela primeira vez. É a ação invisível da aura que nos persuade.

O dr. Walter J. Kilner, em Londres, especialista em medicina elétrica, através de um cristal, que passou a ser denominado tela Kilner, observou o fato curioso de que uma forte aura positiva reage em presença de uma fraca de tipo negativo, da mesma forma que uma pilha perde sua carga quando ligada a pilhas descarregadas. A aura fraca ou depauperada, sinal de vitalidade reduzida, atua como uma esponja psíquica ou vampiro sobre as que a rodeiam, absorvendo suas energias.

A aura varia de muitas maneiras. Sua área e extensão dependem do desenvolvimento. Em indivíduos primitivos, essas forças interiores são naturalmente rústicas e rudimentares, enquanto, entre pessoas altamente

"Ativando seus chacras,
você trará o seu cérebro ao funcionamento total."

evoluídas, observa-se o contrário. A composição ou textura da aura varia – o violento e o requintado, o sensível e o insensível, o colérico e o tranquilo – de acordo com a disposição e o caráter de cada um. Outro elemento que atua sobre a complexidade e diversidade da aura são as emoções, paixões e sentimentos, que possuem características próprias às irradiações áuricas. É evidente, portanto, que nosso caráter verdadeiro esteja projetado na aura. Nela está o que somos, intrinsecamente, e não o que parecemos.

No sentido vital, todo indivíduo cria sua própria atmosfera magnética, revelando infalivelmente o temperamento, disposição e estado de saúde. A aura é um guia infalível do estado de saúde do indivíduo. Nos sadios, os raios vitais expandem-se na atmosfera áurica dotada de um brilho intenso e cristalino; nos indivíduos doentes, as cores são apagadas e sombrias, enquanto as doenças mais graves são indicadas por manchas opacas sobre as partes afetadas. A aura apresenta as causas de nossas enfermidades. Tudo na natureza produz sua própria aura. As comprovações efetuadas mostram que tudo o que ocorre no corpo físico primeiro ocorre no plano sutil. Em consequência, é bastante lógico intervir preventivamente no corpo áurico por meio do método Reiki ou de outras técnicas de terapias vibracionais. Se a doença se apoderou do corpo físico, é conveniente fazer duas intervenções simultâneas: a intervenção no corpo físico, com a medicina convencional, e a intervenção no corpo sutil, com a energia Reiki, a fim de eliminar a causa.

Quase todos os pesquisadores estão de acordo sobre a existência de vários extratos de campo áurico. Obviamente, o comprimento dos distintos extratos não é fixo e varia no mesmo indivíduo em razão do seu momento. Se uma pessoa se encontra em estado de profunda meditação, a aura se apresenta muito mais extensa e as cores são vivas e brilhantes. A quantidade de camadas áuricas descobertas e vistas pelos pesquisadores e videntes através dos anos varia entre três e mais de sete. Ultimamente

"Como a água reflete a imagem, o coração reflete a pessoa."

parece bastante provável a existência de sete camadas áuricas. Cada um dos extratos da aura é distinto. Os campos ímpares têm uma estrutura mais definida, enquanto os pares se mostram menos estruturados, quase fluídicos, em constante movimento. Todos os extratos áuricos invadem, sucessivamente, os extratos inferiores. O sétimo penetra todos os campos, até o corpo físico. O sexto invade os cinco inferiores e também o físico, até chegar ao primeiro extrato, que é o mais próximo do corpo físico. Cada extrato do campo da aura relaciona-se com os sete principais chacras e glândulas do sistema endócrino, sendo as três primeiras camadas associadas à energia do mundo físico, metabolizando-as. O quarto extrato é um transformador, interligando camadas áuricas e campos energéticos. As três camadas áuricas superiores metabolizam as energias relacionadas com o mundo espiritual. A cada extrato do campo da aura foi dado um nome, que, em geral, reflete sua função e varia segundo o pesquisador.

7.7 Os campos áuricos

7.7.1 Corpo etérico (0,5 a 5 cm) – Também chamado de corpo ectoplasmático, bioplasmático ou duplo etérico. Interpenetra o corpo físico e é, na realidade, parte dele. Vitaliza e sustenta o corpo físico até a morte. Contém energia dos tecidos, glândula e órgãos. Expande-se ou retrai-se de acordo com o funcionamento desses;

7.7.2 Corpo emocional (2,5 a 7,5 cm) – Interpenetrando o corpo etérico encontramos o corpo emocional, o veículo das emoções, desejos e paixões. São especialmente as irradiações brilhantes e mutáveis desse corpo, constituído de nuvens coloridas, em contínuo movimento e de aparência oval, que os videntes descrevem quando observam a aura;

"Nada colore tanto a aura quanto o pensamento habitual."

7.7.3 Corpo mental (7,5 a 20 cm) – Veículo do pensamento, tem uma estrutura mais sutil e menos definida. Contém nossos processos mentais, nossas ideias e geralmente aparece aos videntes na forma de uma auréola dourada. Quando em desequilíbrio, é translúcido com emanações douradas, como bolhas;

7.7.4 Corpo astral (15 a 30 cm) – Composto por nuvens multicoloridas advindas das percepções e emoções extrassensoriais.

7.7.5 Corpo etérico-padrão (45 a 60 cm) – Campo de energia estruturada sobre o qual cresce o corpo físico;

7.7.6 Corpo celestial (70 a 90 cm) – É o nível emocional do plano superior por meio do qual experimentamos o êxtase espiritual. É o plano de identificação com Deus, composto por pontos de luz;

7.7.7 Corpo causal (75 a 100 cm) – Contém as impressões de vivências passadas. É o nível mais forte e elástico do campo áurico. Contém a corrente principal de força que se desloca ao longo da espinha.

Obs.: Nas três últimas camadas, em alguns indivíduos do tipo devoto, místico e generoso, a aura é muito pronunciada e bela, enquanto em indivíduos do tipo animal não há vestígios dela.

"Somos multidimensionais, e a medicina também precisa ser multidimensional."

CAPÍTULO 8

Meditação e Reiki

Devemos acostumar-nos à ideia de que existe um Ser Superior tomando conta de nossa existência. Enquanto nas orações você procura falar com o Criador, na meditação deve procurar colocar-se num estado receptivo para ouvi-Lo. A verdadeira meditação é uma sintonização cósmica, uma afinação do receptor humano com o Emissor Divino. Os orientais estão mais acostumados a uma postura contemplativa e têm praticado a meditação desde o início dos tempos. Assim, conquistaram maior capacidade de introspecção.

A definição mais comum encontrada para a meditação é o cessar dos pensamentos. Consiste na ausência de qualquer atividade de pensamentos, desejos e emoções, sobretudo de mágoas e ressentimentos. Meditar é estar 0% pensante e 100% consciente. Meditar é deixar de ser ego pensante para poder ser Cosmo pensante. Você esvazia o seu ego de todos os obstáculos que o ligam à Fonte. Muito simples de falar, mas extremamente difícil de alcançar. A meditação é a única maneira de transcender a si mesmo.

Meditação não é o mesmo que concentração. A concentração cansa, deixa-nos exaustos. A meditação não cansa. Se a praticarmos o dia todo, não ficaremos fatigados. Ela não é um esforço. Nada forçado é natural. A meditação é um estado natural. A mente não é natural. A meditação é um estado de não mente, é sair do caminho da mente, voltar ao estado

"Quando você reza, está falando com Deus.
Quando você medita, está ouvindo Deus."

natural que perdemos. Toda criança nasce em estado meditativo, que é perdido na medida em que aprende a pensar. Então, quando você entra em estado meditativo, sente a surpresa da sensação de que já conhecia este estado antes. Conhecia, mas se esqueceu. A condição natural é resgatada.

Na Índia são conhecidos mais de cem tipos de meditação diferentes. Um tipo de meditação pode ser mais prazeroso que outro, de acordo com as características de cada um. Devemos sentir prazer na meditação para que ela nos sirva. Só é natural se gostamos de praticá-la. A meditação só será profunda se você passar a gostar de meditar. Em geral, gostamos cada vez mais à medida que praticamos. Na meditação, como em tudo na vida, a mais longa caminhada também começa com o primeiro passo.

No estado não meditativo, nossa mente está cheia de lixo, lembrando um espelho embaçado. Há um tráfego incessante de pensamentos, preocupações, ansiedades, ambições, até na hora do sono. Meditar é o oposto, é acalmar o fluxo dos pensamentos, desejos e lembranças em movimento. Só entramos em estado meditativo, quando colocamos nossa mente de lado, e a energia, que era utilizada para mover os pensamentos, passa a ser canalizada para a consciência. Este silêncio é o verdadeiro estado meditativo. Toda meditação é um esperar. Quando você diz à mente que espere, a meditação acontece. Meditar é ser tudo sem fazer nada. Não podemos meditar através da mente. A mente termina onde a meditação começa. Não pense que somos a mente. Quando percebermos que não somos pensamento, nem emoção, nem matéria e que estes são instrumentos de nossa essência, muitos conflitos serão evitados. Os problemas são criados na mente, por isso a meditação é um mecanismo para acalmar e neutralizá-la.

O simples fato de os orientais continuarem a meditar, diariamente, por meses e anos, é a melhor prova de sua eficácia. A eficiência da meditação se revela numa gradativa mudança de atitude, fundamental

"Só você está em condições de escolher
o que é melhor para você."

em face a todas as ocorrências de vida. Quem medita corretamente adquire perfeito autoconhecimento, que se revela em autorrealização. A meditação dá ao ser humano segurança e serenidade em todas as circunstâncias da vida, paz e felicidade permanente. Somente conservando o equilíbrio e a felicidade somos capazes de proporcionar condições para que as pessoas também sejam mais equilibradas e felizes. Na meditação, o corpo inteiro muda, sua química muda, o sistema imunológico se fortalece, os hormônios se equilibram. A meditação é um santo remédio. Mente sã, corpo são.

8.1 A meditação *gasshô*

Gasshô significa: duas mãos se juntando, unidas ou em prece. A pronúncia correta é "gáshô". Era ensinada pelo Mestre Usui no *Shoden* (Nível 1 do método Reiki). A meditação *gasshô* é um tipo de centramento. Segundo as orientações do Mestre Usui, é a primeira coisa que devemos fazer antes de aplicarmos energia Reiki. É a primeira etapa de um tratamento com o método Reiki. Esvaziar-se para receber é a condição primeira. Este esvaziamento irá contribuir com a sintonia por meio de um estado mais apropriado antes da aplicação de energia Reiki e no seu dia a dia.

O Mestre Usui pregava que o melhor preparativo para o amanhã é o uso certo do hoje. Ele utilizava diariamente a meditação *gasshô*. Consta em seu memorial que ele orientava seus alunos a praticá-la, individualmente ou em grupo, da seguinte forma: "de manhã e à noite, sente-se na posição gasshô e repita essas palavras (os 5 Princípios do Reiki) em voz alta e no seu coração". Conforme cita o memorial, é possível meditar sozinho, embora, na meditação em grupo a energia envolvida seja mais poderosa.

> *"Estamos tão preocupados com o tempo,*
> *com nossos afazeres, que raramente fazemos uma pausa*
> *para nos conectarmos conosco mesmos."*

A meditação *gasshô*, no entanto, é uma experiência individual. Logo, deve ser ignorada a presença de outras pessoas ao redor.

Escolha, de preferência, um mesmo local e horário para meditar. Nosso corpo e nossa mente têm um relógio biológico. Sentimos fome próximo ao horário que costumamos nos alimentar. Você passará a sentir fome de meditar no horário de costume. Conforme as orientações do Mestre Usui, a melhor hora de realizar a meditação *gasshô* é logo cedo, imediatamente após acordar. Quando a Terra está acordando existe uma energia despertadora. Muitas religiões pregam que devemos orar pela manhã bem cedo, porque o nascer do sol irradia todas as energias da existência. Devemos aproveitar esta oportunidade. Quando saímos do sono, estamos também mais receptivos. O processo será muito mais profundo. Quando levantamos, ainda não recebemos os impulsos externos e nem começamos a nos envolver totalmente pelos pensamentos. Estamos menos em nossa mente. O segundo melhor momento para realizar esta meditação é à noite, quando vamos nos recolher, para que tenhamos uma boa qualidade restauradora de sono. Nada melhor que uma boa noite de sono para restaurar as energias. Dormindo bem, no dia seguinte, estamos melhores, com mais equilíbrio e aptos a realizar uma melhor produção em nossas atividades. O cansaço natural do dia pode também nos auxiliar à noite, no objetivo de silenciarmos nossa mente. Procure encontrar o seu momento. Aprenda a conviver consigo mesmo.

A meditação promove um aumento na percepção de estímulos externos, fazendo com que a pessoa se assuste com muita facilidade. Isso pode provocar tensão e deve ser evitado. Os templos, igrejas e mesquitas foram criados para que as pessoas pudessem ter um local específico para oração e meditação. É bom procurar meditar num local privado, reservado, alimentado com energias naturais (terra, água, fogo e ar), quieto, sem portas batendo, com a temperatura agradável

"Somos aquilo que fazemos repetidamente."

e confortável, sempre que possível. É aconselhável desligar o telefone, retirando do local crianças e animais barulhentos, trancando a porta e colocando avisos externos de "não perturbe". As pessoas modernas perderam o prazer do silêncio.

A música auxilia o relaxamento. Ela deve ser contínua e sem mudança súbita de ritmo. É bom evitar um toca-fitas que faça ruído excessivamente alto ao chegar ao final da fita-cassete. Esse fato pode gerar perturbação, principalmente se a música tiver contribuído para um estado de profundo relaxamento. Tudo ajuda a criar um clima favorável. A luz reduzida, um incenso queimando, uma postura adequada, uma roupa confortável são cuidados aconselháveis. É melhor também estar de estômago vazio.

Para realizar a técnica *gasshô*, procure sentar-se o mais ereto possível. Manter as costas eretas, além de ser menos cansativo, permite que a energia flua melhor. Caso prefira, pode realizar esta prática de pé. Muitos conseguem meditar deitados, mas a maioria tende a adormecer. Encontre a posição mais confortável. Se não estiver nessa posição, terá mais dificuldade para relaxar. É bom apoiar as costas e relaxar os ombros. Para ajudar o processo, é bom fechar os olhos, respirar profundamente três vezes e, depois, manter as mãos relaxadas e unidas em frente ao peito ou à garganta, com os dedos direcionados para cima. Nessa posição, entra-se automaticamente em estado meditativo. É fundamental focalizar a atenção no ponto onde os dedos médios se tocam. A concentração no toque dos dedos médios ajudará a manter o tônus da meditação *gasshô*. Durante a meditação não se deve pensar, analisar ou discorrer mentalmente sobre algum assunto. Ao longo da meditação *gasshô*, caso sinta que a mente se desconcentra com o surgimento de pensamentos, o que é muito natural, principalmente nos iniciantes, não perca a tranquilidade, mas procure esquecer tudo e se colocar numa atitude de aceitação e paciência.

"Aprenda as regras de maneira a saber quebrá-las de forma mais apropriada."

Até quando meditamos, a impaciência nos faz perder as melhores coisas. Toda vez que se força o não pensar, os pensamentos se intensificam. Assim, o ideal é simplesmente observar os pensamentos e eles irão embora. Quando você diz: "não quero pensar nisso", na verdade alimenta os pensamentos e eles permanecem. Uma técnica que pode facilitar é voltar sempre a atenção para o mesmo ponto, neste caso, onde os dedos médios se encontram.

Durante a meditação, é possível ter sensações como calor nas mãos ou na coluna. O objetivo da técnica, no entanto, não é o de prestar atenção às sensações, mas simplesmente concentrar-se no todo, no vazio. O tempo médio para essa meditação é de quinze a trinta minutos. Será possível estabelecer o tempo ideal de meditação à medida que a técnica for utilizada. Ao final da meditação, quando sentir um bom nível de tranquilidade mental, repita pausadamente, refletindo sobre suas palavras, significados e mensagens, os 5 Princípios do Reiki, ministrados pelo Mestre Usui como instrução máxima *(GOKAI):*

1. Não se zangue;
2. Não se preocupe;
3. Expresse sua gratidão;
4. Seja aplicado e honesto em seu trabalho;
5. Seja gentil com os outros.

É bom repetir os Princípios logo após a meditação, porque a meditação pode nos ajudar a descondicionar hábitos que precisam ser modificados. Lembre-se que toda palavra tem um efeito. Ao término desta meditação, respire pausada e profundamente e depois abra lentamente os olhos.

Devemos entender o ser humano como um sistema energético, no qual a energia Reiki flui através dos chacras. Cada um dos cinco dedos está

"Não tente fazer, faça."

afeto e tem condições de canalizar, pelos pequenos chacras das extremidades, energias equitativas aos cinco elementos da natureza: o polegar está afeto ao elemento fogo (chacra do plexo solar); o indicador, ao elemento ar (chacra cardíaco); o médio, ao elemento éter (chacra frontal, responsável pela intuição); o anular, ao elemento terra (chacra básico); e o mínimo, ao elemento água (chacra umbilical). Segundo as orientações do Mestre Mikao Usui, na meditação *gasshô* é preciso concentrar a atenção no ponto onde os dedos médios se tocam para ativar a intuição através do chacra frontal, que está ligado ao elemento éter. A razão de manter as mãos junto ao chacra laríngeo é a de que este representa o início da comunicação com o mundo espiritual, responsável pelos *insights* do reikiano ao longo de uma sessão. Quem preferir realizar a técnica com as mãos à altura do chacra cardíaco deve entender a importância deste chacra. Grosso modo, é possível comparar o reikiano a uma mangueira de jardim que, em vez de água, transmite energia de amor (chacra cardíaco). Se tencionarmos a mangueira, a água não fluirá à vontade. Do mesmo modo, ativando o ego, saímos da condição de centramento ou amor incondicional, bloqueando o fluxo de energia Reiki. Pensamentos negativos, emoções inferiores e má respiração prejudicam o canal aberto pelos mestres de Reiki por ocasião da sintonização. Ativando o chacra cardíaco, transformamos facilmente energias emocionais inferiores em energias com alto poder construtivo. Por isso, alguns reikianos conseguem resultados mais rápidos, por trabalharem com amor. Quanto mais aberto estiver esse chacra, maior a capacidade de amar incondicionalmente e alcançar a Unicidade. Quem faz as coisas com amor as faz melhor. O chacra cardíaco, além de ser o mais sagrado, é o mais significativo no método Reiki. Antes de saírem pelas mãos, as energias passam por um processo de transformação ou adensamento nesse chacra para, então, serem usadas pelo receptor. Diríamos que o chacra cardíaco é a "fábrica" da energia Reiki.

"Cresça pelo caminho do seu coração, não pelo da sua mente.
Você nunca encontrará Deus na sua mente."

A energia proveniente desse importante chacra é a mais branda e confortadora que conhecemos. O chacra cardíaco é o centro de equilíbrio dos sete principais chacras de nosso corpo. Ele processa as energias superiores que descem a partir dos três chacras situados acima dele, e a energia que sobe também precisa ser devidamente refinada e processada antes de atingir o chacra coronário. É muito importante para quem trabalha com a energia Reiki estar centrado no chacra cardíaco. Quando meditamos e relaxamos, nos comunicamos com a energia do chacra cardíaco. Poderemos ampliar sensivelmente nossa compreensão a respeito das pessoas a nossa volta e da nossa própria existência. A maior viagem é o autoconhecimento. O ato de centrar-se com a meditação *gasshô* não requer esforço físico, mas de consciência. É um esforço sem esforço. Meditar é entrar no coração, entrar no chacra cardíaco. Quando entramos no coração, o amor surge. Reiki é amor. O amor sempre segue a meditação e vice-versa. Ambos acontecem juntos. São um só tipo de energia. Por isso, meditar torna-se muito mais difícil para as pessoas que nunca amaram. É preciso resgatar o que realmente somos: uma centelha de amor. Precisamos galgar a mais alta realidade espiritual que se conhece, restabelecer a conexão com o Amor Universal e renunciar ao ego, libertando os desejos egoístas para atingir um estado de Unicidade e de quietude interiores. O chacra cardíaco é um ponto de referência estável, no qual é possível sentir uma verdadeira integração, propiciando a unificação, uma melhor consciência e um estado tranquilo de alerta sobre o que é necessário fazer ou como atuar. Quanto maior a consciência, menor o egoísmo. Enquanto houver egoísmo, haverá sofrimento.

Reikiano, a felicidade não está em viver muito, mas em viver bem. Viver é mais do que puramente satisfazer as necessidades básicas. Todas as fórmulas para a vida feliz repousam em um ideal superior. Reserve uns minutos por dia para oração e meditação. Se você se sente orientado

"Você só consegue mudar o seu mundo exterior mudando o seu mundo interior."

por seu coração, o melhor caminho é o da oração. Se for orientado pelo intelecto, a meditação será seu melhor caminho. A meditação é um desses presentes que a Nova Era trouxe para o Ocidente. Cultive o hábito da meditação *gasshô* e você descobrirá tesouros escondidos. Silencie-se.

A mestre japonesa do Reiki Noriko Ogawa demonstra a postura correta para a meditação gasshô.

"Passe algum tempo sozinho todos os dias."

CAPÍTULO 9

Como e onde aplicar Reiki

9.1 A sala ideal para o atendimento

Nem todas as pessoas que aprendem o método Reiki tencionam praticá-lo profissionalmente, em tempo integral ou parcial. As recomendações a seguir são para as pessoas que desejam trabalhar com a energia Reiki profissionalmente ou praticando sessões do Reiki regularmente. Tenha cautela para decidir, lembrando a citação bíblica: "Por falta de reflexão, os projetos fracassam, mas se realizam quando há muitos conselheiros" (Pr 15, 22).

Muitos reikianos começam a trabalhar indo à casa de seus clientes e, com o tempo, passam a recebê-los em um espaço específico para esse fim. Saber criar uma sala de Reiki segura e calma é quase tão importante quanto saber conduzir com competência uma sessão. É importante que as pessoas se sintam seguras para enfrentar seus medos, traumas ou outras questões bloqueadas.

Para realizar tratamentos de Reiki, o ideal é ter um ambiente reservado para essa finalidade, mantendo-o livre de vibrações desagradáveis. Se for possível, reserve um aposento especial, limitando as atividades no local escolhido, evitando odores e ruídos de televisão, fumaça de

> *"Todo lugar é um bom lugar para ser feliz.*
> *Estando bem consigo mesmo, você se sentirá sempre em segurança."*

cigarro etc. É lógico que isso não é obrigatório. Porém, o ambiente ideal, tranquilo, relaxa melhor o receptor e o reikiano, de maneira que entrem em melhor sintonia. Procure trabalhar num local privado, confortável, alimentado com energias naturais (terra, água, fogo, ar e éter), quieto, sem portas batendo, com a temperatura agradável. No entanto, muitas vezes isto é impossível. Você pode ajudar desligando o telefone, retirando do local crianças e animais que sejam barulhentos, trancando a porta e colocando avisos externos de "Não perturbe". Você deve evitar perturbações. A entrada inesperada de uma pessoa quebra o silêncio e a harmonia local. A energia Reiki promove uma amplitude na percepção de estímulos exteriores. É possível que a pessoa se assuste ou fique tensa, o que deve ser evitado.

Caso utilizemos sempre um mesmo espaço destinado ao método Reiki, não devemos nos apegar, excessivamente, à atmosfera do local de trabalho, pois pode acontecer de sentirmo-nos perdidos se, em algum momento, não pudermos trabalhar ali. Conheci pessoas que chegaram a achar que só poderiam conseguir bons resultados com o método Reiki em local específico, alegando que assim podiam entrar melhor em harmonia com a Energia Universal. A energia Reiki pode ser canalizada em qualquer lugar, inclusive em locais públicos e movimentados como o corredor de um hospital, por exemplo. O Divino (energia *Rei*) permeia qualquer ambiente; de forma alguma se limita a determinados locais. Canalizar energia Reiki depende do reikiano, e não do ambiente externo. O local é importante, mas este não faz o reikiano. O reikiano é que faz o ambiente, por meio do amor incondicional com que trabalha. A aceitação completa, independentemente de nível socioeconômico, raça, religião e formação, cria um espaço sagrado para tratamentos.

Reiki é amor e harmonia. O trabalho com a energia Reiki é sagrado. Devemos ser organizados e cuidar bem do espaço destinado

> *"Sempre que possível, mantém em ti o silêncio e afasta de ti o barulho, pois é sabido que o bem não faz barulho e o barulho não faz bem."*

à prática do método Reiki, que deve ser bem limpo, bem-arrumado e estar em boas condições de conservação. Cuido muito do espaço onde leciono e atendo.

Flores e plantas dão sempre um toque especial à sala. Animais de estimação deixam sempre odores desagradáveis para quem chega. Em geral, quem está acostumado não percebe. Além disso, existem muitas pessoas alérgicas a animais. Meus alunos e clientes percebem isso com facilidade. Recomendo que seu espaço esteja sempre bem pintado, com tonalidades claras. A primeira dúvida que surge para todo terapeuta em relação ao espaço destinado ao método Reiki, normalmente, está relacionada à cor que deve predominar no ambiente. Os reikianos têm características diferentes nesse sentido. Todos nós temos uma predileção por determinada cor. Somos mais atraídos e identificados por esta ou aquela cor, com as qualidades e com a influência psíquica de sua tonalidade. Às vezes, existe também a rejeição a algumas cores, ou seja, a aversão ao que elas transmitem.

Os raios luminosos geram as sete cores básicas do arco-íris, que são as mesmas de nossos sete principais chacras (vermelho, laranja, amarelo, verde, azul, índigo e violeta). Cada pessoa está mais ligada, pelo seu atual estágio evolutivo, a uma determinada cor, que seria mais vibrante em sua aura e atuaria de maneira distinta sobre o corpo pela geração de um tipo diferente de energia. Lembre-se que você passará boa parte do dia em sua sala de Reiki. Daí a importância de relacionar a pintura de seu espaço com suas tendências pessoais, com seu temperamento e afinidades. Nenhum reikiano duvida que as cores exercem, cada qual a seu modo, uma influência específica nas pessoas. Contudo, não é obrigatório que um reikiano use cores para obter bons resultados. Tal indicação visa somente facilitar e agilizar resultados. Existem estudos que admitem que cada cor emite um tipo diferente de fluido energético, da mesma forma

> *"As circunstâncias e o ambiente têm influência sobre nós, mas somos responsáveis por nós mesmos."*

que os sons e os aromas. Isso explica o fato de a cor influenciar e modificar até mesmo receptores com os olhos fechados ou adormecidos, sem contato visual com o padrão das cores que os cercam. Prova-se, assim, a interferência prévia no campo energético sutil (aura) dos seres vivos. Já está comprovada a sensibilidade das plantas aos sons e às cores. Os vegetais crescem e vivem melhor em contato com músicas suaves e cores claras ou levemente estimulantes. Da mesma forma, as plantas denotam sofrimento, crescimento retardado e até morrem com músicas agitadas, dissonantes, e com cores agressivas. O mesmo ocorre com as pessoas, reikianos e seus receptores. Cores escuras, sem brilho e indefinidas, que emitem vibrações inferiores, prejudicam em vez de melhorar. Acarretam a diminuição da energia vital e enfraquecem a aura em vez de energizá-la. Existem trabalhos muito interessantes sobre a recuperação de problemas orgânicos e emocionais pelo uso das cores (cromoterapia). A Rússia é pioneira nesse campo de pesquisa. Seus cientistas têm usado as cores em hospitais, universidades, etc. No Brasil, os adeptos da medicina natural têm muita simpatia pela cromoterapia e a aplicam com sucesso. Alguns médicos já a consideram parte da medicina do futuro por sua eficácia e facilidade de aplicação.

Já que será necessário dispor de iluminação, nada impede que você use lâmpadas coloridas, que favorecem o trabalho com o método Reiki, como o verde-esmeralda, o rosa e o violeta. O verde-esmeralda é a cor que melhor reúne as qualidades da energia Reiki, por ser a cor do chacra cardíaco, responsável pelo sistema imunológico, fundamental para a boa saúde. Rosa é a cor do amor incondicional, a virtude que combate todas as emoções inferiores que nos adoecem. É um alimento para os receptores que precisam de muito amor ou para um reikiano com dificuldades em dar amor. Já o tom violeta representa a meditação espiritual, estimula a percepção psíquica. Muito usado para equilibrar perturbações espirituais,

"Crie condições à sua volta para que o ambiente retribua, com alegria, seus esforços por um mundo melhor."

Sala de atendimento de Johnny De' Carli, com lâmpadas cromoterápicas ao fundo. Na foto, os médicos e mestres do Reiki dr. Ozéas Mainenti, dra. Anand Chandra e dr. Marcos de Castro.

é a cor predominante em pessoas que atingiram elevado avanço e crescimento espiritual. Representa também a transformação e a transmutação. Escolha uma ou mais combinações de cores para utilizar em sua sala destinada ao método Reiki, lembrando, mais uma vez, que a colocação de lâmpadas coloridas é opcional e fica a critério de cada reikiano, de acordo com sua orientação interior.

É conveniente limitar a quantidade de quadros e enfeites nas paredes, evitando assim fontes de distração. Uma coisa que não pode faltar na parede é seu certificado do Reiki, devidamente emoldurado. Este, além de demonstrar sua qualificação, carrega a energia de seu mestre, que o assinou e o selou com amor.

Pisos naturais, especialmente os de madeira, devem ser preferidos. Os sintéticos do tipo eucatex, paviflex e carpetes devem ser evitados pois retêm muita energia nociva. Pisos de cimento, granito ou mármore poderão ser usados, mas algumas vezes causam desconforto por serem muito frios. Nesse caso, você poderá utilizar tapetes de fibras naturais, como os de malva, juta, algodão, etc.

"A energia atrai energias da mesma qualidade."

Pessoas energeticamente sensíveis poderão entrar num ambiente e detectar se a energia é boa ou ruim, alegre ou triste, poderão sentir-se à vontade, relaxados ou não. Expressões como: "a energia aqui é ótima" ou "a vibração aqui não é boa" estão se tornando comuns em diálogos do dia a dia.

Uma sala não é muito diferente de uma pessoa. Da mesma forma que as pessoas guardam lembranças negativas (energia estagnada de seu passado), um ambiente tem marcas sutis de tudo o que aconteceu ali. Os ambientes arquivam energias, registram emoções e pensamentos (formas-pensamento ou larvas mentais) arquivados. Essas formas-pensamento plasmam-se. Podem manter-se vivas e em movimento por muito tempo, podendo inclusive ser vistas por pessoas com certa acuidade visual (sensitivas). O mesmo, logicamente, se aplica a experiências positivas, como, por exemplo, uma iniciação do Reiki. Às vezes poderá ter havido no ambiente brigas e discussões, cujas energias ficam retidas no local, prejudicando o trabalho com a energia Reiki. Os advogados, por exemplo, têm em geral seus escritórios impregnados negativamente por lixo emocional deixado por sua clientela, como litígio de casais, dissolução de sociedades, desavença de herdeiros, etc. O mesmo acontece nos consultórios de psicólogos, médicos, bancários e muitos outros profissionais. Ou seja, não acontece unicamente com os reikianos. Lembre-se que, durante uma sessão do Reiki, os chacras do receptor se dilatam, ficando mais sensíveis às contaminações energéticas.

Todas as coisas têm um campo de energia à sua volta (aura), como se fosse a luz de uma vela. Não existe espaço vazio, sem campos de energia. Tudo e todos estamos intimamente ligados. Estamos permanentemente mergulhados num mar energético. Todo objeto inanimado também tem sua aura, que se impregna com a energia pessoal do dono.

"Para realmente servir, é preciso começar consigo mesmo e com o lugar onde se vive."

Pelo simples fato de vivermos, trocamos energia constantemente com o ambiente no qual estamos, vivemos ou trabalhamos. Isto ocorre especialmente em salas de atendimento com o método Reiki, onde trabalhamos exclusivamente com energia. A troca de energia é uma coisa espontânea, inevitável e ocorre, ininterruptamente, por todo o corpo, principalmente no nível de pensamentos. Logo, estamos sempre sendo influenciados pelo meio ambiente e sempre influenciamos a partir da energia de nossa aura e do que pensamos. Não tenhamos dúvidas de que a atmosfera em que vivemos nos afeta. Todos respiramos o mesmo ar e somos energia. Costumo dizer em meus seminários que a nossa casa e o ambiente de trabalho são o nosso corpo mais largo, que também deve ser cuidado e trabalhado.

Quando montar uma sala de Reiki, tenha sempre à mão um cesto de lixo, um balde (o receptor poderá precisar vomitar), um ou mais travesseiros, uma manta e lenços de papel (muitos choram e se emocionam).

Quando movemos nossas mãos sobre o corpo de um receptor, removemos íons positivos. Um íon positivo se forma quando um átomo, por algum motivo, perde um elétron. Wilhelm Reich (físico alemão, falecido em 1928, que recebeu o prêmio Nobel de Física em 1911) o chamava de orgone morto. Os íons positivos ou orgones mortos são altamente nocivos à nossa saúde. Geram irritabilidade, dores, sensações de letargia e muito mais. Nos locais próximos a quedas d'água, ou montanhosos, onde as pessoas dizem se sentir bem, existe uma predominância de íons negativos, usados no tratamento de queimaduras extensas no corpo.

Às vezes, nossa sala fica enevoada, o que nada mais é do que o vapor supersaturado com íons. Todos começam a passar mal. Caso você trabalhe em ambientes fechados, sem ventilação ou iluminados por luzes fluorescentes, está sujeito a ficar doente. Começará a acumular a ener-

"O ser humano ignorante não é aquele sem instrução; é aquele que não conhece a si próprio."

gia de orgone morto no corpo, suas vibrações irão reduzir e começar a se enfraquecer. Terá até mesmo dificuldades em perceber isso, porque sua intuição diminuirá com a contaminação. Você acabará tendo que paralisar seu atendimento com o método Reiki por um período, muitas vezes de vários dias, até seu sistema de energia voltar a estar limpo. Evite a luz fluorescente, que facilita a formação do orgone morto e gera uma frequência que interfere negativamente na aura.

Quando queremos saber como está a energia orgônica de um determinado ambiente, acrescentamos, a um copo com água, que pode ficar no piso próximo à porta de entrada, três dentes de alho descascados. Se a energia estiver boa, os alhos flutuarão. Se houver muito orgone morto (energia negativa), os alhos a absorverão em parte e afundarão. O alho apodrece muito rapidamente e poderá começar a exalar um odor desagradável. Daí renove-o a cada dois ou três dias. Existem pessoas que usam água com carvão vegetal, que atrai para si essas energias. Mas o resultado final é inferior, pois o carvão, sendo matéria morta, é menos sensível. Isto pode servir de alerta ao reikiano, para que conserve sempre boas as energias de seus ambientes.

Há várias técnicas efetivas que podem ser usadas para limpar ou renovar o ambiente de trabalho ou o local onde se vive. Escolha a sua utilizando a intuição. O uso prévio dessas técnicas tornam o seu trabalho com o método Reiki mais fácil e seguro. Faça aquilo que julgar necessário para o conforto e a proteção sua e de seus clientes.

A defumação (elemento ar) é um ótimo recurso. Você pode empregar a formulação utilizada pela Igreja Católica, pelos centros espíritas ou aquela recomendada por sua intuição. William Lee Rand (EUA), Fuminori Aoki (Japão), Anand Chandra (Índia), Michael Prgomet (Alemanha), mestres com quem obtive treinamento do Reiki, têm um hábito

"A natureza nos oferece tudo
e temos obrigação de usufruir de suas dádivas,
sem nunca nos esquecermos de sua preservação."

Mestre William Lee Rand defumando com sálvia
Johnny De' Carli, em Michigan (USA), antes de uma sessão.

em comum: o de defumar o ambiente e seus clientes com sálvia (alguns adicionam cedro ou erva-doce) antes de começar a trabalhar.

Certifique-se de que uma janela ou porta esteja aberta antes de principiar a defumação, para que a fumaça atraia a energia do orgone morto e a arraste para fora. Sempre que você sentir o ambiente carregado ou quando começarem a acontecer desentendimentos ou brigas sem qualquer motivo, é hora de parar de atender clientes e se dedicar à limpeza, queima ou transmutação das energias negativas em positivas. A frequência desta necessidade será maior do que você imagina. Lembre-se das palavras que nosso maior Mestre nos deixou: "Orai e vigiai!".

É importante trabalhar numa sala livre de más vibrações, de onde tenham sido retiradas as energias baixas que sempre ficam após alguns atendimentos. É importantíssimo termos pelo menos uma janela para garantir a boa ventilação, a fim de reduzir os íons positivos pela renovação do ar após cada sessão (faça sempre isso, não esqueça!).

"Viva a vida com simplicidade, mas com muita alegria. Deixe o sol entrar na sua vida, deixe-se abraçar por ele."

Para o método Reiki, se possível, escolha uma sala que apanhe a luz solar direta. O sol é o mais forte transmutador que se conhece.

De acordo com o tamanho do ambiente, use plantas vivas que, além de embelezar, ajudam a manter energeticamente limpo o local. As flores devem estar sempre viçosas. Portanto, certifique-se de que não há no aposento flores murchas ou apresentando sinais de deterioração.

Você pode colocar sobre o piso um recipiente com sal grosso (NaCl), aproximadamente 1 kg, que deve ser substituído periodicamente. O cloreto de sódio (sal) transmuta vibrações negativas ou miasmas emocionais (emanações energéticas disformes, altamente negativas) que os clientes deixam no ambiente.

Cristais colocados ao redor da sala também ajudam a coletar energia morta do orgone. Esses cristais devem ser limpos semanalmente, colocados ao sol por oito horas ou em solução de água salgada por vinte e quatro horas. Aparelhos eletrônicos geradores de íons negativos também são muito recomendáveis, com a mesma finalidade.

Poucos mestres de Reiki ensinam, mas um reikiano de Nível 1 já pode utilizar com sucesso o símbolo Choku Rei. Uma vez que o aluno já tenha sido iniciado com o símbolo, este funcionará normalmente. Aliás, entre as várias utilizações deste símbolo está a limpeza de ambientes. Mas, se usado isoladamente para eliminar o orgone morto, será pouco eficiente. Logo, utilize técnicas complementares de limpeza.

Você pode acender velas, visualizando a queima e transmutação de toda energia nociva. Enquanto acende a vela, você poderá utilizar técnicas mentais (elemento éter), visualizando primeiro uma luz violeta banhando, fluindo e transmutando todo ambiente. Imagine um aspirador gigante, vindo de Deus, que desce e limpa sua área de trabalho. Depois, imagine a chegada de uma luz branca para energizá-lo e, posteriormente, um anel

"Preste atenção no que está a sua volta."

de luz dourada ao redor da área para selar e proteger o cômodo contra vibrações inferiores vindas de fora.

Outra maneira é utilizar o poder de limpeza, purificação e renovação dos elementos água e fogo. Coloque-se de frente para a entrada principal de seu ambiente, segurando com a mão direita uma vela acesa, e com a esquerda, um copo transparente com água (se quiser, use também o alho ou carvão para representar o elemento terra). Caminhe pelos cantos orando (elemento éter). Tenha em mente que pelo seu lado esquerdo será captada a energia nociva que irá diretamente para a água do copo. O alho ou o carvão ajudarão a retê-la. Pelo seu lado direito sairá a energia gerada pelo fogo. Terminada a caminhada, apague a vela. Se quiser, guarde-a para ser reutilizada. Jogue a água fora, na pia ou vaso sanitário.

9.2 Como proceder na aplicação em outras pessoas

A cor da roupa do reikiano não importa. Deve ser cômoda e limpa para evitar as impregnações energéticas negativas comuns em roupas muito usadas.

A energia Reiki passa sem problemas pela roupa e outros materiais, por isso não é necessário tirá-la do receptor.

As joias usadas diariamente entram em contato, permanentemente, com todo o tipo de vibração energética e costumam ficar saturadas com energia do ambiente. Argolas, anéis, pulseiras, correntes, cristais e relógio possuem vibrações próprias que podem interferir na energia Reiki. Logo, visando criar uma atmosfera o mais livre possível de qualquer interferência, remova todas as joias e os adornos de metal (do receptor e do reikiano)

"Organize-se. A organização traz paz."

antes de aplicar a energia Reiki. Uma medalha, um anel ou uma pulseira que não se consegue ou não se quer tirar por questões religiosas não causariam uma grande interferência.

Os terapeutas que usam pedras em processos terapêuticos sabem que devem, com regularidade, limpá-las energeticamente. Se elas não forem purificadas, não terão condições de ajudar ou, o que é pior, elas mesmas ficarão "doentes". Pedras saturadas com energia negativa irradiam emanações equivalentes. Isso se aplica também a metais, vidros e plásticos. Observamos pessoas ficarem sem dores de cabeça quando passaram a banhar seus óculos regularmente em água corrente.

Para evitar a absorção de resíduos etéricos, antes de iniciar a aplicação, é necessário lavar as mãos com água corrente. Se, por algum motivo, você não dispuser de água, obtém um bom efeito de limpeza energética expondo as mãos à chama de uma vela por alguns instantes.

É importante assegurar-se de que não haverá interrupções nem pela chegada de outra pessoa nem por um chamado telefônico.

Em hipótese alguma se deve insistir para que as pessoas recebam energia Reiki: cabe a cada uma desejar melhorar.

É aconselhável fazer sempre e em qualquer tipo de tratamento a centralização do coração, pois toda a energia que entrará pelo chacra coronário passará pelo chacra cardíaco, que, se harmonizado, torna a pessoa um melhor canal.

O reikiano não deve se envolver emocionalmente com o problema do receptor nem criar expectativas com relação aos resultados.

O reikiano deve fazer uma oração silenciosa para agradecer pela graça de poder funcionar como ponte e canal com a Energia Universal.

Deve lembrar ao receptor que não necessita pensar em nada em especial, que a energia fluirá livremente e que pode também falar durante

"Não se preocupe tanto com a perfeição.
Você irá alcançá-la na hora certa."

a sessão, pois o fluir da energia Reiki não se interrompe. O silêncio, entretanto é o ideal.

Antes de começar a aplicação, alise a aura do receptor a fim de estabelecer um primeiro contato. Você pode repetir este procedimento três vezes. Esse ritual serve para estabelecer um primeiro contato com o receptor e para equilibrar a aura. É como se você "batesse na porta" antes em vez de entrar sem anunciar-se.

Reiki é um método de equilíbrio da totalidade do ser. A doença é um fragmento visível de um sistema desequilibrado e será sanada a partir do momento em que for atingido um estado de harmonia. Esse processo de harmonização, desencadeado pela energia Reiki, completar-se-á no tempo designado pela consciência superior da pessoa em tratamento. Em geral, entre quatro e vinte e uma sessões são suficientes para sanar 80% dos problemas do receptor. Lembre-se que a Mestre Takata tinha um tumor, em 1936, e precisou de quatro meses de aplicação diária para ficar boa, na clínica do dr. Hayashi, em Tóquio. Dessa forma, não crie expectativas sobre a duração do tratamento.

Você é um canal de energia Reiki, quem atua é a energia de Deus, por isso, lembre-se que a honra é dele. O reikiano honesto não permite deixar-se venerar ou adorar por causa de resultados conseguidos. Por ser só canal, você também não será responsável caso não haja recuperação. Muitas vezes, isso ocorre por falta de continuidade do tratamento, falta de higiene mental ou ainda por fatores cármicos.

Evite fazer diagnósticos. Isso é prerrogativa médica. Evite, também, intervir no tratamento a que a outra pessoa já venha se submetendo. Lembre-se que o método Reiki é uma terapia holística também complementar, logo, use-o também como complemento.

A quantidade e a qualidade da energia Reiki na aplicação são determinadas por quem a recebe, por isso acautele-se contra a criação de

"A razão ensina e explica o que se deve fazer e evitar."

padrões de reações e estímulos. Às vezes, as pessoas podem sentir calor, formigamento, latejamento, vibrações. Muitas vezes podem não sentir nada ou apenas um leve relaxamento. Sentir ou não sentir não é parâmetro para julgar a eficiência do tratamento.

Não é incomum tornar-se sintonizado com o mal-estar do receptor. Normalmente, o registro do mal-estar no reikiano é na mesma parte do corpo onde se localiza a dor do receptor, porém isso não significa que o facilitador está ou ficará com o sintoma do receptor. Esse fato ocorre porque durante a aplicação em outra pessoa você participará de um campo áurico comum. Se essas sensações forem desagradáveis, basta que mudemos de posição ou interrompamos a aplicação por alguns segundos, pois estas não são residuais. Caso as sensações desagradáveis persistam, analise os motivos de estar em sintonia vibracional com esse estado e reveja seu autotratamento, intensificando-o.

Ao iniciar qualquer tratamento, especialmente em doenças graves, é recomendável que sejam feitas três aplicações seguidas, durante três dias consecutivos, permitindo uma resposta mais rápida do sistema imunológico, mas isso não é uma regra. O reikiano e a outra pessoa devem estabelecer, em conjunto, o cronograma de aplicações, de acordo com a disponibilidade de tempo de ambos.

Procure saber os motivos da situação que levou a pessoa a se dispor a receber a energia Reiki. Tal procedimento auxilia e permite um roteiro seguro de aplicação, por meio do qual é possível escolher as posições mais específicas para o caso.

Tanto o receptor quanto o terapeuta deverão manter pernas, dedos e braços descruzados, para que todos os canais de energia do corpo possam recebê-la na mesma quantidade e se mantenham igualmente desbloqueados e limpos.

"Procure ver em cada situação um motivo de aprendizado."

Durante toda a sessão, o praticante deve buscar uma posição cômoda, apoiar as costas, relaxar os ombros e, se possível, apoiar os braços.

O tempo de aplicação em cada posição no Nível 1 é de cinco minutos, o tratamento completo demora setenta minutos, pois são quatorze posições básicas. Não há, no entanto, qualquer impedimento de fazer um tempo menor de aplicação ou mesmo de não fazer todas as posições. O ideal é o tratamento completo, porém, nesta impossibilidade, pouca energia Reiki é melhor do que nenhuma. Escolhendo algumas, siga sua intuição, se sensibilize ao campo de energia da outra pessoa e sentirá o que é mais adequado a cada situação.

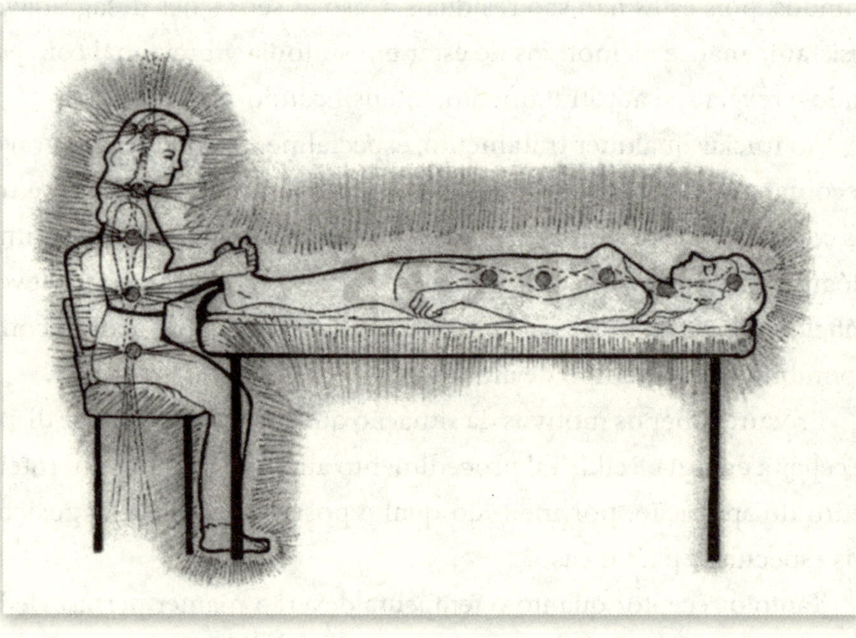

"Torne suas obrigações atraentes."

Quanto às mãos, o reikiano manterá os dedos unidos e a mão em forma de concha, geralmente encurvados, para não haver dispersão da energia, como se estivesse bebendo água. Não deve tencioná-los, deixando-os flexíveis e macios.

O tratamento deverá começar pela cabeça, seguindo todas as posições convencionais com as mãos colocadas suavemente. As mudanças de posição, sempre que possível, são feitas movendo-se apenas uma das mãos de cada vez, para não interromper o contato.

Para aplicar energia sobre a região genital é conveniente usar uma toalha ou manta dobrada sobre essa parte do corpo, para evitar constrangimento. Outra forma é colocar as mãos suspensas a dois ou três centímetros do corpo ou pedir para o receptor colocar suas mãos sobre a região, aplicando, então, energia através das mãos do receptor.

Depois do tratamento é aconselhável agradecer a Deus, numa prece silenciosa, pela oportunidade de ter podido trabalhar como canal divino em benefício de alguém.

A fim de romper a interação de campos áuricos, o terapeuta deverá lavar as mãos com água corrente logo após o término da sessão ou esfregar as mãos vigorosamente e assoprar dentro delas para cortar o contato com a pessoa tratada, fazendo com que o fluxo de energia Reiki cesse. Em último caso, use uma chama de fogo.

O pagamento de terapias é lícito, necessário e correto, no pleno respeito da lei da natureza que requer a livre troca energética. O reikiano cobra pelo tempo dedicado como canal no tratamento, e não pela energia Reiki, que é divina, doada e ilimitada.

Após o tratamento, é comum ambos sentirem uma sensação de paz, um relaxamento intenso e, em alguns casos, um sono profundo. Deixe o receptor repousar certo período de tempo logo depois.

"Não se aprende nada senão pela experiência."

Recomenda-se, após uma sessão, a troca do lençol e que o reikiano descanse, pelo menos, durante quinze minutos, entre uma sessão e outra. O ideal seria meditando.

Conforme já visto, a energia Reiki também pode ser aplicada em animais, sementes, plantas, objetos pessoais, água para consumo, medicamentos, etc.

"O prêmio por uma coisa bem feita é tê-la feito."

CAPÍTULO 10

As posições para aplicação

O método Reiki se adapta às habilidades e interesses daqueles que o praticam. Só em Tóquio existem, pelo menos, cinco diferentes correntes do Reiki, cada uma com seu próprio sabor e individualidade. Na capital japonesa, um grupo de monges budistas utiliza a energia Reiki associada a exercícios de respiração e de meditação; outro a combina com a macrobiótica; outro o associa ao Xintoísmo e por aí afora.

Há muitos sistemas do Reiki, todos derivados do vitorioso método descoberto pelo saudoso Mestre Usui. O Sistema Usui, criado pelo Mestre Hayashi e modificado pela Mestre Takata, é apenas um. Diríamos que é o mais popular no Ocidente. Os sistemas e os mestres do Reiki agem de maneira diferente no tratamento completo, o que não torna um sistema menos eficaz que o outro. Muitos novos sistemas do Reiki estão emergindo e uma mesma quantidade de mestres proclama o "verdadeiro caminho". Pode ser desconcertante para o leigo saber em quem confiar, quem está correto. Buda (620-543 a.C.) orientava seus seguidores para que não aceitassem nada do que Ele ou qualquer mestre dissesse sem que antes vivenciassem e experimentassem, por si mesmos. Surgindo dúvidas a respeito do mestre e de seu método, é importante investigar e examinar cuidadosamente sua eficácia. Uma boa dica é ouvir a voz do

"As estradas que levam à espiritualidade são numerosas e, muitas vezes, o que é bom para um pode não satisfazer o outro."

coração, usando a intuição. Outra dica segura é verificar se existe uma tradição ou linhagem que o leve ao Mestre Usui. A linhagem nos mostra a corrente de transmissão dos ensinamentos, no decorrer do tempo, de um mestre para outro. Nesse caso, saberemos que o método foi repetidamente testado e experimentado por diferentes praticantes, demonstrando vantagens adicionais, segurança, sua eficácia e validade. Não havendo uma história (tradição), não há qualquer garantia. O sistema funcionar com quem cria é muito fácil, o importante é funcionar com todos.

Quando estudei em Tóquio, a principal corrente do método Reiki, a Usui Reiki Gakkai, com sede em Togo Jinga, local sagrado de Harajuko (Tóquio), era chefiada pela sra. Kimiko Koyama, na época com 98 anos. Hoje a chefia está a cargo do sr. Masaki Kondo, que é professor universitário. A sra. Koyama dizia: "A energia é sempre a mesma, em todo lugar, não importa de que país ou filosofia veio".

Para aplicar energia Reiki, da mesma forma que ninguém precisa conhecer anatomia, não é condição essencial entender tudo sobre os chacras ou corpos sutis energéticos (aura), já que a energia, em nosso sistema energético, tende a se mover naturalmente em direção ao equilíbrio. Entretanto, uma coisa importante que o reikiano não deve esquecer é que os chacras (cada um deles) estão ligados a camadas distintas da aura, sendo que cada camada nos toca de forma diferente. As posições, num tratamento básico, têm ações específicas. Se há tempo disponível, mesmo em pessoas saudáveis, é sempre sábio se fazer o tratamento básico completo de aproximadamente setenta minutos de duração. O tratamento básico completo ativa o sistema imunológico, equilibra todo o corpo e gera um efeito profilático que capacita o organismo, por si mesmo, a eliminar os agentes patogênicos. Mesmo que o receptor chegue mencionando um sintoma ou problema localizado, em geral, todo o corpo está fora de equilíbrio. O tratamento completo

"Muitos caminhos levam ao topo da montanha. Todos conduzem até lá, mas nenhum é único."

reduzirá sua queixa. Quando aplicado regularmente, possibilita que a pessoa enfrente os problemas e dificuldades sem estresse. Passamos a reagir apropriadamente em todos os níveis. Começamos a viver mais intensamente, aproveitando cada experiência de forma mais apropriada. O ideal é sempre o tratamento completo. Porém, na impossibilidade de aplicá-lo por inteiro, faça o que estiver ao seu alcance. Pouca energia Reiki é melhor do que nada. Não há qualquer impedimento de fazermos um tempo menor de aplicação, ou mesmo de não fazer todas as posições. Escolha algumas, siga sua intuição, sinta o campo de energia da outra pessoa e saberá o que é mais adequado a cada situação.

Sabemos hoje que Mikao Usui, após a descoberta do método Reiki, utilizava a técnica de forma flexível e intuitiva. Não havia posições convencionais como existem hoje, conforme são ensinadas nos seminários no Ocidente. Após a sua morte (1926), o médico Chujiro Hayashi sistematizou o método, criando posições padronizadas para aplicação de energia Reiki em sua clínica de Tóquio. Essas posições visam trabalhar todos os principais órgãos e glândulas do sistema endócrino que, por sua vez, estão ligados aos sete principais chacras. Com esses chacras devidamente equilibrados, todo o resto do organismo funcionará bem. A Mestre Hawayo Takata não seguiu uma linha tão rígida quanto a do Mestre Hayashi, seu mestre. Ela diminuiu o número de posições para doze e aumentou o tempo de permanência em cada uma delas para cinco minutos, dando sempre muita importância ao tratamento completo. Takata dizia: "Coloque em equilíbrio os órgãos principais e energize-os, e a recuperação acontecerá".

Tive a oportunidade de estudar em diferentes escolas, com onze diferentes professores do método Reiki. Encontrei locais que adotam de doze a vinte e quatro posições básicas. Todos os sistemas são válidos. Aqui, no Instituto Brasileiro de Pesquisas e Difusão do Reiki, seguimos

"Aquele que se atreve a atender
jamais deveria cessar de aprender."

a orientação do Sistema Usui/Tibetano, ensinado pelo mestre do Reiki norte-americano William Lee Rand. São quatorze posições básicas: quatro na cabeça, quatro na frente, quatro nas costas e duas nos pés.

Você poderá ser solicitado a ministrar Reiki numa pessoa presa a uma cama de hospital, às vezes entubada, ou em pessoas com queimaduras de terceiro grau ou feridas abertas (ocasiões em que o toque é desaconselhável, por causa do desconforto e do risco de contaminação). O receptor pode estar impossibilitado de se virar na cama. Nesses casos, trate apenas a parte do corpo a que você tem acesso e deixe de lado as posições de difícil acesso. Lembre-se que cada célula está intimamente ligada a todas as demais. Nosso corpo físico não pode ser separado em partes, como se funcionassem independentemente das demais. Aqui entra a fantástica habilidade da energia Reiki se deslocar de célula para célula, possibilitando os efeitos de um tratamento completo com as mãos numa única posição. Muitas vezes, segurando somente um pé ou uma das mãos, num certo espaço de tempo o corpo inteiro se inundará com a energia necessária para que a recuperação aconteça. Essa particularidade da energia Reiki torna-se importante quando temos de energizar alguém em local público, como em uma reunião. Aí, por exemplo, podemos colocar nossa mão no ombro do receptor e permitir que a energia Reiki faça o resto. Procure conversar com as pessoas tocando-as no ombro e você perceberá isso. Reiki é uma força inteligente, o sistema de energia do receptor a capta e transfere, automaticamente, para a área do corpo onde seja mais necessária, e não apenas para o local onde as mãos estão pousadas. A energia caminha, inteligentemente, para onde esteja sendo mais solicitada. Trabalhando num único ponto, todo o sistema é beneficiado pelo fato dos chacras estarem interligados uns aos outros. Entretanto, se tivermos que escolher uma posição somente, o ideal é posicionar as mãos onde o receptor reclama de dor ou desconforto. Considerando

> *"Se estivermos em dúvida ao aplicar a energia Reiki, confiemos em nossas mãos."*

que a energia Reiki se desloca para onde ela é mais necessária, a maioria dos reikianos não perde tempo criando posições extras, a não ser que haja um bom motivo para isso. Por exemplo: uma pessoa informa estar com dores nos joelhos. Se você não aplicar um tempo extra na região, ela poderá sentir-se negligenciada, mesmo que você tenha dito que a energia se moveu automaticamente para lá. Posições extras dependerão dos sintomas físicos, local onde você concentrará mais tempo e energia (fratura, corte, lesão, dores, estiramentos, inflamações, etc.).

Após a iniciação no Nível 1 do Reiki, o reikiano começa a aumentar sua intuição em todos os sentidos. Porém, antes que isso aconteça (esse despertar interior), você pode se ater a conceitos racionais, permanecendo cerca de cinco minutos em cada posição. Com o passar do tempo, essa orientação se tornará supérflua, mas isso poderá demandar um bom período até suas mãos começarem a ouvir sobre as necessidades de seu receptor e a falar sobre elas.

Nenhuma sessão do Reiki é conduzida por mim igualmente, e o mesmo ocorrerá com você. Cada indivíduo tem necessidades diferentes e atrairá um volume de energia Reiki em áreas distintas. Existem poucas regras absolutas a serem observadas na prática. A Mestre Hawayo Takata, introdutora do método Reiki no Ocidente, não adotava uma sequência rígida nas posições. Seus alunos diziam que havia vezes em que começava uma sessão pela cabeça, outras ocasiões iniciava pelo abdômen. Ela dizia que o mais importante era que o receptor recebesse energia Reiki no corpo inteiro. Entretanto, existe consenso de que o melhor é começar pela cabeça. Inicie a sessão pelos olhos, na primeira posição da cabeça, prosseguindo pela frente. A seguir, o receptor deve se virar de barriga para baixo e ser tocado nas costas e, por último, nos pés (essa posição não é usada no Sistema Usui). Apesar de as posições das costas refletirem a posição correspondente da parte anterior do tronco, aplicar energia

"Reiki funcionará apenas se você usá-lo."

Reiki nas costas é muito importante porque os chacras (do segundo ao sexto) trabalham aos pares, com o vórtex anterior ligado ao posterior. Esse equilíbrio é muito importante, muitos têm tensões musculares nas costas por excesso de responsabilidade. Há pessoas que parecem querer carregar o mundo nas costas, o que causa, muitas vezes, dores crônicas. Tenha cuidado ao posicionar as mãos na região do pescoço e na área próxima às narinas, para não prejudicar a respiração do receptor, gerando-lhe desconforto. Mantenha certa distância da pele (cerca de dois centímetros) e faça o mesmo ao tratar as partes íntimas do receptor.

Não é minha intenção apresentar a maneira certa, melhor ou mais apropriada de um tratamento completo. Cada reikiano, com o tempo, acaba criando um repertório próprio, de acordo com sua orientação interior. Lembre-se que não há nada certo nem errado na maneira de canalizar a energia. Reiki errado é aquele que não foi aplicado. Não existe uma forma errada de ministrá-lo, porque a energia flui justamente para onde é necessária. Apresentar uma sequência bem coordenada, que sirva de base ao reikiano, é o meu propósito neste capítulo. Uma observação válida é que o reikiano não precisa imitar as posições com exatidão. Em meus seminários, costumo comparar a aplicação à colocação de óleo de cozinha numa frigideira: você pode derramá-lo em qualquer ponto e o resultado será o mesmo, o óleo se espalhará por toda a base da panela. Idêntico raciocínio podemos usar no método Reiki, no que diz respeito ao local de imposição das mãos. Não existe problema, também, se você cobre uma posição com a mão esquerda ou direita, uma vez que estamos trabalhando com uma energia sem polaridade.

Aplicando numa outra pessoa ou em si próprio, as posições são as mesmas. A seguir, indico minha proposta de sequência para um tratamento básico completo.

"Que maravilhosa surpresa é entender algo que a gente havia decorado."

Região da cabeça

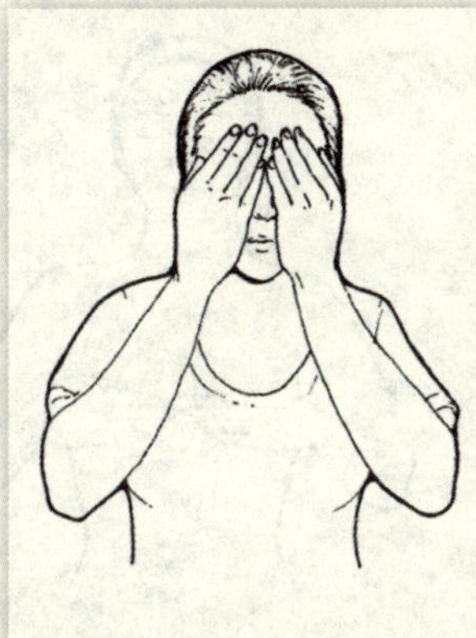

Primeira posição da cabeça

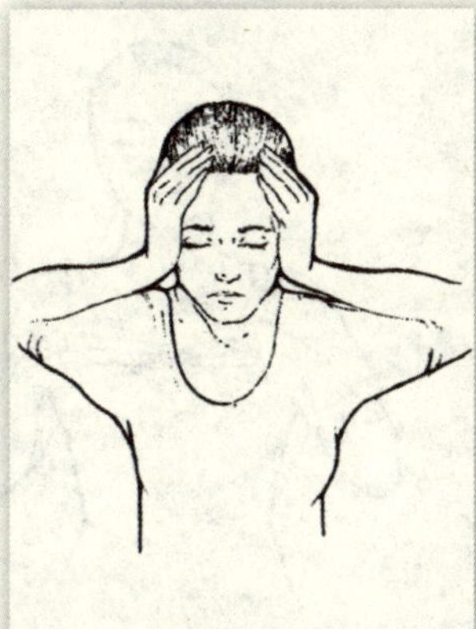

Segunda posição da cabeça

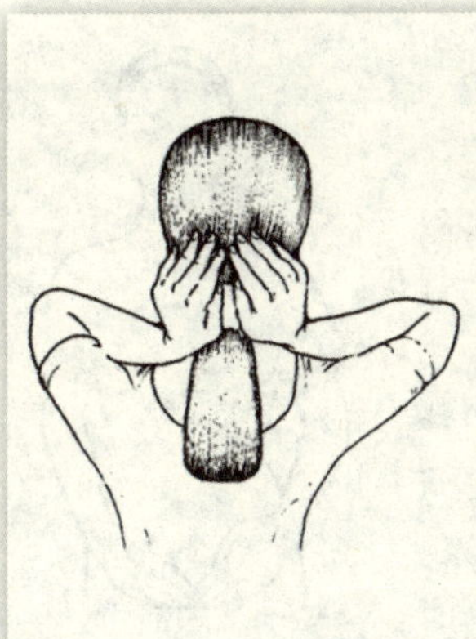

Terceira posição da cabeça

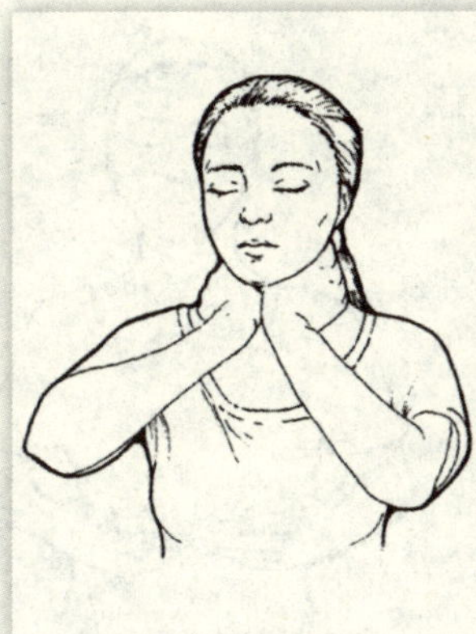

Quarta posição da cabeça

"O segredo da felicidade
é amar o dever e fazer dele um prazer."

Região da frente

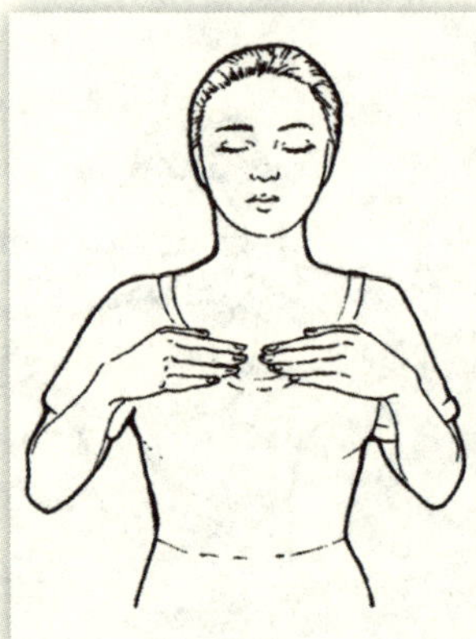

Primeira posição da frente

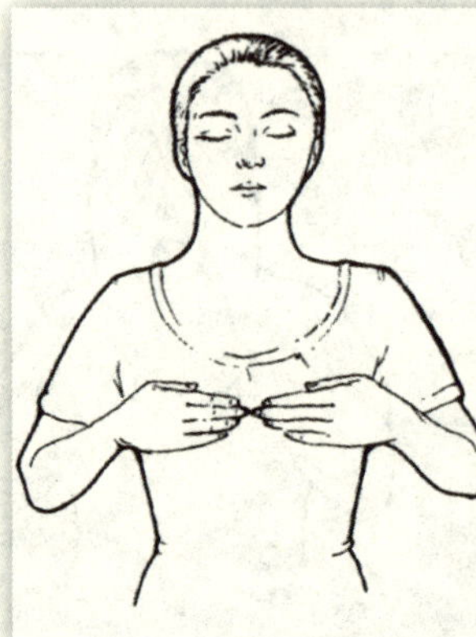

Segunda posição da frente

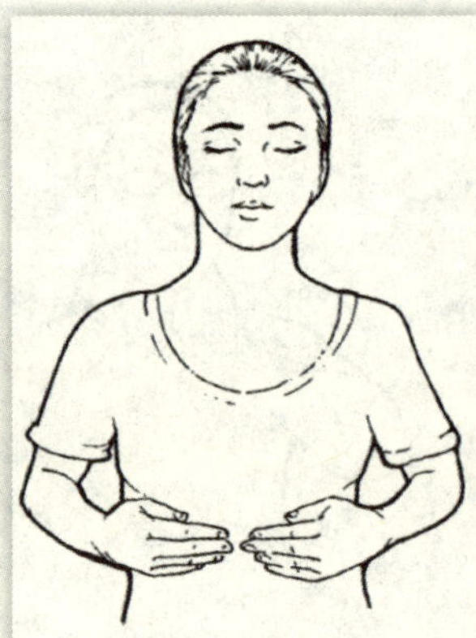

Terceira posição da frente

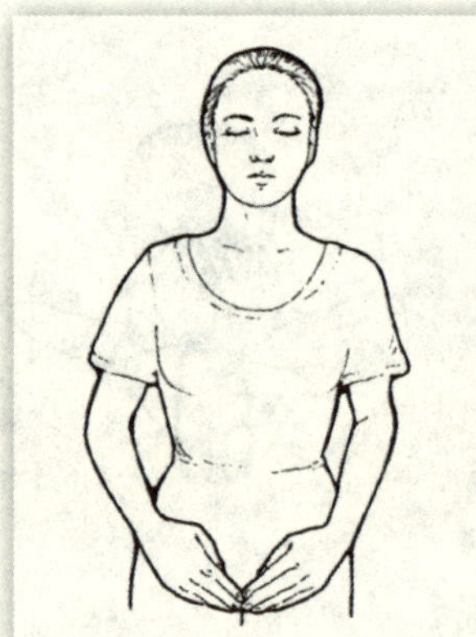

Quarta posição da frente

"Em vão buscaremos ao longe a felicidade, se não a cultivarmos dentro de nós mesmos."

Região das costas

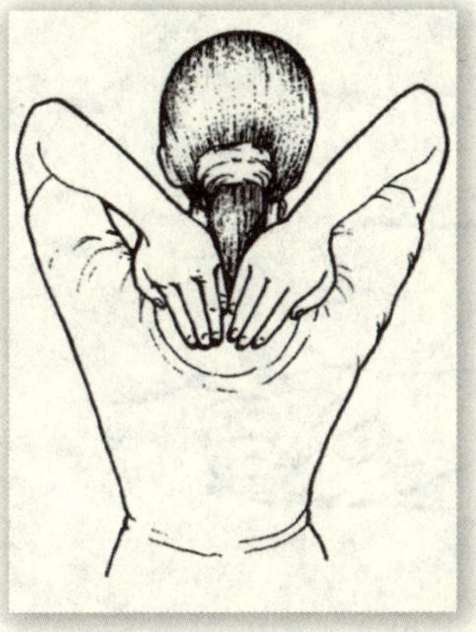

Primeira posição das costas

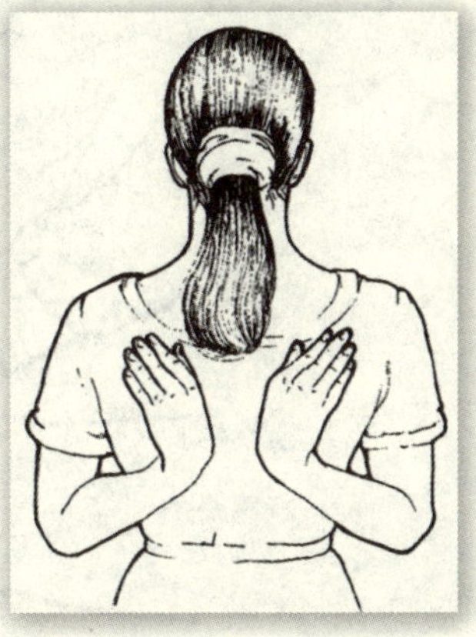

Segunda posição das costas

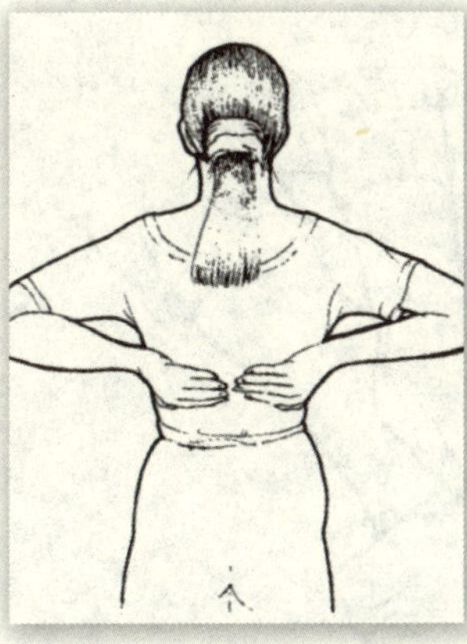

Terceira posição das costas

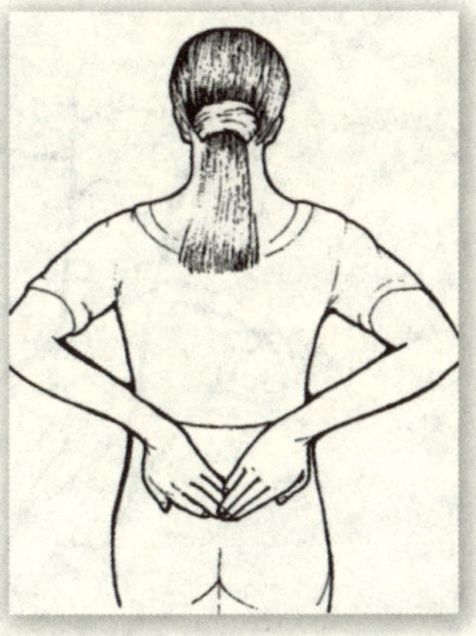

Quarta posição das costas

"Deus nunca nos dá problemas cujas soluções não estão ao nosso alcance."

Região dos pés

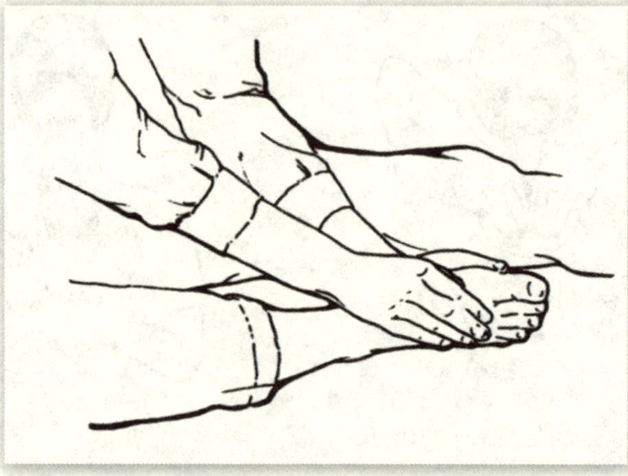

Primeira posição dos pés

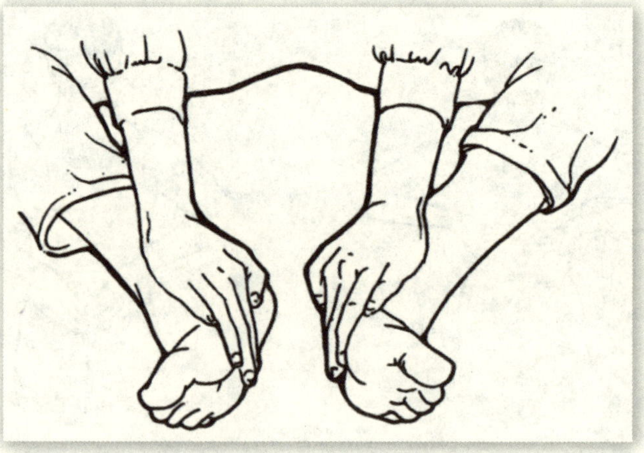

Segunda posição dos pés

"Tudo é necessário e tudo passa."

10.1 Região da cabeça

10.1.1 Primeira posição da cabeça

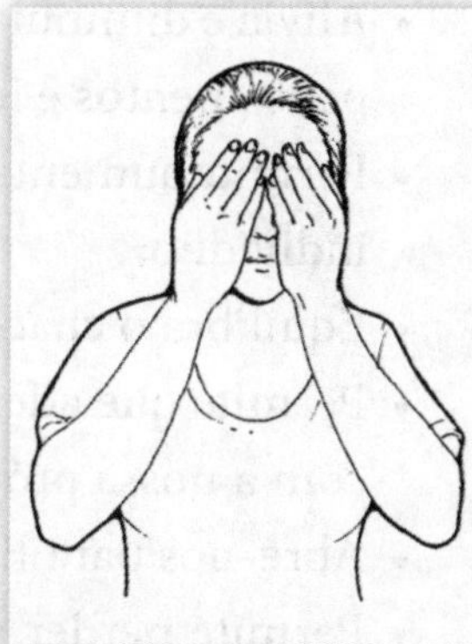

- Trabalha qualquer problema com os olhos, visão, claridade (fotofobia), glaucoma, catarata, lesões, irritações e pálpebras;
- Trata problemas no nariz, rinite alérgica, carne esponjosa, desvio do septo, congestão respiratória;
- Trata problemas com os maxilares, mandíbula, gengivas, dentes, pH das mucosas e da boca. Problemas na cavidade óssea (sinusite). Dor de cabeça, enxaqueca, derrames, alergia, resfriados e asma;
- Equilibra a glândula pituitária, também denominada hipófise. Ela se localiza no centro do crânio, sobre a sela turca e é considerada a principal entre todas as glândulas, pois tem como função o equilíbrio do sistema de todo o corpo, exercendo função de comando sobre as demais glândulas. A glândula pituitária é a glândula-mestra do sistema endócrino. Influi no crescimento, no desenvolvimento sexual, na fadiga, na gravidez, na lactação, no metabolismo, nas dosagens de açúcar e minerais do sangue, na retenção de fluidos e nos níveis de energia;
- Equilibra a glândula pineal, que também se denomina epífise. Essa glândula localiza-se na altura da base do crânio, é pequena, do tamanho de uma ervilha, responde aos níveis de luz que os olhos percebem, graças à secreção do hormônio melatonina. Tem um importante papel no estado de ânimo. Muitos fazem referência a essa glândula chamando-a de terceiro olho, glândula da intuição ou da paranormalidade;

"Nossas ações terminam sempre por traduzir nossos pensamentos."

- Reduz o estresse;
- Alivia a ansiedade;
- Proporciona relaxamento, inclusive em nível neurológico;
- Alivia e diminui a confusão mental, gerando equilíbrio e clareza de pensamentos e ideias;
- Permite aumentar a capacidade de concentração e centralização do indivíduo;
- Equilibra o chacra frontal *(ajna)*;
- Permite que adentremos nosso eu interior e estejamos em contato com a nossa própria sabedoria;
- Abre-nos para Energias Superiores;
- Permite perder a sensação de dualidade e alcançar a sensação de unicidade com as leis divinas;
- Amplia e ajuda a purificar a consciência;
- Beneficia o plano da devoção espiritual, favorecendo a meditação e o estado de concentração.

10.1.2 Segunda posição da cabeça

- Trabalha diretamente com o cérebro, equilibrando os lados direito e esquerdo, incentivando a produção, criatividade, pensamentos e memória;

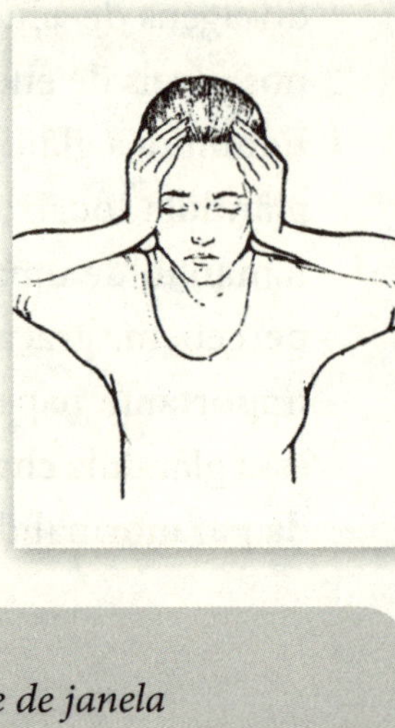

- Equilibra as glândulas hipófise e pineal;
- Trabalha a disritmia cerebral, convulsões e aneurismas;
- Alivia rapidamente dores de cabeça e enxaqueca;
- Auxilia na recuperação de pessoas que estejam drogadas ou alcoolizadas;
- Reduz preocupações, histeria e estresse;

> *"A consciência é uma janela. Uma espécie de janela que permite que você veja tudo."*

- Ajuda a aliviar depressão, angústia e medos (todos os estados patológicos de pânico);
- Promove relaxamento;
- Equilibra a pessoa nos casos em que predominam a emoção ou a razão;
- Trabalha doenças mentais (psicoses, neuroses, esquizofrenia);
- Desenvolve clareza de pensamentos, serenidade, estimula rapidez de respostas;
- Estimula uma visão mais clara da vida e dos problemas;
- Aumenta a capacidade de receber Energias Superiores;
- Expande a consciência e a interação com a sabedoria cósmica (registro *akásico*);
- Promove a lembrança de sonhos e vivências anteriores *(insights)*.

10.1.3 Terceira posição da cabeça

- Harmoniza o funcionamento da glândula pituitária ou hipófise;
- Trabalha com a medula e o cérebro;
- Abrange a base do cérebro harmonizando as funções desempenhadas pelo cerebelo, que se encontra na parte posterior da cavidade craniana;
- Diminui a tensão do pescoço e descontrai a parte superior das vértebras cervicais;
- Regula o sono, ajuda a dormir ou a acordar;
- Trabalha o lobo occipital que se encontra na parte posterior do cérebro, onde se localizam os centros da visão;
- Regula o peso e a fome;
- Atua em problemas relacionados com a fala e gagueira;

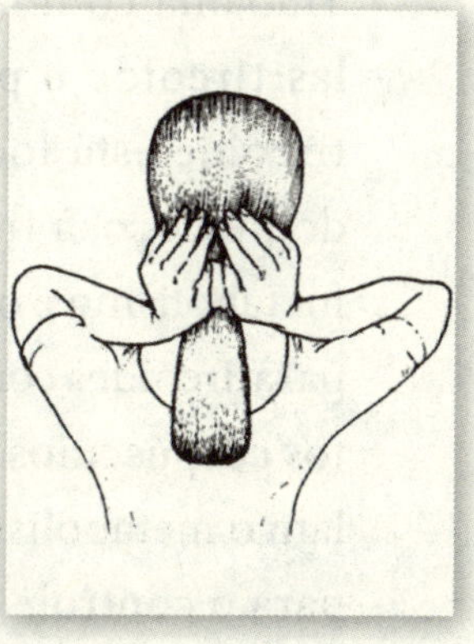

"Decida-se a sorrir. Seja conhecida como uma pessoa feliz, agradável e alegre."

- Alivia dores de cabeça na base do crânio;
- Trabalha pessoas que estão em estado de choque por acidente, em coma ou desmaiadas;
- Trabalha qualquer vício, diminuindo a compulsão;
- Trabalha a coordenação e equilíbrio (labirintite);
- Desenvolve bem-estar, relaxamento e tranquiliza os pensamentos;
- Diminui estresse, depressão, irritações, preocupações, tremores e traumas;
- Clareza de expressão de pensamento e ideias;
- Promove serenidade, criatividade e produtividade;
- Trabalha o chacra frontal *(ajna)* em sua parte posterior;
- Expande o recebimento de Energias Superiores;
- Propicia a lembrança de sonhos e vidas passadas;
- Leva a aberturas do terceiro olho, desenvolvendo os instintos (olhos e ouvidos internos) e a paranormalidade (capacidade de entrar em estado alterado de consciência, projeção astral, clarividência, clariaudiência, telepatia, psicografia, etc.).

10.1.4 Quarta posição da cabeça

- Trabalha com o metabolismo, as glândulas tireoide e paratireoides. A glândula tireoide está localizada no terço inferior do pescoço, à frente da traqueia. Regula o metabolismo e o crescimento. As glândulas paratireoides consistem em quatro diminutos corpúsculos ligados à tireoide. Controlam o metabolismo do cálcio, contribuindo para o controle do tônus muscular;

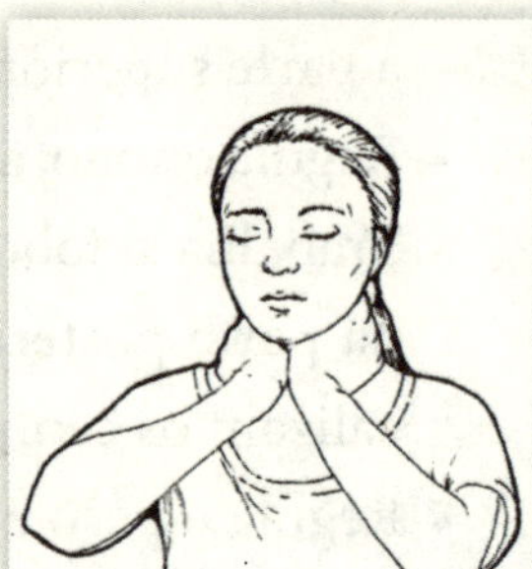

> *"Decida-se a ser pacífico. Ligue e mantenha ligados os botões que expressam a serenidade e a tolerância."*

- Trabalha os maxilares, mandíbulas, amídalas, garganta e faringe;
- Trabalha as glândulas salivares;
- Trabalha a drenagem linfática e gânglios cervicais superiores;
- Equilibra a pressão sanguínea (alta e baixa);
- A garganta é um centro da expressão, criatividade e comunicação;
- Trabalha neutralizando emoções como raiva, hostilidade, ressentimentos, nervosismo e medo do fracasso;
- Desenvolve autoestima e autoconfiança;
- Desenvolve calma, relaxamento, diminuição do senso crítico, bem-estar, clareza, estabilidade mental, tranquilidade e prazer de viver;
- Trabalha o chacra laríngeo *(vishuda)*;
- Ajuda a manter uma sintonia com a espiritualidade de forma mais criativa e sincera.

10.2 Região da frente

10.2.1 Primeira posição da frente

- Trabalha com o coração, circulação, veias e artérias que saem do coração;
- Harmoniza os pulmões na parte superior e as funções dos brônquios;
- Abrange parte da traqueia;
- Auxilia a drenagem linfática;
- Equilibra o timo que, na infância, desempenha importantes funções endócrinas e imunitárias. Embora regrida no adulto, sua influência sobre o organismo continua a ser sentida no que concerne à imunologia;

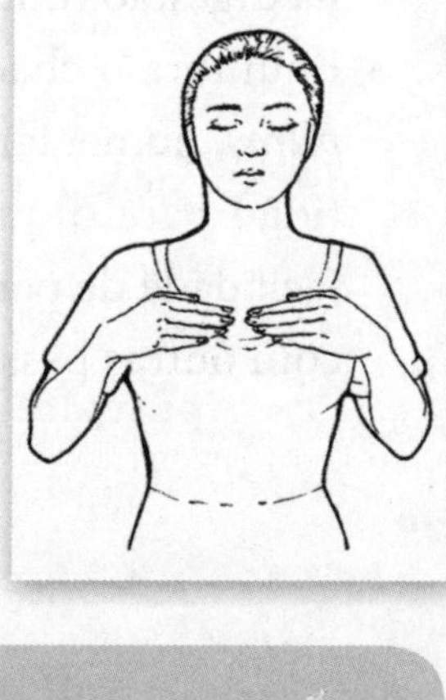

"Três atitudes bloqueiam o ser: o negativismo, o julgamento e o desequilíbrio."

- Essa região é o centro energético emocional do corpo que, estando equilibrada, controla o envelhecimento, evitando o envelhecimento precoce;
- Trabalha raiva, ressentimentos, ciúme, amargura e hostilidade;
- Reduz o estresse;
- Desenvolve felicidade, autoconfiança, prazer e harmonia;
- Desenvolve serenidade, centralização, tranquilidade, relaxamento e calma para que possamos enfrentar os problemas do cotidiano;
- Desenvolve o amor incondicional aos semelhantes e ao mundo.

10.2.2 Segunda posição da frente

- Equilibra as funções do fígado, estômago, baço, vesícula biliar, pâncreas e diafragma;
- Alivia o estresse;
- Gera relaxamento, segurança e sentimento de satisfação;
- Posição importante para períodos de mudanças bruscas de vida, fazendo com que aceitemos ideias diferentes;
- Gera centralização, calma, serenidade, relaxamento e clareza de pensamento. Com a mente equilibrada, os órgãos envolvidos na digestão funcionam melhor;
- Equilibra o chacra do plexo solar *(manipura)*, aumentando nossa resignação, gratidão para o que é e o que se tem. Gera facilidade de partilhar nosso mundo físico com outras pessoas.

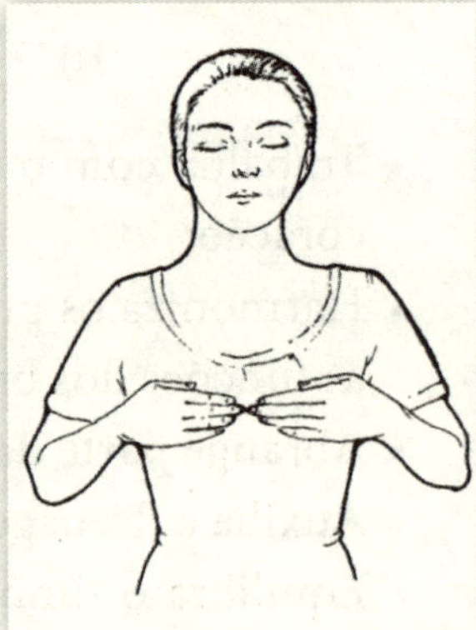

"No coração está centrado o mais sagrado dos chacras."

10.2.3 Terceira posição da frente

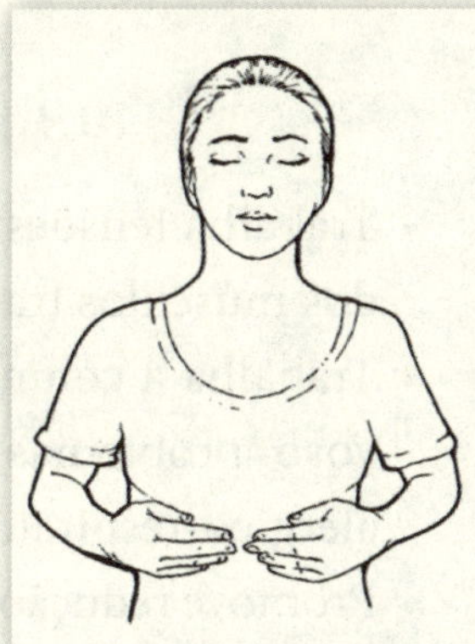

- Trabalha equilibrando as funções do pâncreas, bexiga, sistema reprodutor (ovário, útero, trompas), apêndice, intestino delgado, duodeno e cólon, parte inferior do fígado, baço e vesícula biliar;
- Reduz estresse, histeria, frustrações, ansiedade, medos, depressão, amargura e repressão das emoções;
- Melhora a autoestima e a autoconfiança;
- Diminui a confusão mental e o desequilíbrio;
- Equilibra o chacra umbilical *(svadhishthana)*.

10.2.4 Quarta posição da frente

- Trabalha com a vesícula, intestinos, ovários, útero, próstata, vagina, energia sexual (orgasmo);

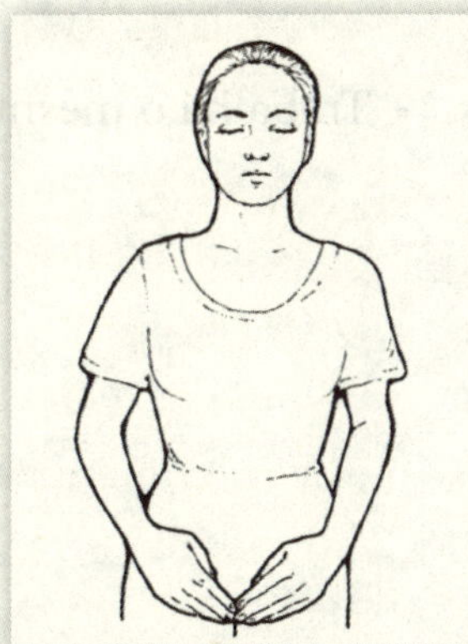

- Desenvolve respostas emocionais saudáveis para a vida sexual, quebrando padrões e pensamentos rígidos relacionados à sexualidade;
- Reduz ansiedade, nervosismo e pânico;
- Trabalha todo tipo de vício;
- Promove a criatividade, melhorando a flexibilidade e capacidade de adaptação;
- Equilibra o chacra básico *(muladhara)*.

"Quando você se desaponta consigo mesmo está apagando sua luz."

10.3 Região das costas

10.3.1 Primeira posição das costas

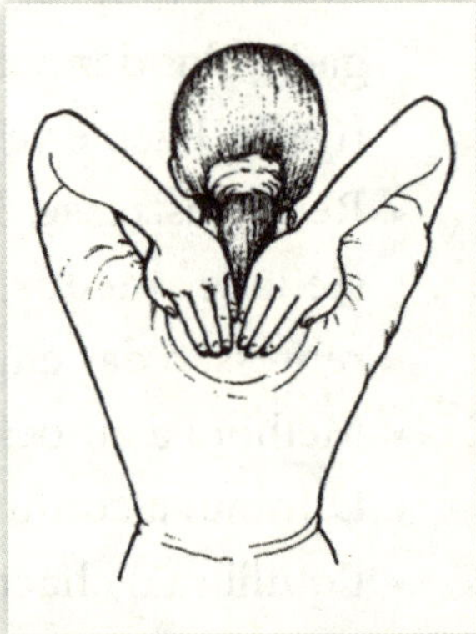

- Trabalha tensões e contraturas frequentes dos músculos trapézio e lombar;
- Trabalha a coluna vertebral, sistema nervoso, problemas nos pulmões e doenças alérgico-respiratórias;
- Promove redução do estresse, relaxamento, diminuição de tensões, gerando autoconfiança e tranquilidade;
- Desenvolve serenidade, centralização e estabilidade;
- Favorece a recepção de Energias Superiores.

10.3.2 Segunda posição das costas

- Trabalha o mesmo que a segunda posição da frente.

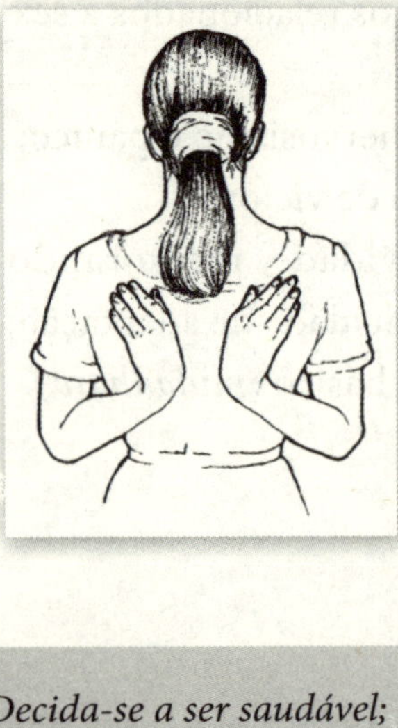

"Decida-se a ser saudável;
acorde toda manhã com gratidão e não permita
qualquer pensamento de doença. Nunca!"

10.3.3 Terceira posição das costas

- Trabalha o mesmo que a terceira posição da frente, mais as glândulas suprarrenais e rins.

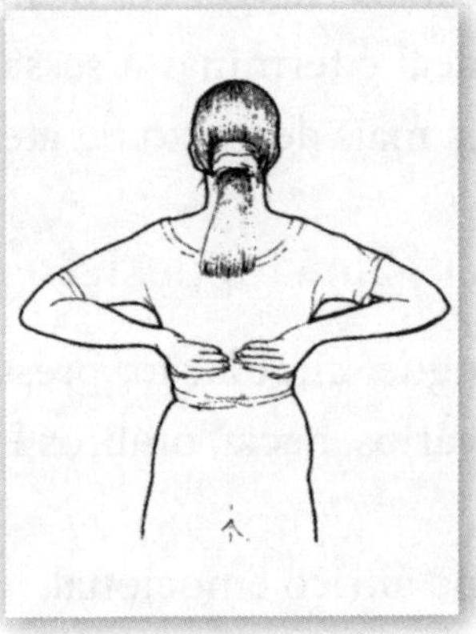

10.3.4 Quarta posição das costas

- Trabalha o mesmo que a quarta posição da frente, mais o cóccix e os nervos.

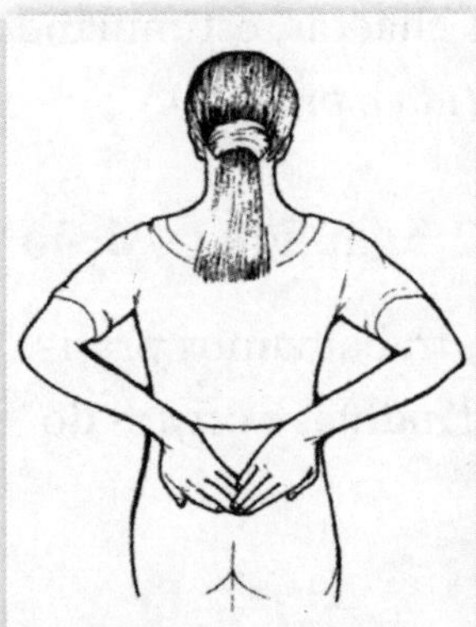

"Fica sempre um pouco de perfume nas mãos que oferecem rosas."

10.4 Região dos pés

- Nos pés temos os pontos reflexos que estão ligados a todas as regiões e aos órgãos do corpo, que, ao serem tratadas com a energia Reiki, desbloqueiam os canais energéticos de ligação, facilitando o fluir da energia vital. O ideal é terminar a sessão de Reiki pelos pés, para que o receptor saia mais desperto ou aterrado.

10.4.1 Primeira posição dos pés

- Trabalha com sangue, circulação, pressão sanguínea, diafragma, garganta, seios, ovários, bacia, ombros e praticamente todo o resto do corpo;
- Harmoniza o corpo áurico emocional, sendo uma posição-chave para momentos de dúvidas e decisões importantes;
- Harmoniza o corpo áurico mental, gerando mais equilíbrio e centralização;

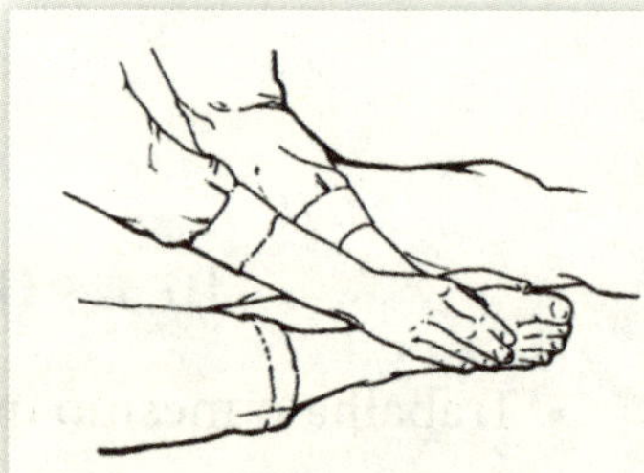

- Harmoniza o corpo áurico astral, equilibrando a velocidade normal dos sete principais chacras, estimulando e coordenando os movimentos dos *nadis (ida e pingala).*

10.4.2 Segunda posição dos pés

- Na planta dos pés, trabalhamos praticamente todas as glândulas e órgãos do corpo;

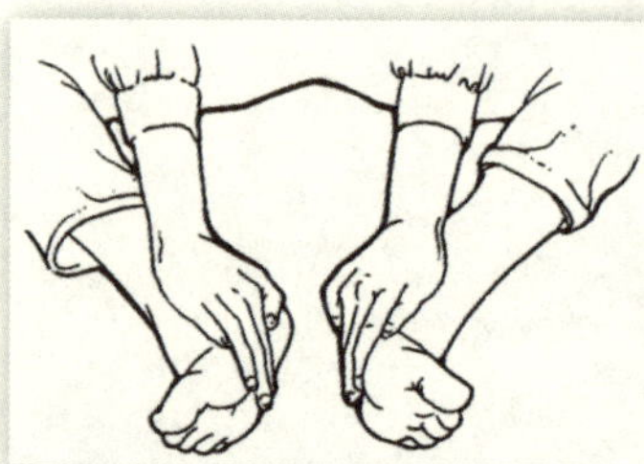

"A raiva é a causa primordial da desarmonia."

10.4.3 Localização dos pontos reflexos

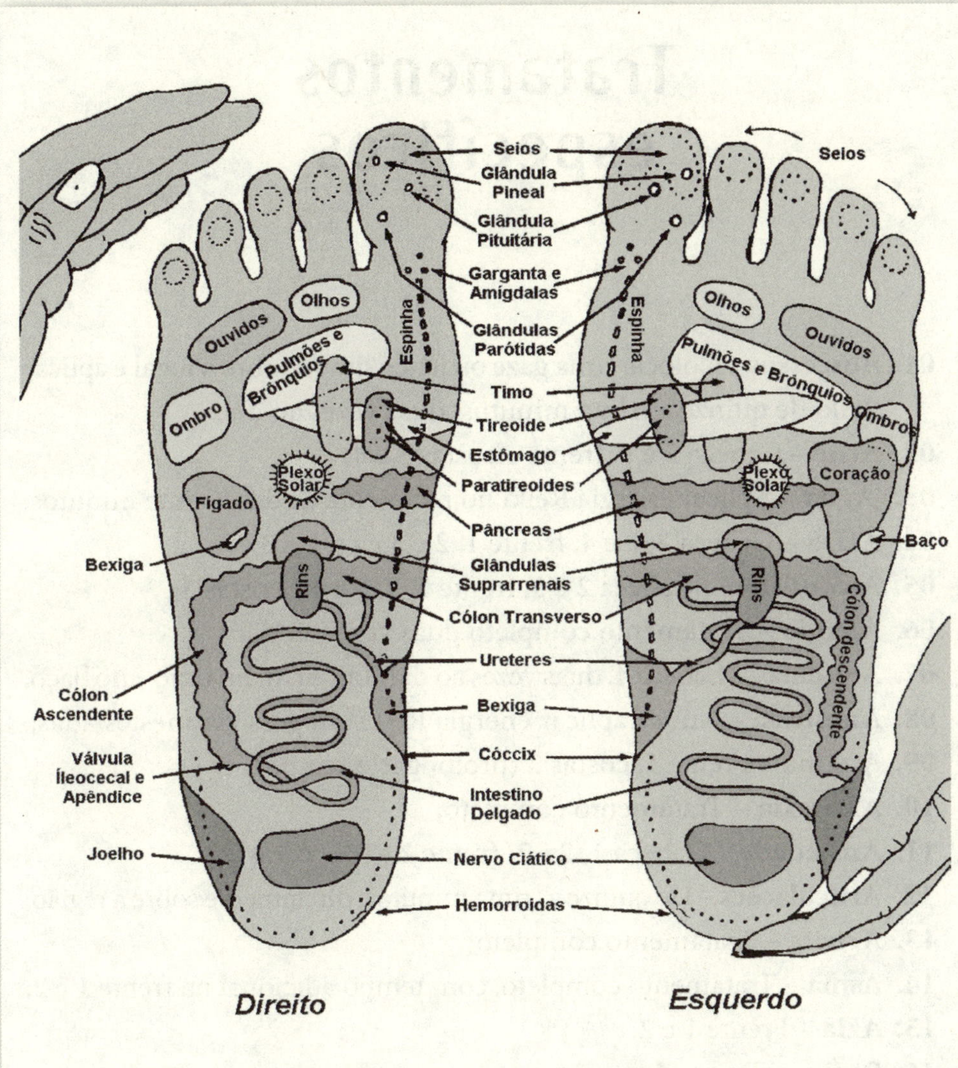

(in: BRENNAN, B., 1987, 276 – modificado)

"A vida é uma escola onde são mestras as vivências."

CAPÍTULO II

Tratamentos específicos

01. Abscessos – Colocar uma gaze ou lenço limpo sobre o local e aplicar Reiki de quinze a trinta minutos, duas vezes ao dia;

02. Acne – Cabeça 2 e 3, frente e costas 3 e 4;

03. Água – Aplicar energia Reiki no recipiente de dez a vinte minutos;

04. AIDS – Cabeça 2, 3 e 4, frente 1, 2 e 3 e costas 3 e 4;

05. Alcoolismo – Cabeça 2 e 3, frente 1, 2, 3 e 4 e costas 3;

06. Alergia – Tratamento completo duas vezes ao dia;

07. Amídalas – Cabeça 4, duas vezes ao dia. Também, no timo e no baço;

08. Anestesia – Nunca aplicar energia Reiki em pessoas anestesiadas;

09. Angina – Frente 1, costas 2 (prolongar o tempo);

10. Anorexia – Tratamento completo;

11. Ansiedade – Cabeça 1, 2 e 3, frente 2 e 3 e costas 3;

12. Articulações – De quinze a trinta minutos, diretamente sobre a região;

13. Artrite – Tratamento completo;

14. Asma – Tratamento completo, com tempo adicional na frente 1 e 2;

15. Azia – Frente 1 e 2;

16. Bexiga – Frente 4 e costas 4;

17. Bronquite – Frente 1 e 2, costas 1, 2 e 3;

18. Bulimia – Cabeça 2 e 3, frente 3 e costas 3;

"O tempo passado com seus filhos nunca é desperdiçado."

19. **Bursite** – Uma das mãos no ombro e outra no cotovelo, de quinze a trinta minutos, duas vezes ao dia;
20. **Cãibras** – Direto no local quinze minutos;
21. **Calafrios** – Tratamento completo;
22. **Câncer** – Em complemento à quimioterapia, cabeça 3 e 4, frente 1 e 3 e costas 3;
23. **Cefaleia** – Cabeça 1, 2 e 3, frente 3 e 4;
24. **Cérebro** – Cabeça 1, 2 e 3;
25. **Cicatriz** – Diretamente no local, de quinze a trinta minutos;
26. **Ciúmes** – Cabeça 1, 3 e 4, frente 1 e 3 e costas 3;
27. **Cólica** – Uma das mãos sobre o estômago e a outra logo abaixo;
28. **Coluna** – Uma das mãos na base, outra na região cervical. Percorrer a coluna com imposições sequenciais, até as duas se encontrarem no centro, cinco minutos em cada ponto;
29. **Coma** – Cabeça 1, 2 e 3, frente 1, 2 e 3 e costas 3;
30. **Coração** – Frente 1 e costas 2;
31. **Costas** – Frente 4, costas 4, sobre as dores;
32. **Culpa (sentimento de)** – Cabeça 1 e 3 e frente 1 e 3;
33. **Decepção/desilusão** – Cabeça 1, 2 e 3 e frente 1 e 3;
34. **Dentes** – Direto sobre o problema;
35. **Depressão** – Cabeça 2 e 3, frente 1 e 3 e costas 1, 2 e 3;
36. **Desânimo** – Cabeça 2, 3 e 4, frente 1 e 3 e costas 3;
37. **Diabetes** – Tratamento completo;
38. **Diarreia** – Frente 4 e costas 4;
39. **Digestão** – Frente 2, 3 e 4 e costas 3 e 4;
40. **Diverticulite** – Frente 3 e 4 e costas 3 e 4;
41. **Doenças crônicas** – Tratamento completo diariamente;
42. **Dores** – Diretamente sobre a região;
43. **Drogas (vícios)** – Cabeça 2 e 3 e frente 1, 2 e 3;

"Carma não é vingança;
a vingança não espera a vítima crescer,
nem se preocupa com sua melhoria."

44. **Eczema** - Cabeça 2 e 3, frente 2 e 3, costas 3; sobre o local;
45. **Envelhecimento precoce** - Cabeça 1, 3 e 4 e frente 1;
46. **Enxaqueca** - Cabeça 1, 2 e 3 e frente 3 e 4;
47. **Esclerose (múltipla)** - Tratamento completo;
48. **Esquizofrenia** - Cabeça 1, 2 e 3, frente 1, 2 e 3 e costas 3;
49. **Fadiga** - Cabeça 1, 3 e 4, frente 1 e 3 e costas 3;
50. **Febre** - Cabeça 3 e 4 e costas 3;
51. **Feridas** - Diretamente no local (cobrir com uma gaze);
52. **Ferroadas/picadas** - Diretamente sobre a região;
53. **Fígado** - Frente 2 e 3 e costas 3;
54. **Fobias** - Cabeça 1, 2, 3 e 4, frente 1 e 3 e costas 3;
55. **Fraturas** - Diretamente no local após engessar;
56. **Fumar (vício)** - Tratamento completo;
57. **Garganta** - Cabeça 4. Também, no timo e no baço;
58. **Glândulas salivares** - Cabeça 4;
59. **Glaucoma** - Cabeça 1, 2 e 3;
60. **Gota** - Cabeça 2 e 3, frente 2 e 3 e costas 3;
61. **Gravidez** - Cabeça 2 e 3, frente 1, 2, 3 e 4 e costas 3 e 4;
62. **Gripe/resfriado** - Tratamento completo;
63. **Hemorroidas** - Frente 4 e costas 4;
64. **Hepatite** - Tratamento completo;
65. **Herpes** - Direto sobre a região afetada;
66. **Hipertensão** - Cabeça 2, 3 e 4, frente 2 e 3 e costas 3 e 4;
67. **Impaciência** - Cabeça 2 e 3 e frente 1;
68. **Impotência** - Cabeça 2 e 3, frente 3 e 4 e costas 3;
69. **Indigestão** - Frente 1, 2 e 3;
70. **Infecções** - Cabeça 2, frente 2 e 3, costas 3 mais imposição sobre a região afetada. Também, no timo e no baço;
71. **Insônia** - Cabeça 2 e 3;

> *"O pior de todos os defeitos é não termos consciência deles."*

72. **Joanetes** – Direto sobre o local;
73. **Joelhos** – Direto sobre a região;
74. **Laringe** – Cabeça 4;
75. **Leucemia** – Tratamento completo, duas vezes ao dia;
76. **Lúpus** – Tratamento completo, duas vezes ao dia;
77. **Mágoa** – Cabeça 4, frente 1 e 3 e costas 3;
78. **Mal de Alzheimer** – Cabeça 1, 2 e 3;
79. **Malária** – Tratamento completo, duas vezes ao dia;
80. **Mandíbula, maxilar, queixo** – Direto na área afetada;
81. **Memória** – Cabeça 1, 2 e 3;
82. **Músculos** – Direto sobre a região;
83. **Menopausa** – Tratamento completo, para equilibrar o sistema endócrino;
84. **Nariz** – Direto sobre a região. Também, no timo e no baço;
85. **Náusea** – Cabeça 2 e 3, frente 1 e costas 3;
86. **Nervosismo** – Cabeça 2 e 3, frente 3 e costas 3;
87. **Nervo ciático** – Uma das mãos no glúteo parada, a outra percorrerá a perna da planta do pé até se encontrar com a outra, em posições sequenciais, mantendo cinco minutos em cada ponto. Fazer nas duas pernas;
88. **Neurose** – Cabeça 1, 2 e 3, frente 3 e costas 3;
89. **Obesidade** – Cabeça 1, 3 e 4, frente 2 e 3 e costas 3;
90. **Olhos** – Cabeça 1, 2 e 3;
91. **Ouvidos** – Direto sobre a região, colocar o dedo médio levemente no canal auditivo. Também, no timo e no baço;
92. **Ovários** – Frente 4;
93. **Pâncreas** – Cabeça 1, 2 e 3, frente 2 e 3 e costas 3 e 4;
94. **Pânico (síndrome.** – Cabeça 1, 2 e 3, frente 1 e 3 e costas 3;
95. **Paralisia** – Tratamento completo, duas vezes ao dia;

"Como melhoram as coisas
depois que começamos a gostar delas!"

96. **Paralisia cerebral** – Tratamento completo;
97. **Paralisia facial** – Cabeça 4, maçã do rosto, queixo e atrás das orelhas;
98. **Paranoia** – Cabeça 4, frente 1 e 3 e costas 3;
99. **Parkinson (mal de)** – Tratamento completo, duas vezes ao dia;
100. **PMD (Psicótico maníaco depressivo)** – Cabeça 2 e 3, frente 3 e costas 3;
101. **Pneumonia** – Tratamento completo duas vezes ao dia;
102. **Pressão alta** – Cabeça 4 e frente 1;
103. **Pressão baixa** – Cabeça 4 e frente 1;
104. **Punhos** – Diretamente sobre a região;
105. **Raiva** – Cabeça 2, 3 e 4 e frente 1, 3;
106. **Rejeição (sentimento de)** – Cabeça 2 e 3, frente 1 e 3 e costas 3;
107. **Ressaca** – Cabeça 1, 2 e 3, frente 2 e 3 e costas 3;
108. **Rins (pedras)** – Costas 3;
109. **Sangramento** – Direto sobre a região;
110. **Sangramento nasal** – Polegar na parte inferior do nariz, o indicador na parte superior, a outra mão na base da cabeça;
111. **Seios** – Direto sobre a região;
112. **Síndrome de Down** – Tratamento completo;
113. **Sinusite** – Direto sobre a região, duas vezes ao dia;
114. **Surdez** – Cabeça 4 e sobre o ouvido;
115. **Testículos** – Direto sobre a região;
116. **Timo** – Frente 1;
117. **Tireoide** – Cabeça 4;
118. **Tontura** – Cabeça 2 e 3, frente 3 e 4 e costas 3;
119. **Tosse** – Cabeça 4, frente 1, 2 e 3 e costas 2 e 3. Também, no timo e no baço;
120. **Tumores** – Cabeça 1, 2 e 3, frente 3, costas 3 e sobre a região afetada;
121. **Úlcera** – Direto sobre a região, no mínimo duas vezes ao dia;

"Os milagres acontecem no momento certo.
Esteja preparado e seja perseverante."

122. **Útero** – Frente 4 e costas 4;
123. **Vesícula biliar** – Frente 2 e 3;
124. **Vícios (drogas, álcool ou outro)** – Cabeça 2 e 3, frente 1, 2 e 3 e costas 1, 2 e 3;
125. **Vômitos** – Cabeça 3, frente 1 e 3 e costas 3;
126. **Voz** – Cabeça 4 e frente 1.

"Muitas pessoas esperam pelo milagre em vez de serem o milagre."

ANEXO I

Parábola do camelo

Um mestre estava viajando com um de seus discípulos. O discípulo estava encarregado de cuidar do camelo. Chegaram à noite, cansados, a uma pousada de caravanas. Era tarefa do discípulo amarrar o camelo, mas ele não se importou com isso e deixou-o solto do lado de fora. Simplesmente fez uma prece a Deus: "Cuide do camelo", e adormeceu.

Pela manhã, o camelo havia desaparecido, roubado ou desgarrado. O mestre perguntou: "Onde está o camelo?"

E o discípulo respondeu: "Eu não sei. Pergunte a Deus. Eu disse a Alá para tomar conta do camelo. Eu estava tão cansado que não sei o que aconteceu. E tampouco sou responsável, porque disse a Alá, e bem claro! Você está sempre ensinando: confie em Alá, e eu confiei".

O mestre falou: "Confie em Alá, mas amarre seu camelo antes, porque Alá não tem outras mãos além das suas".

Obs.: Caro reikiano, ao trabalhar com o Método Reiki, lembre-se que suas mãos representam as mãos de Deus!

"A verdade está dentro de si mesmo,
não a busque em nenhum outro lugar."

霊気

Parte II

Nível 2
"A transformação"

"Saúde é mais do que a ausência de doença."

CAPÍTULO 12

O nível 2 do Reiki

O Nível 2 do Reiki está à disposição daqueles que já receberam o Nível 1 de um mestre devidamente habilitado.

Compreende-se que a Energia Primordial do Universo não trabalha apenas sobre um plano, de uma maneira linear, mas busca a causa do problema, onde estiver, saneando o indivíduo de maneira irreversível. O processo inicial do "Despertar" evolui para o caminho da "Transformação", o reikiano passa a transformar o ego, resgatando sua condição de bem-estar e paz. Extrapola a condição de estar tratando apenas "esse corpo" ou "essa condição", passa a tratar todos os corpos e condições atuais. A atuação da energia passará a ocorrer primeiramente nos corpos sutis da pessoa envolvida. O Nível 2 opera, principalmente, nos corpos emocional e mental, enquanto a ação no primeiro módulo focava principalmente o corpo físico.

O Nível 2 é um degrau essencial para quem não somente se habilita a participar de tratamentos, mas também deseja resgatar suas habilidades divinas e obter a transcendência dos estados imperfeitos e limitantes. Adentramos numa nova dimensão de tratamento, que vai permitir que você trate a si mesmo ou a outras pessoas, transformando antigas condutas negativas em novos comportamentos construtivos. Neste nível, o aluno se exercita para ter acesso ao inconsciente do receptor. Depressões com origens emocionais, desordens mentais, desestruturações, fobias,

"Quanto mais você souber menos temerá."

vícios, esgotamentos nervosos, tendências adquiridas no ventre da mãe ou em vivências anteriores passam a ser transformadas. Aprendemos a influenciar nossos pensamentos de maneira positiva, a recriá-los e modificá-los para melhor.

A capacidade de interferir do reikiano fica muito ampliada e intensificada. Ele será capaz de purificar a energia de qualquer espaço e ambiente rapidamente.

Este módulo implica, obrigatoriamente, uma nova sintonização energética, para que o aluno possa utilizar com sucesso novos conhecimentos. A experiência comprova que não existe inconveniente de receber, num período de tempo curto, os Níveis 1 e 2, ficando o aluno sujeito somente a um processo de limpeza mais intenso nos vinte e um dias subsequentes. Fica a critério do aluno a decisão sobre o tempo entre as duas sintonizações.

Com a nova iniciação, vastos horizontes se abrem para o aluno e o espectro de suas faculdades psíquicas aumenta consideravelmente, conduzindo-o a novos patamares espirituais. O aluno é sintonizado na frequência de três símbolos sagrados do método Reiki. Aprendendo a trabalhar com eles, passará a direcionar a energia para além do plano físico. Adquirirá capacidade para conseguir dirigir a energia Reiki, ampliada, além de qualquer consideração de tempo e espaço. O elemento principal do Nível 2 é o envio de energia Reiki a distância, de pessoas ausentes, podendo o reikiano enviar a energia Reiki para qualquer lugar, independentemente do espaço e do tempo. A amorosa energia confortadora Reiki pode ser enviada, a partir deste módulo, como se fosse uma "ponte de Luz" ou uma "flecha energética" que atinge em cheio um ponto previamente determinado. O reikiano passa a ser uma ponte de interligação com todas as consciências vivas do planeta e do Cosmo. O Nível 2 é o mais interessante e surpreendente do sistema.

"Deus concede o progresso a passos lentos,
porque a luz repentina ofusca a vista."

CAPÍTULO 13

Os símbolos do Reiki

Não se conhece a verdadeira história dos símbolos do Reiki. Conta a lenda que Mikao Usui, pesquisando numa antiga biblioteca os *sutras* budistas Mahayana, das doutrinas reverenciadas pelos budistas tibetanos, encontrou os símbolos, registrados por um discípulo anônimo de Buda há mais ou menos dois mil e quinhentos anos. De posse desses símbolos, após o jejum no monte Kurama, ele descobriu as "chaves" para a canalização de energia. Os símbolos foram preservados durante milênios, mantidos inacessíveis ao homem ocidental. Estavam disponíveis e restritos à vida monástica, a grupos religiosos, a pessoas praticamente isoladas da sociedade e desimpedidas de funções materiais para a sobrevivência. Infelizmente, o Tibete foi tomado pela China comunista e seu acervo espiritual e sabedoria têm sido suprimidos e destruídos. As posições chinesas, contrárias às tradições tibetanas, são responsáveis pela perda de conhecimentos de valor inestimável.

Segundo algumas informações de pesquisadores, houve épocas em que eram conhecidos mais ou menos trezentos símbolos cósmicos, sendo vinte e dois assiduamente utilizados. Hoje, os mestres do Japão conhecem apenas quatro símbolos. Outros, da versão tibetana do Reiki, reconhecem e pregam a utilização de seis símbolos. Os demais estão perdidos no Tibete.

Os símbolos são a essência do método Reiki. São extremamente poderosos e sagrados, devendo, portanto, ser tratados com o mais profundo

"Tudo é energia; o Cosmo é energia."

respeito. Compostos da união de *mantras* (sons energéticos) e *yantras* (desenhos energéticos), podem ser considerados botões ou interruptores que acionados acarretam automaticamente resultados específicos. Os símbolos são uma porta, um acesso para diferentes níveis de energia. Funcionam como verdadeiros satélites que captam sinais e os retransmitem fortalecidos. São instrumentos vibracionais para a captação, intercessão e restauração da Energia Primordial Cósmica *(Rei)*. São poderosos recursos auxiliares para a condução e ampliação da energia, que passa a poder ser transmitida fora do tempo e do espaço desta dimensão. Limpam energeticamente pessoas, lugares e objetos, levando a importantes aberturas nos processos inconscientes. Permitem um maior vislumbre de nossas capacidades físicas e extrassensoriais.

As informações conhecidas sobre os símbolos estão incompletas. Ainda existem muitas outras possíveis utilizações que permanecem desconhecidas, havendo muito campo para pesquisas.

É muito comum, durante sintonizações energéticas de Nível 1, módulo no qual o aluno ainda não trabalha com símbolos, a visualização de "escrituras estranhas". Quando solicito, desenham um ou mais símbolos perfeitamente, apesar da complexidade de alguns. Houve casos de alunos desenharem todos corretamente. A experiência que mais me chamou a atenção aconteceu durante um ritual de sintonização do Nível 1, realizado em Brasília-DF, na sede da Procuradoria do Distrito Federal: uma aluna, na ocasião com somente sete anos, começou a desenhar os símbolos corretamente e a usar os *mantras*.

Durante os seminários, cada aluno, no ritual de sintonização, recebe sua iniciação, que implanta firmemente os símbolos no seu íntimo. Sem a sintonização realizada por um mestre habilitado, os símbolos não funcionam. Isso foi provado muitas vezes. É como um televisor ou um rádio fora de sintonia. A sintonização é fundamental para assegurar a

"A partir da passagem de Albert Einstein (1955), os seres humanos compreenderam que o que eles podem tocar, cheirar, ver e ouvir é menos de um milionésimo da realidade."

confiabilidade da técnica. Esse preceito primordial garante a inalterabilidade do processo e consequentes resultados, dando ao aluno e ao receptor a certeza dos efeitos da técnica Reiki.

Os símbolos devem ser memorizados pelo aluno. Cada traço tem seu significado e deve ser feito na forma e ordem exata. Devem ser desenhados o mais próximo possível do original. Para ativá-los, o ideal é que sejam desenhados com o dedo indicador ou com a mão em concha no ar, como se espalhássemos tinta numa parede imaginária, ou visualizados na mente. Eles funcionam automaticamente, não sendo preciso que a pessoa esteja em estado meditativo. A mente começa a operar em outras dimensões, ainda que o corpo físico permaneça aparentemente normal. Sempre que um símbolo for utilizado, seu *mantra* correspondente deve ser repetido três vezes.

Observamos alunos que passam bastante tempo aprendendo a desenhar corretamente os símbolos dos Níveis 2 e 3-A, mas não atentam para compreender a fundo o que são esses símbolos e para que servem. A maioria não conhece nem metade das diversas utilizações de cada um.

Não existe uma maneira única de desenhar os símbolos. Existem variações de mestre para mestre. A Mestre Takata não desenhou sempre os símbolos da mesma forma; houve variações entre os símbolos dos vinte e dois mestres que ela ensinou. É provável que ela tenha sido orientada pela espiritualidade maior para fazer variações nos símbolos para cada aluno, dependendo das vibrações daquele momento e de cada um. Os alunos devem seguir as orientações e a maneira ensinada pelo seu respectivo mestre.

Se você já brincou de telefone sem fio, sabe que a mensagem que chega ao final da roda é bem diferente do que era no começo. O mesmo aconteceu com os símbolos. Pela tradição de não serem levados desenhados para casa, foram modificados e transformados pelas gerações

"Faça o que for certo, não importa o que os outros pensem."

de alunos. Cada novo mestre os modificava um pouco mais. Em minha viagem ao Japão, recebi a forma exata utilizada por Mikao Usui. Vale registrar que da mesma forma que não existem duas pessoas com a mesma caligrafia, os símbolos nunca são desenhados como ele os fazia. Ao usar os símbolos, o importante é a intenção e a preservação do seu som (*mantra*) correspondente.

"Viver com simplicidade é mais que uma virtude, é um ato de inteligência."

CAPÍTULO 14

O polêmico sigilo dos símbolos

Apesar de os símbolos do Reiki serem patrimônio da humanidade, é tradição dos mestres mais antigos pregar que eles são secretos e que devem ser mantidos confidenciais. Não permita que os alunos levem cópias desenhadas dos símbolos. Nesse caso, os alunos devem estudá-los nos seminários e prometer que não levarão os símbolos no papel para casa. Pregue que os símbolos devem ser revelados em confiança, somente às pessoas que receberam as iniciações fundamentais, que os ativam. Cada pessoa assume o compromisso de mantê-los confidenciais. No final do seminário, os rascunhos são destruídos numa pequena fogueira.

Quando em casa, o aluno acaba esquecendo detalhes dos símbolos. A memória humana está longe de ser perfeita, e as pessoas acabam usando os símbolos deformados ou errados. Esse fato, particularmente, aconteceu comigo no princípio. Realizei meu seminário de Nível 2 com a doutora Claudete França e não pude levar os símbolos para posterior estudo e memorização, pois foram todos queimados. O símbolo 3 apresenta vinte e dois traços distintos. No dia seguinte, surgiram dúvidas e a mestre já havia deixado a cidade. Fiquei desmotivado e, durante seis meses, não apliquei energia Reiki a distância. Apesar de haver pagado pelo seminário, não usufruí dele na plenitude. Comecei então a questionar esse assunto

"O segredo é como nuvem: você olha, ela está de um jeito. Olha de novo, e ela já mudou."

e com bom senso notei que algo estava errado. Não era justo as pessoas desembolsarem um valor significativo para não usufruírem a plenitude da técnica. Numa reunião posterior, entre alunos de Nível 2, os símbolos estavam deformados, principalmente o que serve para enviar energia a distância. Cada um o usava como lembrava, não havia um consenso.

O principal argumento para manter o segredo dos ensinamentos dos Níveis 2 e 3-A é que poderiam causar dano se caíssem em mãos erradas. Como? Os símbolos não funcionam sem as devidas sintonizações energéticas. Seria o mesmo que tentar ligar uma televisão, rádio ou geladeira sem conectá-los a uma tomada.

Toda a simbologia utilizada pelo método Reiki nada tem a ver com rituais mágicos. Por ser uma simbologia que opera somente na vibração positiva (amor e saúde) e construtiva (transformação), é impossível desviar a energia Reiki para fins perniciosos. Se alguém pretende usá-los com finalidade não positiva, não obterá êxito, pois os símbolos não podem ser usados para o mal, nem para machucar uma pessoa, animal, planta ou qualquer ser vivo. Essa é uma das maravilhosas características da energia Reiki: nem mesmo um mestre pode distorcer seu conhecimento e usar a energia para fins destrutivos. Afinal, é a Energia Universal ao nosso redor, é uma energia de muita Luz.

Outro argumento constantemente usado pelos praticantes do Reiki tradicional, para que até mesmo os nomes dos símbolos sejam mantidos secretos, é que eles são sagrados. Não conheço nada mais sagrado do que a Bíblia, que hoje não é secreta, apesar de já ter sido. Aliás, pregou Jesus: "Não há nada encoberto que não venha a ser descoberto; e oculto que não venha a ser conhecido" (Lucas 12, 2).

Temos que analisar uma coisa chamada momento histórico, o porquê de determinadas coisas serem mantidas confidenciais no passado. Até o século passado, no Japão, um cristão devia se manter no anonimato.

"Não faça nem diga nada
que não puder repetir publicamente."

A pena era de morte. Os cristãos eram degolados pelos samurais. O Budismo era a religião oficial e obrigatória. Na Europa, durante anos, milhares de pessoas que detinham faculdades paranormais, intuitivas, que fugissem à lógica e racionalização – como, por exemplo, membros da antiga cultura wicca (sábios), um povo curandeiro da cultura pré-cristã – eram torturadas e queimadas como bruxas pela inquisição. Entende-se a manutenção de segredos nessa época. Os segredos justificavam-se por uma questão de sobrevivência.

Levei um grande susto quando, numa popular livraria esotérica fora do Brasil, deparei com os símbolos do Reiki publicados no livro *The Challenge to Teach Reiki*, de A. J. Mackenzie Clay (New Dimension, Austrália), que foi o primeiro (1992) a tornar públicos os símbolos. No mesmo dia, vi os símbolos em outro livro, à disposição de qualquer cidadão comum, o *One Step Forward for Reiki*, de Byron Bay, também da New Dimension (1992), informando, inclusive, sobre a utilização deles. Poucos meses depois, a mestre norte-americana do Reiki Diane Stein, em sua obra *Essential Reiki*, publicou todos os símbolos com suas devidas utilizações. Em 1998, esse livro foi também traduzido para o português e publicado em nosso país. No Brasil, tivemos a oportunidade de encontrar os símbolos publicados na revista *Amaluz*, n.º 39, ano 4, abril de 1996, encontrada em qualquer banca de revistas. A fonte da matéria era a mestre norte-americana do Reiki Lori George. Em 1998, navegando pela Internet, também encontrei todos os símbolos. No Japão, onde realizei um Curso de Mestrado na versão tradicional japonesa, tive acesso a um livro comercializado normalmente nas livrarias, contendo os símbolos do Reiki. Foi quando comecei a questionar o sigilo e segredo dos símbolos. Por que tanto mistério só no Brasil?

No Brasil, o Código Penal é claro: o charlatanismo é crime inafiançável. "Charlatanismo é inculcar ou anunciar cura por meio **secreto**

"Verdades ditas fora de hora podem perder sua condição sublime e transformar-se em insultos."

(o grifo é nosso) ou infalível." Qualquer juiz, pautado na lei, poderia prender um reikiano de Nível 2 que resolvesse atuar como terapeuta nessas condições de sigilo.

Obtive treinamento em Reiki com vários mestres, em diferentes versões, tanto nos métodos mais tradicionais como nos mais modernos, e cheguei à conclusão de que, num mundo em transformação, a metodologia de ensino do Reiki também tem que evoluir. Meus métodos de ensino são modernos. Tratam de sistematizar um método de terapia holística que funciona de maneira ótima, pondo fim ao segredo e colocando o sagrado à disposição de quem necessita e deseja tê-lo. Mais uma vez, não faltará quem discorde e diga que meus métodos não são Reiki. Nos meus seminários de Nível 2, os símbolos sempre foram entregues, fazendo parte integrante de minha apostila, facilitando muito o aprendizado do aluno. Desejo que o método Reiki seja universal. Não há mais tempo nem espaço para o secreto. Afinal, entramos na Era de *Aquarius* no dia 29 de janeiro de 1998. Por essa razão e outras, consultando meus mentores, que me incentivaram, tomei a polêmica decisão de divulgar os símbolos no Brasil, pois no exterior já foram disseminados. Explicá-los corretamente neste livro evitará a desfiguração dos símbolos que vinha acontecendo até então. Os símbolos a seguir são os utilizados no Japão, desde a época do Mestre Mikao Usui. Não sofreram as deformações e a interferência do Ocidente.

"As injúrias são as razões dos que não têm razão."

CAPÍTULO 15

Os símbolos do nível 2

15.1 Choku Rei

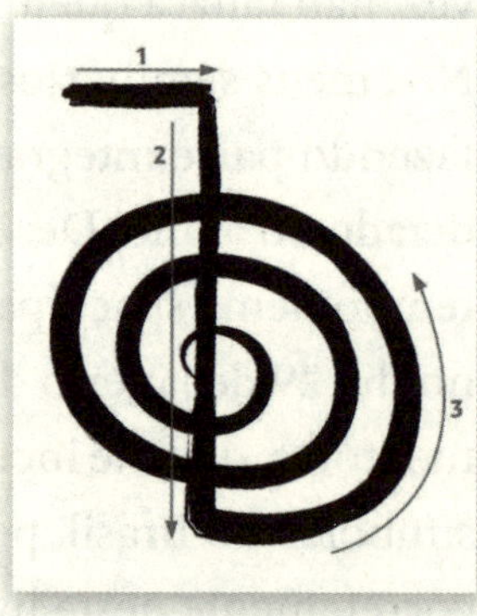

De origem taoísta, o Choku Rei é o primeiro símbolo do Reiki. Recebe vários apelidos, principalmente o de "interruptor da Luz", pois funciona como tal. Recebe outros significados, como: "imediatamente", "alinhar-se com o Cosmo", "Deus está aqui" ou, como prefiro chamar, "Energia Cósmica Universal aqui e agora".

A mestre Beth Gray, ao pesquisar na Universidade de Stanford, Califórnia, EUA, demonstrou que a energia captada para a aplicação de Reiki flui na direção inversa da dos ponteiros do relógio, em espiral. Daí o Choku Rei tradicional ser desenhado no sentido anti-horário. Porém, há outros mestres que o utilizam com sucesso no sentido inverso. O fator determinante, na verdade, é a intenção. Os resultados ocorrerão. Minha orientação nos seminários é para que se utilize o sentindo contrário ao giro dos ponteiros do relógio. Na figura explicativa, os traços finos indicam o sentido no qual devemos desenhá-lo. É fundamental memorizá-lo e traçá-lo o melhor possível.

> *"Tudo que hoje é considerado impossível, amanhã poderá ser comum e, depois de amanhã, obsoleto."*

O símbolo pode ser desenhado no ar, com o dedo indicador ou com a mão em concha. Se houver outras pessoas no ambiente e quisermos discrição, poderemos desenhá-lo mentalmente, e o *mantra* entoado de forma não verbal, com a "voz da mente", o que já cria a conexão. Sempre que um símbolo do Reiki for desenhado, para que funcione, seu *mantra* (som) correspondente deve ser acionado três vezes.

O Choku Rei é o estágio inicial, o primeiro passo ao longo do "Caminho". Com certeza, é o símbolo que você empregará com mais frequência, visto ser de uso universal. É independente e funciona por si mesmo, não requer outro símbolo de apoio para funcionar. Será também empregado quando necessitarmos da utilização de outros símbolos. É o símbolo mais poderoso do grupo. É um amplificador de energia usado para tudo. Sua utilidade consiste em ampliar a capacidade, a força ou potência da energia usada no Nível 1. É como se trocássemos uma lâmpada de 100 por outra de 200 watts. Esse aumento faz com que a energia Reiki permaneça atuando por muitas horas mais no receptor e no ambiente, mesmo após o término da aplicação. O Choku Rei aumenta o fluxo da energia Reiki canalizada e, consequentemente, diminui o tempo mínimo de aplicação em cada posição, de cinco para dois minutos e meio. Logo, devemos usá-lo em qualquer ocasião.

Este símbolo traz Luz para o local. No Reiki, ele é o "interruptor da Luz", que permite a conexão imediata com a Energia Primordial Cósmica. É o símbolo do poder que traz a energia de outros planos dimensionais para o mundo físico, que se concentra e focaliza em um ponto físico, como se fosse uma lente. Ele nos liga ao magnetismo do planeta e ao elemento terra. Daí a possibilidade de trabalharmos tratando nossos corpos mais densos. O Choku Rei atua equilibrando primordialmente o corpo físico e o duplo etérico.

Este símbolo é o único que pode ser utilizado por reikianos sintonizados apenas no Nível 1.

*"Somos responsáveis, não só pelo que fazemos,
mas também pelo que deixamos de fazer."*

15.1.1 Utilização do Choku Rei

No atendimento a outras pessoas, antes da aplicação, visualizamos, preferencialmente, o símbolo no chacra coronário do receptor, no sentido da testa para a nuca. Assim, os canais energéticos do corpo do receptor serão desbloqueados e limpos mais rapidamente.

Só é necessário desenhar o símbolo uma vez para cada tratamento; se o tratamento tiver que ser interrompido, recomece com o Choku Rei na mesma posição em que se parou.

Ele pode ser usado para proteger a aura e os chacras antes de realizarmos um tratamento. Traçamos o Choku Rei nas palmas das mãos e em frente ao corpo. Em seguida, desenhamos novamente o símbolo, trazendo a mão para cada chacra (de baixo para cima) e repetindo o *mantra*, sempre três vezes. Você estará selando seu corpo contra possíveis energias maléficas. Se por acaso desejarmos utilizar esse símbolo numa área de nosso corpo de difícil acesso, como as costas, por exemplo, ele poderá ser desenhado à nossa frente. Devemos então "pegá-lo" com a mão e colocá-lo sobre a área desejada que o resultado será o mesmo.

A energia Reiki funciona em todos os níveis. Logo, a proteção é geral, inclusive contra agressões e ataques psíquicos. Pode-se usar o símbolo para autoproteção, proteção da família, casa, portas, janelas, carro, etc. Você pode envolver um ladrão que deseja assaltá-lo ou quaisquer pessoas mal-intencionadas, com um grande Choku Rei.

Às vezes, casas e escritórios antigos mantêm energias nocivas de antigos moradores, como se fossem verdadeiros arquivos. O Choku Rei pode ser usado para purificar ambientes e promover uma imediata limpeza de resíduos negativos, emanações na forma etérica de doenças físicas, mentais e energias psíquicas negativas (formas-pensamento) provenientes de emoções como raiva, ódio, mágoa, etc., que saturam

"Quem faz erra algumas vezes,
mas quem nunca faz está em contínuo erro."

determinados locais. Um ambiente tem seu campo áurico saneado com o Choku Rei, pois ele transmuta a energia de níveis inferiores para um padrão mais elevado. Deve-se traçar o símbolo nos cantos dos ambientes (principalmente), pois a energia move-se em círculos e tende a se concentrar nos cantos. Quanto mais você usa o Choku Rei, mais energia benéfica cria dentro de casa.

Antes de sentar-se numa cadeira, recomenda-se desenhar o Choku Rei sobre ela para transmutar a energia. O mesmo pode ser feito numa cama de hotel ou qualquer objeto, como toalha, roupa, etc.

Podemos usá-lo em alimentos, água, que ficam mais saudáveis e terapêuticos. Num restaurante, onde a comida, por ser preparada com finalidade comercial, detém outra energia quando comparada com a comida caseira, principalmente restaurantes por quilo, onde é manipulada por muita gente e acaba arquivando energias nocivas, sempre, antes de consumi-la, desenhe o símbolo Choku Rei para transmutar o padrão energético.

Utilizamos o Choku Rei para medicamentos, visando potencializar seus efeitos positivos e minimizar possíveis efeitos secundários indesejáveis.

Quando se tem um pensamento negativo, deve-se traçar imediatamente o Choku Rei, assim o pensamento se transmuta, mandando a energia para níveis mais elevados.

Recomenda-se a visualização de qualquer símbolo do Reiki na cor violeta. Porém, a prática demonstra que com qualquer cor o efeito é positivo.

"Nossa casa é nosso corpo mais largo."

15.2 Sei He Ki

O símbolo Sei He Ki é o segundo do grupo. Sei He Ki que dizer "harmonia". Existem várias outras definições para esse símbolo, como: "purificação" ou, como prefiro, "emocional". Dizem ser o mais antigo dos símbolos do Reiki. Sua origem é budista, conforme os símbolos originais nas figuras a seguir. Esse símbolo desenhado parece um dragão. Na simbologia antiga, o dragão é proteção e cospe o fogo da transmutação. Quando olhamos a cultura primitiva, vemos várias simbologias semelhantes, sempre relacionadas à proteção. Os moais (estátuas) da Ilha de Páscoa, no Oceano Pacífico, são um exemplo. No Brasil, usam-se carrancas (esculturas em madeira utilizadas para proteção) na frente de muitas casas. Na antiga Escandinávia, os vikings utilizavam dragões nas proas dos navios, visando proteção. O símbolo Sei He Ki encontra-se desenhado na base da estátua do Amida Buda Japonês, no templo Budista do monte Kurama, onde o método Reiki foi descoberto pelo professor Usui. Tenho encontrado poucas variações ou deformações deste símbolo. Recebi a maneira apresentada como sendo a utilizada pelo Mestre Usui até sua morte, em 1926.

Somos um todo interligado: corpo, emoção, mente e espírito. Quanto mais praticamos atividades terapêuticas, mais temos certeza

"As cargas mais pesadas nesta vida são as cargas emocionais. Preocupações com o passado, inquietações sobre o futuro. Iluminar a mente é libertá-la dessa carga."

de que a grande maioria dos problemas físicos tem origem emocional. Emoções como medo, insegurança, ira, ódio, mágoa, frustrações, pena, culpa, solidão, depressão, crises nervosas são as causas das doenças humanas. No método Reiki, o Sei He Ki é o símbolo da harmonia das emoções, da transformação de emoções negativas em positivas, tornando a vida mais fácil para nós e para os outros. Quando utilizamos o Sei He Ki, concentramos a energia no corpo emocional, que, na maioria dos casos, é a chave do sucesso da recuperação. Este fato deve-se ao símbolo Sei He Ki nos ligar ao magnetismo da lua e ao elemento água. O símbolo Sei He Ki atua principalmente no chacra umbilical, que recebe mais diretamente a energia do nosso corpo áurico emocional. Logo, recomendamos a utilização desse símbolo na maioria dos tratamentos. Este símbolo dilui os padrões negativos advindos de qualquer conflito sensorial (emoções, lembranças, etc.), ajudando-nos a descobrir as causas escondidas do nosso consciente dentro de nós. O Sei He Ki é uma chave de acesso ao nosso inconsciente. Fica mais fácil tratar hábitos indesejáveis. A pessoa receptora volta a se conectar com aspectos emocionais nocivos, o suficiente para processá-los e livrar-se deles.

Os animais domésticos, que mantêm laços de carinho muito intensos com seus donos, estão propensos a participar do mal-estar destes, trazendo sacrifícios, tais como, medos, depressões, frustrações, etc. Os animais podem absorver cargas de seus donos e de suas casas, vindo a falecer. Eles assumem o papel de purificar o ambiente onde vivem. O Sei He Ki é tão eficiente para aliviar os seres humanos como para os animais.

"A maioria das pessoas só aprende as lições da vida depois que a mão dura do destino lhes toca os ombros."

15.2.1 Utilização do *Sei He Ki*

O Sei He Ki atua sobre o corpo emocional e no subconsciente. O Sei He Ki desabrocha emoções internas escondidas, liberando energias negativas de raiva, tristeza, depressão, medo, nervosismo, etc. Ele equilibra ambas as partes do cérebro, trazendo harmonia e tranquilidade. Este símbolo tem numerosas aplicações, muitas inclusive que não são ensinadas em seminários convencionais. Ele pode ser usado para mudar ou erradicar vícios, hábitos e costumes indesejáveis, como, por exemplo, consumo de drogas, álcool, cigarro, compulsões como comer demais por gula, roer unhas, roubar, fobias, etc. Pode também ser usado para melhorar a memória e tratar a causa da obesidade. O ideal é tratarmos um assunto por vez, com afirmações, sempre na terceira posição da cabeça modificada (uma das mãos na testa, outra na nuca). Para fazer um tratamento, deve-se observar esta sequência:

a) Colocar a mão não dominante sobre a cabeça do receptor e traçar o Choku Rei e repetir o *mantra* três vezes;
b) Começar o tratamento na primeira posição da cabeça;
c) Espere até haver uma conexão energética e a energia Reiki começar a fluir. Aguarde mais ou menos dois minutos e meio;
d) Impor as mãos por dois minutos e meio na segunda posição da cabeça;
e) Colocar a mão não dominante na nuca (base do crânio) e a outra na testa;
f) Retirar a mão da testa e desenhar o Sei He Ki no chacra coronário do receptor e repetir três vezes o *mantra*;
g) Desenhar o Choku Rei uma vez e repetir três vezes o *mantra*;
h) Recolocar a mão dominante no chacra frontal;
i) Utilizar afirmações, mentalizações e visualizações (três vezes).

> *"Perseverar é um dos grandes segredos do êxito.*
> *Muitas coisas na vida dependem da continuidade e*
> *da perseverança, que tudo alcança."*

Nesta técnica se produz uma ligação profunda com o nível psicológico, com a mente inconsciente (subconsciente) do receptor. Você terá resultados melhores se utilizar afirmações positivas, mentalizações ou visualizações da recuperação, que serão absorvidas diretamente pelo subconsciente do receptor. Seu subconsciente é como um computador que pode ser reprogramado. A afirmação tem que ser repetida três vezes, aí ela se torna realidade. Este exercício pode fazer com que a pessoa se lembre de vivências anteriores.

15.2.2 Exemplos de afirmações

- "Sua (minha) saúde é perfeita e todo seu (meu) corpo e seus (meus) órgãos funcionam muito bem";
- "A partir de agora você começa a sentir seu corpo perfeitamente bem";
- "Você tem saúde em seu corpo físico e equilíbrio em sua mente";
- "Você é feliz, saudável, alegre e calmo";
- "Seu corpo, sua mente e sua vida material estão em perfeita harmonia";
- "Você tem o comando positivo de sua mente";
- "Você consegue manter a cabeça sempre ocupada com pensamentos positivos";
- "Tudo o que você pensa de bom acontece e a cada dia que passa você se sente cada vez mais feliz";
- "Você está em paz consigo mesmo e se aceita como é";
- "Você é uma pessoa inteligente e capaz";
- "A sua inteligência é maravilhosa, você sempre tem pensamentos e ideias maravilhosas";
- "O seu raciocínio é rápido, e a sua memória é excelente, eles só trabalham com ideias e pensamentos positivos";

"Assuma consigo mesmo o compromisso de sempre melhorar."

- "A partir de hoje você dormirá em paz, terá o sono tranquilo e, ao acordar, sentirá alegria, disposição e terá um dia perfeito e feliz";
- "Você tem o peso ideal, sem dietas, tem uma imagem de saúde, beleza e harmonia";
- "No plano sexual da vida, seu desempenho é satisfatório e compensador, aconteça o que acontecer";
- "Você está em harmonia consigo, com todas as pessoas e com todo o Universo";
- "Você resolve todos os problemas, os vê com naturalidade e tem sempre boas soluções";
- "Você tem sorte a cada instante, em todos os dias, porque Deus está com você";
- "Você é cada vez mais ousado, vê sempre no horizonte a chama da vitória brilhando intensamente";
- "Você tem um futuro maravilhoso";
- "A partir de hoje, e para toda a eternidade, você mesmo faz a sua felicidade";
- "Tudo o que você deseja de bom, vem a você com muita facilidade";
- "Você sempre consegue tudo o que quer de bom, todas as riquezas do Universo estão à sua disposição";
- "A cada dia, sob todos os aspectos, você está se tornando cada vez melhor";
- "Você está evoluindo cada vez mais";
- "Você tem uma casa limpa, confortável e bonita, morando nela a paz, a prosperidade e o amor".

> *"Se você acredita que deve continuar a ser do jeito que sempre foi, está, na verdade, contestando seu crescimento."*

15.3 *Hon Sha Ze Sho Nen*

O símbolo Hon Sha Ze Sho Nen é o terceiro do grupo e tem origem nos *kanjis* do Japão. Ele é formado por cinco *kanjis*, conforme a tabela a seguir.

A tradução do *mantra* Hon Sha Ze Sho Nen como "nem passado, nem presente, nem futuro" nos proporciona uma indicação de seus múltiplos usos. Pode ser traduzido também como o cumprimento budista *namastê*: "O Deus que existe em mim saúda o Deus que existe em você" ou, como prefiro usar nos meus seminários, "A casa da Luz brilhante (casa de Deus) venha a mim neste momento".

A maior parte das pessoas precisa de algum tempo para memorizá-lo e poder desenhá-lo corretamente. Devemos praticar seguindo a ordem correta demonstrada pelos traços mais finos, para que fique o mais parecido possível com a ilustração. A sequência dos traços é fundamental e deve ser respeitada, pois cada um tem seu significado (veja a tabela demonstrativa a seguir) como parte integrante de uma verdadeira fórmula de captação de energia. Conta a história da humanidade, de Gênesis ao Apocalipse (traços de 19 a 22). Tenho observado uma grande variação de traçados para esse símbolo e oriento meus alunos a utilizarem qualquer versão que estejam acostumados a empregar. Todas elas funcionam. Após minha viagem ao Japão, adotei a forma apresentada neste livro como a utilizada pelo Mestre Mikao Usui.

> *"O principal requisito para a felicidade é o controle sobre os pensamentos."*

Esse símbolo, além de outras utilizações, dirige a energia para atuar sobre a mente consciente, o corpo mental. Esta conexão se deve ao símbolo Hon Sha Ze Sho Nen nos ligar à energia do Sol e ao elemento fogo. Difere do Sei He Ki, que enfoca o subconsciente e o corpo emocional. Logo, tem grande utilidade também nas práticas (posições) do Nível 1, quando ocorre o toque físico (imposição de mãos).

Considero este símbolo o mais impressionante do grupo. Ele vai além dos limites da nossa compreensão lógica. É usado para enviar energia Reiki a distância, para pessoas ausentes, superando os limites físicos (não precisa haver o toque físico das mãos). A barreira da distância entre o praticante e o receptor deixa de existir. Se, no Nível 1, tínhamos dificuldades para aplicar energia Reiki em animais ou em uma criança irrequieta, agora podemos fazê-lo sem a necessidade do toque. A energia Reiki pode ser enviada ao outro lado de uma sala, a outro bairro, outra cidade ou país, com a mesma eficiência. A física quântica chama esse fenômeno de *continuum* de tempo-espaço. A onda quântica é uma onda que se move mais depressa que a velocidade da luz (300.000 km/s). Não havendo o conceito de espaço, grandes estruturas como um prédio, um hospital, um país e até o planeta podem ser acessadas com esse símbolo. Quando acionamos o símbolo Hon Sha Ze Sho Nen, provocamos, literalmente, a abertura de um portal interdimensional, imperceptível aos nossos limitados cinco sentidos físicos, o qual nos abre a possibilidade de aplicar a energia Reiki a distância. Esse símbolo é uma ponte para outros seres, mundos ou níveis de percepção. A foto a seguir nos mostra que, em algumas situações, esses portais se abrem a ponto de poderem ser captados por uma câmera fotográfica. Acredita-se que no Triângulo das Bermudas o fenômeno do desaparecimento de dezenas de embarcações e aviões se dava quando acessavam um desses portais.

"Um bilionésimo de segundo pode ter a duração de uma vida em outro nível de percepção."

Registro fotográfico de uma manifestação de abertura de um portal interdimensional, segundo o xamã James Arévalo Mergildo, Mallku, Ilha Amantani, no lago Titicaca, fronteira do Peru com a Bolívia. Publicada em seu livro *El Despertar del Puma.*

O tempo linear é uma ilusão, que pode ser transformada. Dentro da experiência mística do Método Reiki, o conceito de tempo comum deixa de existir. O Hon Sha Ze Sho Nen é um instrumento de intervenção nas ondas quânticas, levando a um *continuum* de tempo, onde são rompidas ligações de tempo passado, presente e futuro. Podemos tratar algo que já aconteceu ou irá acontecer. É incrível! Mandando energia para um trauma do passado, pelo "efeito dominó" nosso presente e futuro também se alteram. Esse símbolo é de grande benefício. Não podemos desfazer aquilo que já ocorreu, mas podemos trazer luz, compreensão e amor para esse fato do passado no presente. O trauma será suavizado ou harmonizado, transformando os efeitos e resultados percebidos na nossa atualidade. Quando entendemos que nossa noção de tempo é equivocada, passamos a viver melhor, com mais harmonia.

"Vá até o fim. Quando aceitar uma tarefa, termine-a."

Quando enviada ao futuro, a energia Reiki pode ser armazenada ou acumulada, como se fosse uma pilha ou bateria, que será recebida na hora previamente determinada. O efeito será o mesmo de uma aplicação feita naquele exato momento. Isso é muito útil para qualquer ocasião prevista que precise de energia amorosa. Podemos usá-la para uma situação futura, como uma entrevista de emprego, uma audiência na justiça, uma consulta odontológica, uma viagem aérea ou de barco, uma reunião qualquer, uma prova de vestibular, concurso ou qualquer situação de estresse. Se você quiser, pode até trabalhar o momento de seu desencarne. Seu corpo receberá a energia Reiki na hora planejada. A energia pode ser programada para se repetir quantas vezes quisermos: uma vez por hora, duas vezes por dia etc. Logicamente, devemos impor um limite, para que a repetição ocorra até que o objetivo seja alcançado, caso contrário a energia continuará sendo transmitida desnecessariamente.

O Hon Sha Ze Sho Nen é uma via de acesso aos registros *akásicos*, ou seja, uma de suas utilizações é tratar o carma. Os registros *akásicos* descrevem a dívida cármica, as obrigações, compromissos, destino, débitos, contratos e propósitos de cada um. As pendências cármicas poderão ser amenizadas quando, por meio da expansão da nossa consciência, compreendermos que agimos de forma errada em determinada ocasião. Se você atingir a compreensão dos seus atos irregulares, que vão contra as leis da divindade, poderá minimizar o seu aprendizado por meio da dor. Carma não é castigo.

Este símbolo pode ser utilizado também para o tratamento de algo não palpável, como uma relação entre duas pessoas, que experimentará mais compreensão, tolerância, relaxamento e harmonia. Podemos tratar uma depressão ou qualquer outra situação abstrata. Podemos usar esse tratamento até em desencarnados.

> *"O Universo não está contido em coisa alguma, ele contém a si próprio."*

15.3.1 Significado dos *kanjis* do *Hon Sha Ze Sho Nen*

Significado de cada um dos cinco *kanjis* componentes do símbolo 3

本	Hon	fonte, origem, livro
者	Sha	pessoa
是	Ze	direito, somente
正	Sho	correto
念	Nen	pensamento, ideia, desejo

"Quem fala a verdade não esconde,
não jura, nem tem medo de errar."

15.3.2 Significado de cada traço do *Hon Sha Ze Sho Nen*

1		O Céu
2		desce à Terra
3		e cria
4		o ser humano.
5		O Céu (a Consciência Divina) está dentro do homem,
6		o homem tenta construir o Céu na Terra (viver com Deus na Terra),
7		o Céu desce à Terra através dos atos dos homens,
8	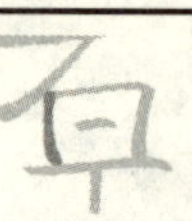	
9	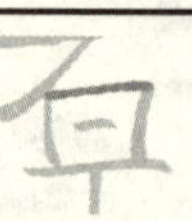	e o homem cria a casa de Deus,
10	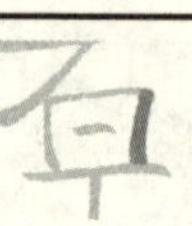	

"Aquele que tentou e não conseguiu é superior àquele que nada tentou."

11	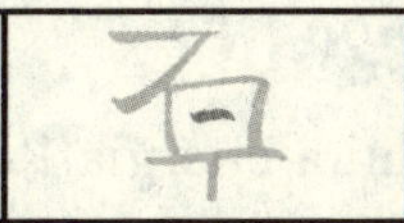	o Céu só está dentro da casa de Deus,
12	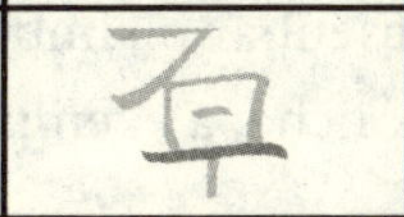	o Céu só existe por causa da casa de Deus,
13	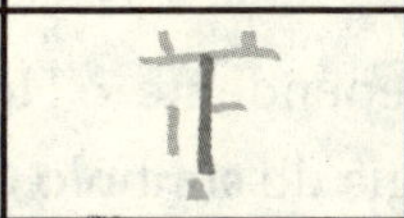	o Céu só se manifesta na casa de Deus,
14	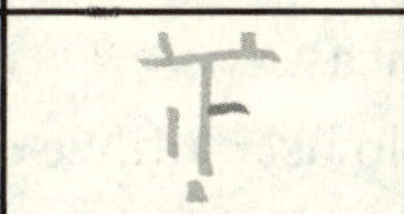	só os homens de Deus merecem o Céu (êxodo),
15	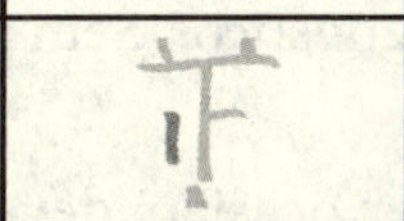	Deus manda alguém lembrar que estamos errados (o Céu desce à Terra fora da casa de Deus).
16		O homem impuro.
17	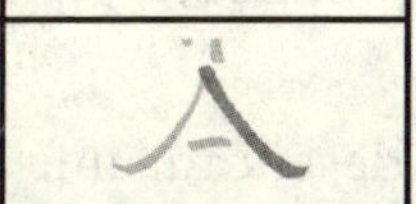	
18		Os homens impuros ganham o Céu.
19	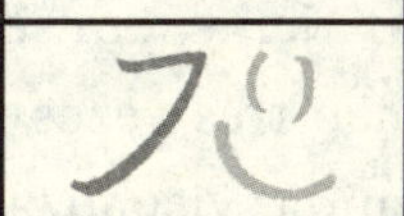	O homem impuro traz o Céu à Terra.
20	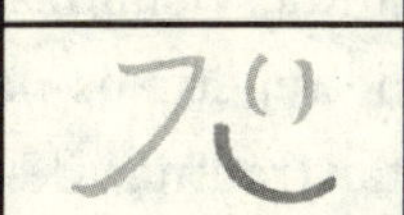	A morte ou fim de tudo,
21	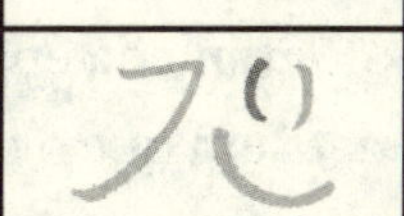	nascimento,
22	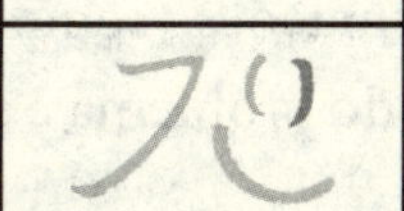	salvação aos filhos dos seus filhos.

"Errar é aprender. E, com certeza, não há melhor guia para o êxito do que as lições ensinadas pelos próprios erros."

15.3.3 Utilização do *Hon Sha Ze Sho Nen*

Considerando que os chacras pelos quais flui a energia Reiki se localizam principalmente nas mãos, o melhor é desenhar o símbolo no ar usando o dedo indicador ou a mão inteira em concha, a exemplo dos outros símbolos.

Enquanto o Choku Rei é energeticamente independente, o Hon Sha Ze Sho Nen e o Sei He Ki são dependentes da energia do símbolo Choku Rei, para ativar e iniciar suas prerrogativas específicas.

Em um tratamento, na dúvida de qual símbolo usar, utilize os três. Dessa maneira, você evitará fazer julgamentos e diagnósticos. Sem dúvida não fará mal usar os três símbolos sempre.

Os símbolos do Reiki, sempre e em qualquer ocasião, devem ser usados em ordem decrescente, ou seja, primeiro o Hon Sha Ze Sho Nen, depois o Sei He Ki (quando o receptor apresenta também problemas emocionais) e por último o Choku Rei.

Quando percebemos claramente que o fator desencadeante do desequilíbrio está num evento passado, ou quisermos programar a energia para o futuro, devemos colocar as duas mãos no topo da cabeça (chacra coronário) e visualizar o símbolo Hon Sha Ze Sho Nen e, em seguida, o símbolo Sei He Ki, então fazemos uma afirmação três vezes para o momento no qual a energia deverá agir. Em seguida, visualizamos o símbolo Choku Rei. Não devemos nos esquecer de repetir os *mantras* correspondentes três vezes. Podemos ajudar a tratar traumas de vivências anteriores ou de infância. Podemos usar uma fotografia da época do trauma. Se você não dispuser de foto e não souber a data em que o trauma aconteceu, apenas pense no problema e faça afirmações (sempre três vezes) no sentido de que a energia Reiki vá à causa do problema e o sane.

"Esteja sempre mais bem preparado do que acha que vai precisar."

CAPÍTULO 16

Autoaplicação no nível 2

Podemos utilizar a técnica padrão de autoaplicação com as quatorze posições básicas do Nível 1, precedida pelo acionamento dos símbolos 3, 2 e 1, nesta sequência obrigatoriamente. O tempo mínimo por posição cairá de cinco para dois minutos e meio, totalizando trinta e cinco minutos para um tratamento completo. A terceira posição da cabeça, para alcançar melhores resultados, será usada modificada: agora colocamos uma das mãos na testa (sexto chacra) e a outra sobre a nuca.

Podemos também usar uma eficiente técnica de correspondência que proporcionará um tempo de autoaplicação de apenas sete minutos e meio, da seguinte forma:

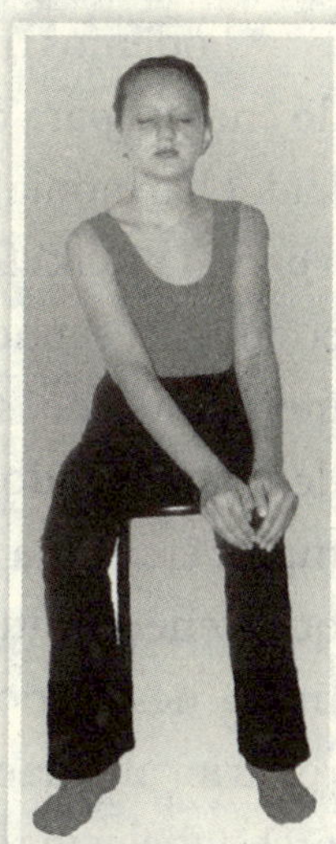

a) Trace com a mão dominante o símbolo 3 (Hon Sha Ze Sho Nen). Fale o respectivo *mantra* três vezes;
b) Trace com a mão dominante o símbolo 2 (Sei He Ki). Fale o respectivo *mantra* três vezes;
c) Escolha um de seus joelhos e afirme, três vezes, que ele corresponderá às quatro posições básicas da cabeça;

> *"Não diga que não tem tempo suficiente. Você tem exatamente o mesmo número de horas por dia que dispuseram Madre Teresa de Calcutá, Juscelino Kubitschek, Thomas Edison e Albert Einstein."*

d) Trace com a mão dominante o símbolo 1 (Choku Rei). Coloque as duas mãos sobre o joelho, uma ao lado da outra, em concha. Fale o respectivo *mantra* três vezes, mantendo as mãos nesta posição por dois minutos e meio;

e) Escorregue as mãos, trazendo-as sem levantá-las, para a coxa da mesma perna. Afirme três vezes que esta posição corresponderá às quatro posições básicas da frente de nosso corpo. Mantenha as mãos nesta posição por mais dois minutos e meio;

f) Traga as mãos, uma de cada vez, para a outra coxa. Afirme três vezes que ela corresponderá às quatro posições básicas das costas, mais às duas posições dos pés. Mantenha a energia fluindo nesta posição por mais dois minutos e meio, totalizando sete minutos e meio para a autoaplicação em todo o corpo.

Essas técnicas podem ser usadas quando aplicamos energia numa outra pessoa presente e desejamos reduzir o tempo de aplicação para sete minutos e meio no segundo caso e trinta e cinco minutos no primeiro caso.

Podemos trabalhar no autotratamento de forma intemporal, enviando energia para determinadas épocas do passado, de forma que entre em maior harmonia com o presente e modifique nosso futuro. Lembre-se que a energia Reiki funciona além do tempo e do espaço, que são dimensões contínuas, sendo uma função da outra. Podemos trabalhar rejeições no útero materno, situações traumáticas próximas ao nascimento, traumas de infância, adolescência, um acidente, separação conjugal, assalto, estupro, etc. Uma maneira é traçar os símbolos fazendo afirmações. Para que a energia atue em determinada época, aplicamos energia numa foto tirada nessa época. Outra forma é aplicar a energia sobre o chacra coronário, afirmando que ela segue para o passado, atuando numa época preestabelecida.

> *"Torne-se um especialista na administração do seu tempo.*
> *Não há como recuperar o tempo perdido."*

CAPÍTULO 17

Reiki a distância

A aplicação de energia Reiki a distância é de grande valia quando o contato direto for doloroso (no caso de uma queimadura, por exemplo), ou quando existe o risco de infecção para o receptor ou o contágio para o reikiano. Enviar a energia Reiki para uma pessoa que está no mesmo ambiente, porém do outro lado da sala, já é considerada uma aplicação a distância, por estarmos fora do campo áurico do receptor. Podemos usar o tratamento a distância para enviar energia a certas áreas de nosso próprio corpo que são de difícil acesso, como a coluna, por exemplo: é só visualizá-la entre nossas mãos.

Existem mestres que pregam que podemos mandar energia Reiki a distância para quem quisermos, alegando ser Reiki uma energia de amor e que não precisamos de autorização para amar alguém. Particularmente, não discordo dessa tese, porém observei intensas contaminações energéticas no campo áurico de reikianos que assim o fizeram. No envio de Reiki a distância, cria-se um elo com a pessoa a quem se faz a aplicação da energia. Ocorre uma conexão ou alinhamento com todos os níveis, inclusive os superiores. Assim, é sempre indicado obter a permissão e consentimento da pessoa para quem você pretende enviar energia Reiki a distância, mesmo quando temos uma vinculação maior com a pessoa a ser tratada, como, por exemplo, parentes próximos ou amigos íntimos. A energia Reiki a distância não solicitada é uma invasão

"Uma vela nada perde quando, com a sua chama, se acende outra vela que está se apagando."

de privacidade. Devemos respeitar a vontade alheia e o livre-arbítrio da pessoa receptora. Impor a alguém uma recuperação não desejada é totalmente contrário à ética terapêutica. A pessoa tem o direito de manter o seu mal-estar, se assim o preferir. O pedido de autorização em alguns casos pode ser feito mentalmente, por meio da conexão com o Eu Superior da pessoa que irá receber a energia. Agindo assim, podemos usar Reiki a distância para ajudar as pessoas em coma, desacordadas, que aparecerem na televisão, rádio ou jornais, que tenham se envolvido em acidentes ou que, por outro motivo, necessitem de auxílio. Em alguns casos, é importante combinar a hora mais adequada para a energização. Algumas pessoas costumam ficar sonolentas e até dormir, terem certa perda de reflexos e coordenação motora, sentirem calor, calafrios e pressão na cabeça, isto, momentaneamente; dependendo da atividade que a pessoa estiver exercendo naquele momento, estes fatores poderão apresentar riscos, como no caso de estar dirigindo um carro, pilotando um avião ou mesmo se for um médico-cirurgião atuando.

Um grupo de reikianos irradiando energia ao mesmo tempo faz com que a energia Reiki se eleve ao quadrado. Por exemplo: cinco pessoas irradiando simultaneamente equivalem a vinte e cinco se trabalharem em grupo. Logo, procurem participar de grupos de trabalho, pois os resultados serão melhores.

Podemos relatar a experiência de termos enviado energia Reiki a distância para pessoas que estavam passando pelo processo de desencarne. Constatamos que qualquer situação não ou mal resolvida entre nós e esta pessoa se soluciona ou se abranda.

Qualquer que seja a técnica de Reiki a distância aplicada, o ideal é procurar um ambiente tranquilo onde ninguém possa nos interromper. Feche a porta, desconecte o telefone, atenue a luz. Uma boa opção é

"Esteja presente quando as pessoas precisarem de você."

acender uma vela (elemento fogo) para obter claridade suave. Devemos sentar confortavelmente, com pernas e braços descruzados.

Caso você não conheça pessoalmente a pessoa para quem está direcionando a energia Reiki, tenha o cuidado de utilizar uma foto com o nome completo dela, ou nome completo e o endereço. Mesmo que o receptor não se encontre em seu endereço naquele instante, lembre que trabalhamos fora do tempo presente; logo, este receberá a energia Reiki no ontem ou amanhã.

Recordemos que o Hon Sha Ze Sho Nen é o símbolo que possibilita o envio de energia Reiki através do espaço e do tempo; portanto, deve ser usado em todo tratamento a distância. Os símbolos são sempre traçados ou imaginados no ar e na ordem inversa, ou seja, primeiro o Hon Sha Ze Sho Nen, seguido do Sei He Ki e por último o Choku Rei. Para cada símbolo repetimos o *mantra* correspondente três vezes.

No método Reiki, existem muitas maneiras de tratamento a distância. Quatro técnicas são mais conhecidas: técnica da redução, técnica do substituto, técnica da foto e técnica do joelho.

17.1 Técnica da redução

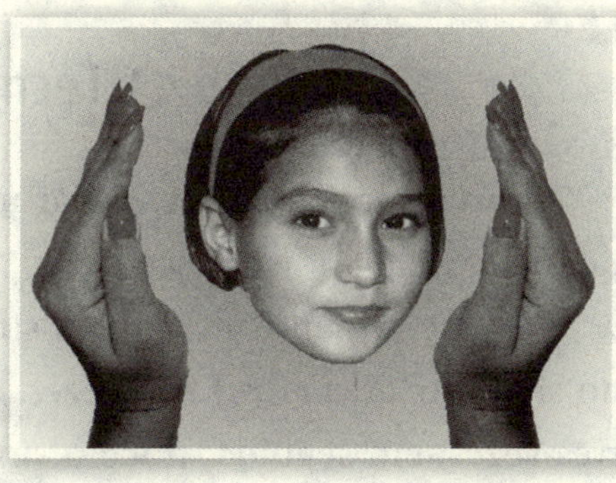

Trace o símbolo 3, em seguida o símbolo 2, afirme três vezes que a pessoa encontra-se entre suas mãos. Reduza, imaginariamente, o tamanho do receptor, visualizando a pessoa entre suas mãos. Em seguida, trace o símbolo 1. Você realmente terá a pessoa entre as mãos. Procure desenvolver a sensibilidade para sentir isto.

"Quando morreres, só levarás aquilo que tiveres dado."

17.2 Técnica do substituto

A técnica do substituto dá ênfase ao corpo físico, aos órgãos, glândulas, ossos, etc. É utilizada para tratar problemas específicos. Nas outras técnicas, o tratamento ocorre primeiro na aura para depois ocorrer no corpo físico. Nesse caso usamos uma boneca, um ursinho de pelúcia ou similar, um travesseiro, ou até nós mesmos como substituto da pessoa receptora. A energia atingirá ao mesmo tempo e com igual intensidade a pessoa e a que estiver substituindo naquele momento.

Primeiramente desenhe o símbolo 3 (*mantra*) três vezes, visualizamos e mentalizamos a pessoa e seu nome três vezes, em seguida traçamos o símbolo 1 (*mantra*) três vezes. Fazemos a aplicação de maneira tradicional no molde, direcionada ao órgão específico afetado da pessoa que está recebendo o tratamento. Já que o objetivo, nesta técnica, é o tratamento do corpo físico, não utilizamos o símbolo 2.

17.3 Técnica da foto

Outra maneira de se enviar um tratamento a distância é por meio de uma foto da pessoa receptora.

Primeiramente, desenhe o símbolo 3 (*mantra*) três vezes, seguido do símbolo 2 (*mantra*) três vezes, olhe a foto e fale o nome do receptor três vezes; em seguida, trace o símbolo 1 (*mantra*) três vezes. Depois, coloque a foto à sua frente, então irradie energia Reiki dirigindo-a ao

"Quando você ajuda alguém, na verdade está ajudando a si mesmo. De certa maneira, esse processo funciona como um espelho: tudo que você faz aos outros se reflete em seus caminhos."

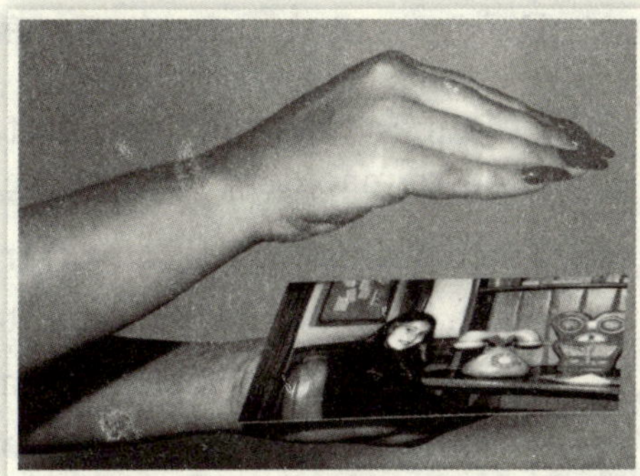

receptor através da foto. É possível irradiar segurando a foto entre as mãos, se preferir.

Na falta de uma foto, escreva o nome e endereço da pessoa e tente imaginar o rosto dela na sua mente. O procedimento seguinte é o mesmo do descrito anteriormente.

Vários reikianos poderão formar um círculo e colocar a foto ou o papel no centro do local onde todos irradiarão. Lembre-se que a emissão da energia Reiki é multiplicada ao quadrado do número de reikianos.

17.4 Técnica do joelho

É na técnica do joelho que temos obtido os melhores resultados.

Escolha uma perna para iniciar a aplicação a distância, a qual deverá ser sempre a mesma, para que exista correspondência vibracional. Recomendo começar pela esquerda para pessoas destras e pela direita para canhotas. Na perna escolhida, o joelho corresponderá às quatro posições da cabeça, a coxa da mesma perna corresponderá às quatro posições da frente do corpo e a coxa da perna oposta corresponderá às quatro posições das costas mais às duas posições dos pés. Todas as quatorze posições tradicionais receberão energia por meio da correspondência em somente três pontos.

"Nunca decida não fazer nada só porque pode fazer pouca coisa. Faça o que puder."

Devemos observar esta sequência:

a) Coloque a mão não dominante em concha sobre o joelho escolhido. A outra mão deve permanecer livre para traçar os símbolos;

b) Trace o símbolo 3 (*mantra*) três vezes seguido do símbolo 2 (*mantra*) três vezes. Neste momento, afirme três vezes o nome da pessoa que irá receber a energia, imaginando seu rosto. Feito isso, trace o símbolo 1 e coloque a mão dominante ao lado da outra mão, sobre o joelho que estará correspondendo às posições da cabeça. Deve-se permanecer irradiando por cinco minutos;

c) Deslize suavemente as duas mãos para a coxa da mesma perna, permaneça aí por mais cinco minutos. Desta forma você atingirá todas as posições da frente da pessoa receptora;

d) Transfira uma mão de cada vez para a coxa da perna oposta, permanecendo assim por mais cinco minutos. Desta forma atingirá todas as posições das costas e pés da pessoa receptora.

Com isso podemos enviar a distância um tratamento completo de Reiki, em apenas quinze minutos.

Após a aplicação, desconecte do campo áurico da pessoa lavando as mãos.

Podemos estabelecer outros pontos de correspondências, por exemplo: cotovelo com a cabeça, antebraço com a frente e o outro antebraço para as costas e pés.

A técnica do joelho também pode ser utilizada, como já vimos, no autotratamento, com tempo reduzido para dois minutos e meio por posição.

"Esteja preparado para perder de vez em quando."

CAPÍTULO 18

Técnicas de transformação

Vale lembrar o que foi dito por Jesus, conforme o Capítulo 16, versículos 23 e 24, do Evangelho de São João: "Naquele dia, já não me perguntareis coisa alguma. Em verdade, em verdade vos digo, se pedirdes ao Pai alguma coisa em Meu nome, Ele vo-lo dará. Até agora nada pedistes em Meu nome. Pedi e recebereis, para que seja completa a vossa alegria". É preciso pedir! Dificilmente não encontramos essa frase em uma das dezenas de obras escritas pelo padre Lauro Trevisan. Se você não solicita um aumento de salário, dificilmente o patrão o concederá. "A criança que não chora não mama" é uma verdade popular conhecida. Existem pessoas que pedem ao Cosmo por meio de orações, pela fé religiosa fazendo promessas, oferendas, e alcançam seus objetivos. No Método Reiki, ensinamos a pessoa a intervir positivamente em pelo menos 80% de seus problemas. Aqui colhemos o que plantamos, a maior parte dos acontecimentos não é cármica e pode ser alterada. Aprenda a pedir para viver melhor.

"Aquilo que peço e não acontece é porque não é bom para mim. Não conseguir o que se quer, às vezes, é um golpe de sorte."

18.1 Técnica do caderno

Para fazer uso desta técnica, iremos escrever em um caderno tudo que desejamos tratar, alterar, obter, fazer, concluir, conseguir, saber, compreender, libertar-nos. Colocaremos também fotos, nomes e endereços de pessoas que amamos, a quem vamos dirigir a energia Reiki a distância. O caderno é pessoal, sua ênfase é sobre a interação de campos de energia à nossa volta, em casa, no trabalho, no clube, etc. Age, também, sobre nossos corpos emocional e mental. Utilize a técnica da caixa, explicada a seguir, para pedir por pessoas com quem você não tenha uma vinculação maior.

Em matéria de pedidos, muitos reikianos entram no terreno de assuntos amorosos. Às vezes queremos o amor de outra pessoa, mas esta, por sua vez, tem uma relação com uma terceira. Não seria lícito solicitar o rompimento de tal relação para nos atender. Pedir o amor de outra pessoa sem a permissão dela não seria correto, estaríamos forçando a vontade alheia, interferindo em seu livre-arbítrio, trazendo consequências cármicas, além de estas caírem sobre a própria relação. O correto é solicitar a melhor relação para nós, sem citar ninguém.

18.1.1 Ativação do caderno

a) Primeiro devemos escolher um caderno que seja prático, ou seja, pequeno, de capa dura e com pelo menos 50 folhas;

b) Para facilitar o manuseio do caderno, sugiro a divisão em tomos, cada qual destinado a um assunto específico (saúde, família, relacionamentos, finanças, assuntos profissionais, lazer, espiritualidade, etc.);

c) No verso da capa, devemos desenhar, sempre a lápis, os símbolos 3, 2 e 1, sempre nessa ordem. Ao lado de cada símbolo escrevemos três

> *"Obtém-se mais facilmente o que se pede sem manifestar pressa em obtê-lo."*

vezes o *mantra* respectivo. Repetimos o mesmo processo na contracapa, em seguida colocamos uma folha ou foto sobre os mesmos para que não sejam vistos por uma eventual pessoa não habilitada;

d) Escreva (sempre a lápis), desenhe, cole, peça o que quiser sobre cada um dos assuntos. Faça aquilo que Jesus disse que deveríamos fazer, Ele não impôs limitações. Podemos colar fotos de pessoas, animais, objetos, etc. para os quais desejamos direcionar a energia Reiki. Podemos escrever em qualquer idioma e termos erros ortográficos, pois o que importa são as ondas mentais impregnadas no momento em que escrevemos;

e) Para ativação do caderno, coloque-o sobre a mão não dominante, em forma de concha e com os dedos unidos. Com a outra mão, desenhe os símbolos na sequência 3, 2 e 1 sobre a capa. Aplique cinco minutos de energia no caderno entre as mãos. O caderno estará ativado e energizado por um dia, ou seja, deverá ser reenergizado a cada 24 horas, aproximadamente. Os símbolos ativarão o direcionamento da energia Reiki a todos os pedidos que estiverem contidos no caderno;

f) A energização diária deverá ser feita em cinco minutos, sobre qualquer um dos lados;

g) Agradeça sobre o pedido, escrevendo a lápis "muito obrigado", quando este for alcançado.

Obs.: Se você não consegue realizar alguns de seus desejos, usualmente, significa que alguma coisa tem de ser mudada ou tratada antes, para depois esse desejo poder se tornar realidade. A realização de um desejo será facilitada quando todos os aspectos envolvidos estiverem em harmonia com a energia do amor.

"Não há necessidade de apagar a luz do próximo para que a nossa possa brilhar."

18.2 Técnica da caixa

A mais poderosa maneira de abrir, ativar, energizar e equilibrar todos os seus chacras e manter seu corpo e mente numa condição saudável é amar. Isso pode não parecer uma técnica muito científica, mas é. O amor é a maior força terapêutica que existe, o maior instrumento para a evolução e purificação. Quando amamos a nós mesmos e estamos aptos a oferecer esse amor aos outros, sem julgar se merecem ou não, mantemos nossos corpos recarregados e vitalizados com a energia da vida. Isso pode parecer uma coisa difícil de conseguir, mas, na verdade, isso pode ser tão simples quanto você acredita que é. Devemos assumir inteira responsabilidade com o nosso despertar e o despertar da humanidade.

Observamos que os reikianos que utilizam a técnica da caixa obtêm mais rapidamente resultados em seu caderno pessoal. Perante as leis da espiritualidade, ajudando aos outros, estamos ajudando a nós mesmos. A técnica da caixa é a maneira que temos de auxiliar um grande número de pessoas com as quais não temos uma ligação maior. É usada também quando não temos dados suficientes sobre a pessoa a quem estamos direcionando a energia Reiki, ou seja, quando temos endereços incompletos, nomes incompletos, apelidos, indicações como "o amigo do porteiro", etc. Sua ênfase é sobre os corpos superiores de aura.

18.2.1 Ativação da caixa

a) Escolha uma caixa média de algum material que no futuro possa ser queimado facilmente (papelão, madeira, etc.). Uma boa opção é uma caixa de sapatos;
b) No fundo da caixa, internamente, colocamos os símbolos 3, 2 e 1, desenhados a lápis, nessa ordem, cada qual com seu respectivo

"Cumpra suas promessas."

mantra três vezes. Colocamos sobre eles uma folha, para que não sejam visualizados por pessoas não iniciadas no Nível 2. Na tampa não há necessidade de colocarmos os símbolos;

c) Dentro da caixa, colocamos pedidos de diversas pessoas, simultaneamente, a quem desejamos direcionar a energia Reiki. Pode-se colocar fotos, bilhetes, pedaços de tecidos, etc.;

d) A ativação é feita após cinco minutos de aplicação de energia Reiki. A cada vinte e quatro horas é necessária a reativação da energia por mais cinco minutos.

"O Universo doa em abundância
quando você adota uma atitude de gratidão."

CAPÍTULO 19

Respiração dos chacras, vitalização e equilíbrio

Devemos nos conscientizar de que, pela respiração, estamos ligados a tudo o que nos envolve. Todas as pessoas, animais e plantas respiram o mesmo ar. Você inala aquilo que eles exalam e vice-versa. Mas não é somente no ambiente externo que o ar nos liga com tudo. Também no nosso interior ele estabelece um contato, um intercâmbio permanente. Até na menor das células penetram partes da nossa respiração, suprindo o nosso corpo com força vital.

Da Índia conhecemos a palavra *prana*, que significa alento vital. Estamos ligados, pela respiração, com a força vital que a tudo penetra e sem a qual não poderia haver criação. Assim tomamos consciência das dimensões da importância de nossa respiração, que representa algo tão universalmente grande, embora tão comum.

Ao dirigir a consciência para a nossa respiração, podemos dar origem a muitas coisas positivas, influenciando os chacras.

19.1 Técnica da respiração usando o símbolo 1

a) Sente-se confortavelmente, sem sapatos, com as costas eretas, mantenha os olhos fechados e permaneça alguns minutos em silêncio, sentindo

> *"Toda vez que se está inquieto, ansioso ou raivoso, devemos parar de agir ou de falar, porque falar ou fazer coisas nesse momento pode ser muito destrutivo. A melhor coisa a fazer é uma boa prática respiratória."*

o ritmo normal da sua respiração. Lentamente, desça as mãos ao colo, pousando-as relaxadamente com as palmas viradas para cima, como se estivessem segurando ovos. Procure trazer bons pensamentos à mente;

b) Após alguns minutos em que você somente prestou atenção na sua respiração automática, vamos dirigir a respiração. Inale o ar calma e uniformemente pelo nariz, três vezes (dessa maneira simples);

c) Agora visualize o símbolo Choku Rei à sua frente, na altura do chacra básico e, ao inspirar, sinta que o chacra está participando do processo (você está respirando também pelo chacra), e que o símbolo é absorvido pela inspiração do seu chacra. Sinta por alguns minutos o símbolo Choku Rei pulsando no chacra básico. Sinta como toda a energia do local, do chacra, se expande;

d) Ao expirar, agora pela boca, visualize todas as emoções negativas sendo expelidas do seu corpo e do chacra (você pode usar a imagem de fumaça escura). Agora visualize o símbolo Choku Rei pulsando no local, como um grande coração dourado (ou outra cor de sua preferência);

e) Repita a operação com todos os outros chacras e, ao chegar ao chacra coronário (no topo da cabeça), depois da expiração e de sentir o símbolo pulsando no local, visualize o símbolo Choku Rei sobre a sua cabeça. Sinta-o apenas por alguns minutos e depois o visualize entrando pelo topo da cabeça e indo até a planta dos pés. Ao chegar a esse local do seu corpo, ele sairá e será absorvido pela terra.

Obs.: Na hora em que estiver visualizando o símbolo Choku Rei, você pode fazer afirmações, como "Eu me permito estar em harmonia com o Cosmo! Eu sou Luz!" ou outra frase/ideia de sua preferência (contanto que a temática seja um processo de abertura e harmonização), três vezes, e assim estará intensificando o processo de limpeza. Não se esqueça de que o símbolo é a união do *mantra* e do *yantra* (sons e formas); então, ao visualizar a forma do símbolo, repita seu som três vezes.

"Não deixe crescer ervas daninhas no jardim do seu corpo."

ANEXO 2

Parábola do samurai

Um samurai grande e forte, de índole violenta, foi procurar um pequenino monge.

– Monge, ensina-me sobre o Céu e o inferno! – disse numa voz acostumada à obediência imediata.

O monge miudinho olhou para o terrível guerreiro e respondeu com o mais absoluto desprezo:

– Ensinar a você sobre o Céu e o inferno? Eu não poderia ensinar-lhe coisa alguma. Você está imundo. Seu fedor é insuportável. A lâmina da sua espada está enferrujada. Você é uma vergonha, uma humilhação para a classe dos samurais. Suma da minha vista! Não consigo suportar sua presença execrável.

O samurai enfureceu-se. Estremecendo de ódio, o sangue subiu-lhe ao rosto e ele mal conseguia balbuciar uma palavra de tanta raiva. Empunhou a espada, ergueu-a sobre a cabeça e se preparou para decapitar o monge.

– Isto é o inferno – disse o monge mansamente.

O samurai ficou pasmo. A compaixão e a absoluta dedicação daquele pequeno homem, oferecendo a própria vida para ensinar-lhe sobre o inferno! O guerreiro foi lentamente baixando a espada, cheio de gratidão, subitamente pacificado.

– E isto é o Céu – completou o monge com serenidade.

História zen-budista

> *"É muito importante ter uma atmosfera amorosa em sua casa. Faça tudo que puder para ter um lar tranquilo e harmonioso."*

霊気

Parte III

Nível 3-A "A realização"

"Em vez de ser contra o mal, seja a favor do amor."

CAPÍTULO 20

Considerações iniciais

No Nível 1, recebemos o "Despertar" e percebemos que não havia a necessidade de conviver com tantos problemas que resultavam em sofrimentos, doenças psicossomáticas, dores, desequilíbrios que se manifestavam em nosso corpo físico, no nosso "eu menor".

Recebemos no Nível 2 a "Transformação", onde passamos a interferir, literalmente, naquilo que até então era considerado intocável, como nosso destino ou nosso carma. Tomamos conhecimento que podemos e devemos, por meio do nosso livre-arbítrio, fazer e refazer nossa vida pessoal, no que tange a todos os aspectos da vida. O Nível 2 é centrado nos processos mentais e emocionais, nos resíduos energéticos da nossa emoção, do nosso sentir, inclusive de outras vivências.

No Nível 3-A, atingimos a "Realização". Percebemos que temos um poder imenso, podemos realizar muito mais do que imaginávamos. Adquirimos a consciência de que não somos únicos em nós mesmos e que estamos em intrínseco movimento com o Universo, nossos corpos sutis se interpenetram, nossos "eus" participam igualmente do processo de viver. Pode parecer que o processo da "Realização" é algo complexo, destinado somente a pessoas especiais, evoluídas, o que não é verdade. Estamos há milênios no processo da "Realização", inconscientemente, procurando saber quem realmente somos, o que representamos, o que

"Quase tudo o que você deseja realizar está ao seu alcance. Basta você perceber. Querer é poder."

fazemos aqui, para onde vamos. Essas são as premissas principais para a "Realização". Toda "Realização" envolve a necessidade da nossa expansão, que percamos um pouco de nossas raízes terrenas, imediatistas, e nos projetemos no Cosmo, a Fonte de nossa vida. Conheceremos a verdadeira face da divindade e nos tornaremos Luz. A "não Realização" é o mesmo que fazer uma tentativa de esconder Deus numa gaveta. Entenderemos que todas as nossas imperfeições, nosso lado ruim, do qual por enquanto ainda não nos libertamos, são etapas dessa humanidade rumo à "Realização". Permitiremos que o Universo esteja em nosso coração apesar dos nossos conflitos.

20.1 O método Reiki e a evolução da consciência

A grande busca de todas as pessoas é a felicidade. Com este objetivo nos envolvemos numa série de situações, como o rompimento de relacionamentos afetivos, mudanças de emprego, de casa, de cidade, de país, etc. Entretanto, muitas vezes ainda continuamos com dificuldades em obter "essa tal felicidade" (Tim Maia). Buscamos fora o que deveria ser buscado internamente. Toda a felicidade está no nosso âmago, mas muitos tentam transferir a condição de felicidade para o exterior, o que não nos liberta. Apegamo-nos às coisas, pessoas, poder, *status,* mas nada disso garante a nossa felicidade. Agimos tentando resolver um problema e deparamo-nos com outro ainda maior. Custamos a compreender a simplicidade da vida. Cada um dos acontecimentos a que denominamos obstáculos, traumas, dificuldades nos dá uma chave para descobrirmos o milagre de nossa existência e para entendermos o segredo e a magia da vida. Essas "oportunidades" são os verdadeiros desafios que fornecem energia e alavancam o desenvolvimento de nossa consciência.

Procurei felicidade por este mundo sem fim,
sem saber que, na verdade, ela estava dentro de mim."

Do ponto de vista espiritual, a vida é uma viagem em direção a nós mesmos. Há uma infinidade de caminhos. Cada um deve escolher o seu. Precisamos, na maior parte das vezes, fazer mudanças profundas no modo de viver, aprender a andar com as próprias pernas, abrir os portais para nossa sabedoria interior. Somos muito mais do que pensamos ser. Precisamos esvaziar-nos interiormente de preconceitos, emoções e pensamentos, para que assim nos tornemos disponíveis para uma nova realidade. O método Reiki pode ser um caminho seguro de autodescoberta, mas nem sempre é cômodo, já que toda mudança exige um período de adaptação. Reiki é uma prática que leva a pessoa a uma profunda transformação e à expansão da consciência, mas esse é um processo vagaroso, que requer paciência, persistência e uma grande vontade de realizar mudanças profundas de comportamento, visando melhorar e evoluir. Para que as mudanças ocorram harmoniosamente, precisamos de tempo para nos estabilizar. Não existe iluminação instantânea. Crescer demanda tempo, comprometimento pessoal e vontade de aprender. Podemos comparar as escalas da evolução espiritual com degraus. Quando atingimos um degrau mais elevado de nossa consciência, as exigências tornam-se maiores. A vida é uma eterna mudança e transformação. Em vez de resistirmos a ela, podemos aprender a acompanhá-la.

Um grau de Reiki não se reflete na maturidade e na espiritualidade do iniciado. O nível de Reiki apenas cria a possibilidade de canalizar a energia Reiki. Encontramos energia e coragem para afastar os obstáculos passo a passo, tirando uma a uma as pedras que estão no caminho, logicamente, iniciando com as pequenas dificuldades. No Japão, o caminho percorrido pelo iniciado é chamado de *Reiki-Do* (*Do* = caminho). Qualquer caminho espiritual pode enriquecer o do Reiki e o método Reiki pode enriquecer qualquer caminho espiritual. O uso da energia Reiki proporcionará às pessoas a oportunidade de despertar. O importante é

"Muitos caminhos levam à casa do Pai.
O método Reiki é apenas mais um."

que o uso do método Reiki seja feito regularmente e de forma prazerosa, sem se tornar uma obrigação, o que obstruiria o processo.

A harmonização ocorre de baixo para cima. Isso significa que, para construir nosso "templo", devemos, inicialmente, aprender a assentar os tijolos.

A primeira grande transformação ocorre no nível físico (primeiro chacra), logo após a iniciação no Nível 1 do Reiki, desde que a pessoa faça autoaplicação diariamente. A energia Reiki age diretamente sobre o cérebro, os chacras e as glândulas do sistema endócrino, produzindo funcionalidade e imunidade. O organismo restabelece seu funcionamento normal, os olhos ficam mais cintilantes, a pele, mais sedosa. O intestino começa a funcionar bem, as toxinas se soltam de suas paredes, o sono natural é restabelecido, etc. Observaremos um verdadeiro rejuvenescimento de cinco até dez anos em alguns casos. Gradativamente, as dificuldades relacionadas ao primeiro chacra, ligadas à nossa sobrevivência, são esclarecidas. Notamos que não precisávamos de tanto para viver em paz e bem.

Em seguida, o segundo chacra, da alegria e das emoções, começa a se equilibrar, principalmente após a iniciação do Nível 2. Desfazem-se nossos medos, ansiedades, preocupações, ira, frustrações e outros estados perturbadores. De forma descomplicada, criamos e vivenciamos a paz. Eliminamos, assim, a necessidade de repetir os velhos padrões.

A harmonização continua no nível do terceiro chacra, aumentando nossa capacidade (poder) de vida e relacionamento.

A energia Reiki penetra pelo chacra coronário e passa pelo chacra cardíaco. Quanto mais a usamos, mais desenvolvemos o chacra do amor incondicional, da compaixão, que nos leva em direção à Unidade e à harmonia. O amor e a compaixão são forças espirituais capazes de transformar o mundo à nossa volta. Presenciei o quanto a energia Reiki mudou

"Todo começo é fácil. Difícil é galgar os últimos degraus."

a mim e a várias pessoas. Essas mudanças nos tornam um novo ser. As pessoas de nosso convívio precisarão de um tempo para se acostumar.

A partir do quinto chacra, passamos a alterar a nossa percepção. Por meio do aprimoramento de nossa percepção, somos levados a notar coisas até então despercebidas. Às vezes, a poluição ou os ruídos absorvidos como normais, que nos passavam despercebidos, começam a nos incomodar. Passamos a prestar mais atenção em nós mesmos, se estamos cansados, tensos, preocupados, com dores. As energias reprimidas se tornam perceptíveis. Aprendemos mais a respeito de nós mesmos: nossos defeitos, nossas fraquezas e limitações. Somos conduzidos ao âmago do nosso eu, que se esconde embaixo de todas essas camadas. Quando os portais da percepção se abrem, passamos a perceber situações em sua globalidade. Constatamos que nada é novo, apenas nossa percepção e sensibilidade é que se expandiram. Estamos mais despertos e vemos com mais clareza e discernimento o que acontece ao nosso redor. Principalmente após a iniciação do Nível 2 do Reiki, nossa intuição também é reforçada. Com nossa intuição ativada, passamos a recordar melhor nossos sonhos e até a sentir mais facilidade para desvendar mensagens neles contidas. Passamos a receber sinalizações sobre qual direção seguir, que decisões tomar em nossa vida cotidiana. A energia Reiki passa a ser para nós um verdadeiro guia. Somos conduzidos com naturalidade para um novo patamar que ultrapassa os limites do degrau que o racional nos impõe.

Com o método Reiki, aumentamos nosso campo áurico de energia, tendo como consequência final a expansão de nossa consciência, um verdadeiro aprofundamento de nossa sabedoria interior. Alargamos nossos horizontes, sentimo-nos mais vivos e conectados com o Todo, reorientando nossa vida dentro do plano cósmico (crescimento espiritual).

A energia Reiki tem uma amplitude que escapa à nossa compreensão e controle. Vivemos num mundo multidimensional. A vida abriga muito

"A grande tarefa é conseguir vencer a si mesmo."

mais dimensões do que imaginamos. Percebemos apenas um pequeno fragmento da realidade cósmica. Nossa consciência pode se expandir em todas as direções, se quisermos; a nossa percepção não é a única. As outras também estão acessíveis, precisamos apenas alargar nossos horizontes. As regras básicas para a expansão da consciência estão em harmonia com o método Reiki: amor, humildade e tolerância.

Somos projetados através da Fonte, uma centelha divina numa viagem de aprendizado, descendo até o plano físico. Estamos no caminho de retorno, o caminho da evolução, num processo de espiritualização e compreensão do Universo. Essa evolução é possível por meio da expansão da nossa consciência. Valorize o método Reiki: uma ótima ferramenta para nosso crescimento. Reikiano, faça o Nível 3-A!

"Não há tempestade capaz de arrancar uma árvore cujas raízes fincam fundo na terra."

CAPÍTULO 21

O Nível 3-A

O Nível 3-A do Reiki é também conhecido como o Nível de Mestre Interior ou Nível de Consciência. A princípio, a técnica Reiki envolve somente três níveis. O Nível 3-A foi desmembrado do último módulo, por alguns mestres, para que alguns alunos que não desejassem lecionar o método Reiki (um curso mais caro e demorado) pudessem, num rápido seminário, aprender a trabalhar com a energia fortalecida dos mestres do Reiki. O Nível 3-A está disponível para aqueles reikianos que receberam os dois primeiros níveis e já estão preparados para expandir o seu potencial para a canalização da energia. Essa graduação envolve uma nova ativação energética, fundamental. Essa iniciação não qualifica ainda o aluno a ensinar o método, ficando sua utilização limitada ao uso pessoal. Este nível facilita ao aluno encontrar sua verdade mais real, tocar seu próprio carma, um aprendizado consciente e constante. No Nível 3-A, recebemos, por meio do quarto símbolo, um poderoso instrumento de impulsão para a harmonização do Todo. Este símbolo serve para amplificar ou intensificar os efeitos dos símbolos recebidos no Nível 2, capacitando o aluno a harmonizar e tratar um grande número de pessoas (multidões), estados e até países. Podemos ser agentes da regeneração planetária. O novo símbolo nos leva ao âmago das emoções das outras pessoas,

"Ser hoje melhor do que ontem, e amanhã melhor do que hoje. Eis um dos grandes objetivos da vida."

permitindo-nos conectar suas partes mais puras, suas porções divinas. O Nível 3-A requer habilidade, pois o volume de energia envolvido no processo de recuperação é muito grande, promovendo rápidas eliminações de bloqueios energéticos, impregnados em nossos corpos.

Neste nível, ensino técnicas complementares, não reconhecidas pelas escolas mais tradicionais do Reiki. Não podemos negar o mérito das escolas tradicionais do Reiki por haver introduzido o método Reiki no Ocidente e por haver preservado, dentro do possível, a pureza do sistema. Contudo, métodos modernos de ensinamentos também funcionam de forma eficaz, logo, devem ter seu lugar e mérito.

É comum ouvirmos afirmações de mestres tradicionais dizendo que os outros não têm o verdadeiro Reiki, que receberam ensinamentos errôneos, que não funcionam, porém tais atitudes são contrárias à ética terapêutica e antagônicas à energia Reiki, que é a mesma, seja qual for o sistema.

"Não se encontra o que é correto com meios incorretos."

CAPÍTULO 22

O símbolo do Nível 3-A

O Dai Koo Myo é o quarto símbolo do Reiki. É conhecido como símbolo Mestre, Mestre dos símbolos ou o símbolo da Realização. Esse símbolo significa "aumento de poder" e pode ser traduzido também como "nos levando de volta a Deus" ou, como prefiro em meus seminários, "Deus (Grande Ser do Universo), brilhe sobre mim e seja meu amigo". Esse símbolo tem sua origem nos *kanjis* japoneses, conforme tabela demonstrativa a seguir.

"Platão disse: 'aprender é recordar'."

Existem, atualmente, maneiras distintas de desenhar os símbolos do Reiki, ensinadas por diferentes Mestres. Todas as versões funcionam bem, não é fundamental que todos o tracem da mesma forma. O importante na aplicação dos símbolos do Reiki é a intenção. Aconselho todos os alunos que o utilizem da forma como estão acostumados. A maneira apresentada neste livro me foi ensinada no Japão como aquela habitualmente utilizada pelo Mestre Mikao Usui.

Cada símbolo do Reiki concentra-se num dos corpos vibracionais. O símbolo Choku Rei (símbolo 1) apresenta ressonância com o corpo físico; o símbolo Sei He Ki (símbolo 2), com o corpo emocional; o símbolo Hon Sha Ze Sho Nen (símbolo 3), com o corpo mental; e o símbolo Dai Koo Myo (símbolo 4) trabalha o corpo espiritual. O Dai Koo Myo é o símbolo de tratamento e resgate da alma (corpo espiritual), visando à sua liberação dos ciclos reencarnatórios, conforme prega o Budismo. Torna a sessão muito poderosa, a ponto de sanar o mal que está na fonte superior, a causa primeira. Opera transformações profundas no receptor. Chegamos a presenciar verdadeiros milagres durante e após as sessões de Reiki. Segundo minha percepção, é uma das energias terapêuticas mais potentes de que dispomos no planeta Terra e, sem dúvida alguma, uma das mais positivas.

Nosso corpo espiritual tem uma sabedoria que ultrapassa em muito o intelecto médio. Esse corpo retém todo o conhecimento desde o início de sua criação e carrega a infinita sabedoria da Divindade. O Dai Koo Myo vai direto à energia Fonte, ligando a pessoa receptora a essa energia. Traz sabedoria ilimitada por meio da manifestação da Divindade sobre o plano físico. Sua utilização permite uma conexão imediata entre o "eu físico" (finito) e o "Eu Superior" (Infinito). Logo, seu uso é indispensável durante os rituais de sintonização de novos reikianos.

"Quando o pensamento e a experiência tornam-se um, isso indica que a consciência se modificou."

Coloca-nos em contato com energias de alta frequência, acelerando as partículas energéticas do nosso corpo e do campo vibracional a nossa volta, limpando de imediato todos os canais sutis que servem de condução à energia Reiki.

Ao lado, o símbolo Dai Koo Myo gentilmente cedido pelo Mestre de Reiki japonês Fuminori Aoki.

22.1 Significado dos *kanjis* do "Dai Koo Myo"

Significado de cada um dos três *kanjis* que compõe o símbolo Dai Koo Myo		
大	Daí	Divindade Sabedoria da Cabeça Luz radiante de um Iluminado
光	Koo	Brilho ou luz do Sol
明	Myo	Sol (à esquerda) e Lua (à direita) Eterna luz

"A qualidade deixa marcas no tempo."

22.2 Outras Versões do "Dai Koo Myo"

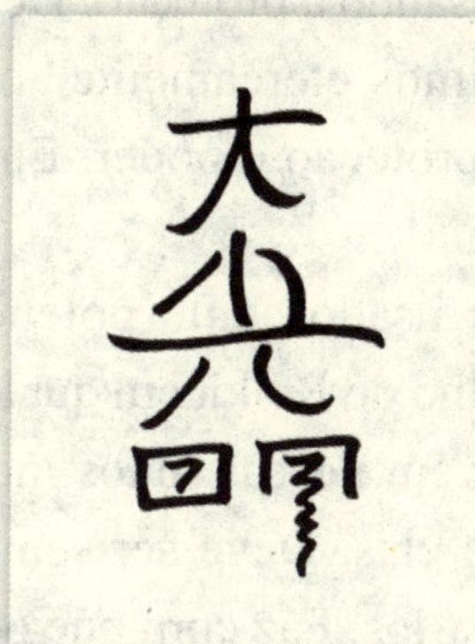
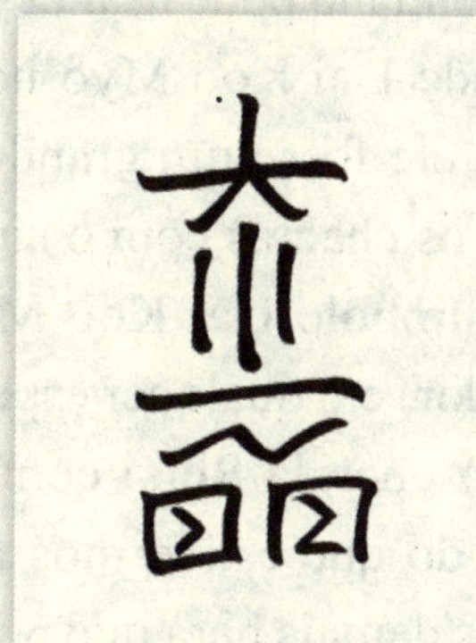
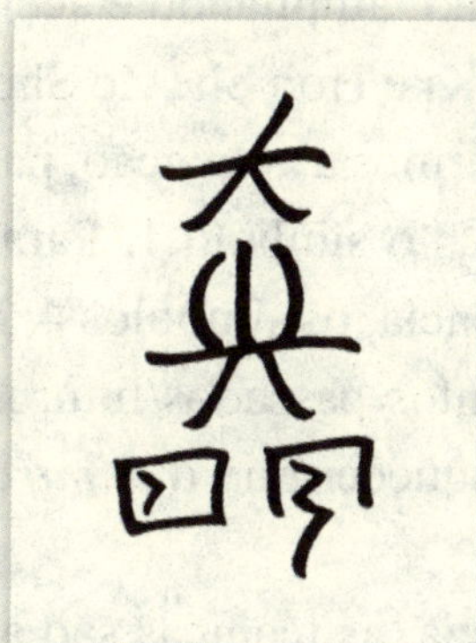
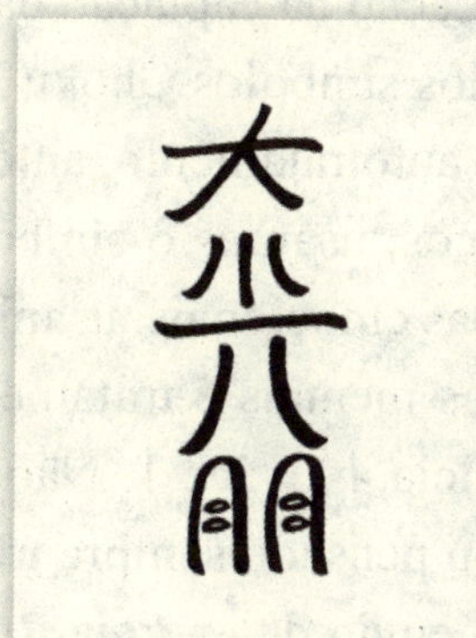
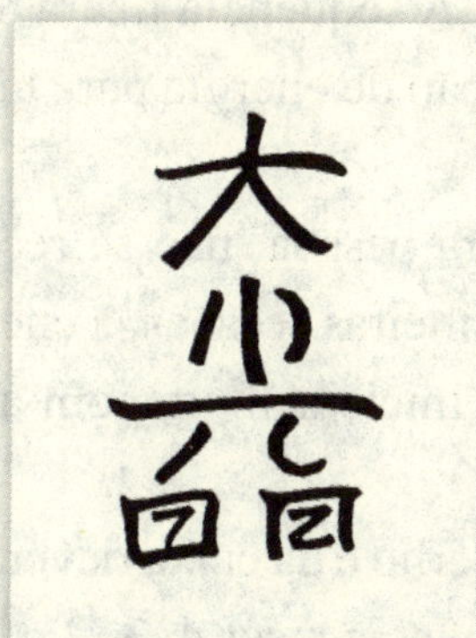
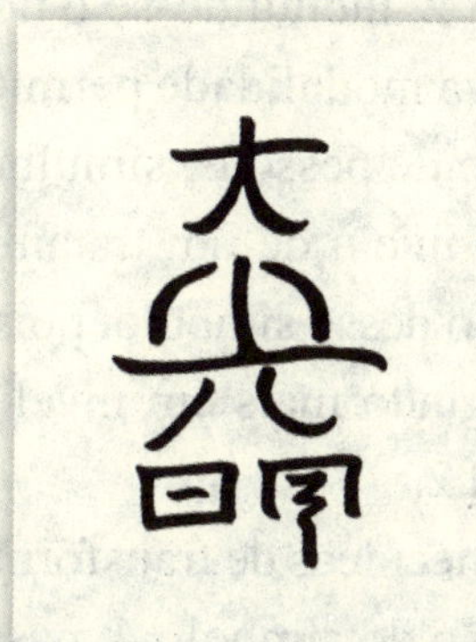

"O Universo é um reservatório ilimitado de possibilidades."

22.3 Utilização do "Dai Koo Myo"

O reikiano pode usar esse símbolo visando a proteção. Desenhamos um grande Dai Koo Myo no ar e "vestimos etereamente" o símbolo, como se ele fosse um grande manto de proteção e poder. Em seguida, selamos os chacras com o símbolo 1.

O símbolo Dai Koo Myo pode ser usado como potencializador (ampliador) em qualquer espécie de trabalho do Reiki, em qualquer lugar e hora. A energia Reiki começará a fluir em nossas mãos independentemente do que estivermos fazendo com elas. Deve ser sempre usado antes dos demais para que possa amplificá-los. Faz com que ocorra uma intensificação da captação da energia Reiki, ampliando e acelerando os efeitos dos símbolos Choku Rei, Sei He Ki e Hon Sha Ze Sho Nen.

No autotratamento, antes de começarmos a aplicação, para problemas físicos, usamos o símbolo 4 e depois o símbolo 1. Para trabalhar problemas emocionais, usamos, na sequência, os símbolos 4, 2 e 1. Para processos mentais e tratamentos de eventos passados/futuros, usamos a sequência 4, 3, 2 e 1. Não devemos esquecer que o *mantra* deve ser falado ou pensado sempre três vezes.

No envio de energia Reiki a distância, as técnicas são as mesmas do Nível 2, incluindo-se o novo símbolo. A sequência ficará 4, 3, 2 e 1. Essa nova modalidade permitirá a irradiação de energia para um número ilimitado de pessoas, simultaneamente.

No início de um tratamento em outra pessoa, não se recomenda a utilização desse símbolo, pois, nas três primeiras sessões, a energia Reiki estará agindo mais em nível de limpeza. Inicie sempre com as técnicas do Nível 2.

As técnicas de transformação, do caderno e da caixa deverão receber a inclusão do símbolo 4, passando a sequência a ser 4, 3, 2 e 1.

"A dúvida é o começo da sabedoria."

CAPÍTULO 23

Ativação dos canais de força

O chacra coronário *(sarashara)* é o mais complexo de todos, apresenta 972 pétalas (segmentos). É o elo entre nosso corpo físico e a Realidade Cósmica ou Energias Superiores. A abertura deste chacra implica abertura da consciência e perfeição do ser. Gera a visão global do Universo. É nosso caminho de crescimento, fazendo com que possamos alcançar a serenidade espiritual, a completa consciência universal, o sentido de totalidade, de paz e fé, nos dando um sentido próprio para nossa existência.

A energia aplicada durante uma sessão de Reiki é captada pelo chacra coronário. A técnica de ativação dos canais de força permite que você ative e equilibre este chacra, fazendo com que a energia Reiki possa ser captada e flua em grandes quantidades, proporcionando a condição do tratamento de multidões, estados, países, planeta, etc.

Faça esta sequência, se estiver sintonizado energeticamente no Nível 3-A, caso contrário não o tente:

a) Junte os dedos anelares, médios e polegares de cada mão. Os dedos indicadores e mínimos devem permanecer esticados;
b) Encoste as mãos, de maneira que os dorsos dos dedos médios e anelares permaneçam juntos e os dedos mínimo e indicador da mão direita fiquem sobre o dedo mínimo e o indicador da mão esquerda;

"Aperfeiçoar não é mudar de qualidade, mas, sim, aprimorar as qualidades."

c) Leve as mãos para o alto da cabeça, como se fosse uma antena, tocando o chacra coronário com as pontas dos dedos que estão unidos (médio, anelar e polegar);
d) Desenhe mentalmente no topo da cabeça os símbolos 4, 1, 3 e 2, exclusivamente nessa sequência, pois é como se fosse uma senha. Os símbolos deverão ser imaginados entrando pelo chacra coronário;
e) Permaneça nessa posição por três minutos e seu chacra coronário estará ativado para captar energia em grande quantidade.

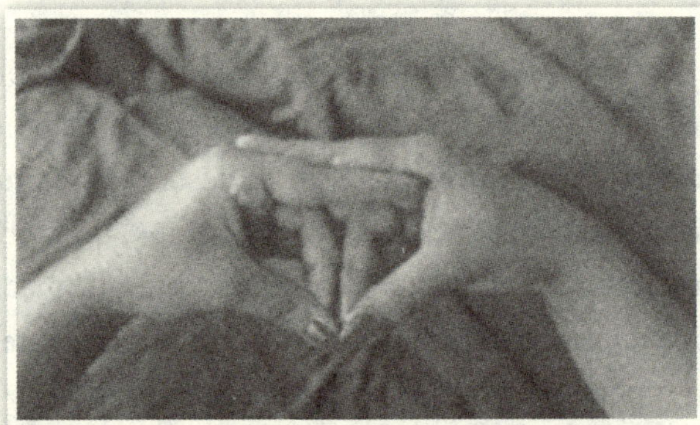

Vista frontal

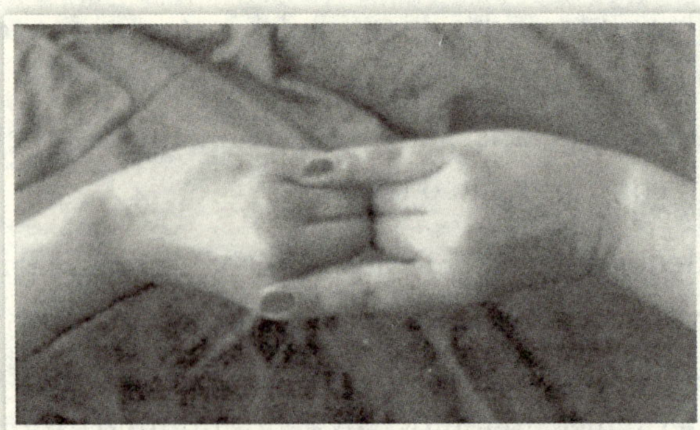

Vista superior

"A fonte inesgotável está dentro de si.
Se você tem a fonte, pode oferecer água à vontade."

CAPÍTULO 24

Reiki no planeta

Os distúrbios climáticos causados por fenômenos como *El Niño*, *La Niña* e outros nada mais são do que a resposta do planeta aos maus-tratos que tem recebido da humanidade, com a emissão de poluentes na atmosfera, lixo atômico, testes nucleares, desmatamentos, etc. Cada um de nós tem sua parcela de culpa nas agressões que tem sido sofridas pelo planeta.

Conforme comprovou Albert Einstein em sua teoria da relatividade, massa e matéria de nosso planeta nada mais são que energia condensada, que se apresenta na forma de montanhas, rios, oceanos, etc. Sendo energia, o planeta também pode receber interferência e ser tratado com a energia Reiki.

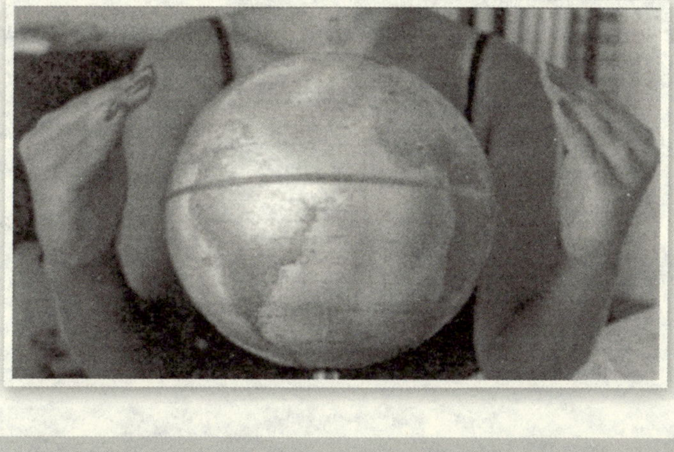

"Seja bondoso com a Terra. Trate bem do nosso planeta. Nossos filhos, netos e bisnetos precisarão dele para respirar e se alimentar, e agradecerão."

O reikiano de Nível 3-A, pelo volume de energia que passa a canalizar, poderá funcionar como um agente da regeneração planetária. Podemos nos envolver com a proteção ambiental, conseguir ajudar mais eficazmente a Terra e tudo o que nela vive. O tratamento consiste em reativar os chacras e meridianos, para todo o planeta ou na parte dele que esteja sendo devastada.

O mestre norte-americano do Reiki William Lee Rand participou de uma reunião de mestres de Reiki na ex-clínica do Reiki da Mestre Hawayo Takata, em Hilo, Havaí, no mês de abril de 1996. Durante a cerimônia, foi pregado e pedido que todos os praticantes e mestres do Reiki trabalhassem em harmonia para tratar o planeta.

Harmonize-se com a vibração da Era de *Aquarius*. Você pode ajudar o planeta! A orientação é que seja feita aos domingos, às 18 horas, no local onde estivermos. Um grande número de reikianos irradiando ao mesmo tempo potencializará (deixará mais forte) a energia. Daí trabalharmos com dedicação para difundir o método Reiki. Somente contribua se estiver devidamente sintonizado nos Níveis 3-A ou 3-B.

Trace os símbolos 4, 3 e 2; imagine o planeta entre suas mãos; faça três vezes a afirmação de que está enviando a energia Reiki para a Terra; trace o símbolo Choku Rei e permaneça assim de quinze a trinta minutos. Lembre-se sempre de pronunciar os respectivos *mantras* três vezes, após desenhar os símbolos.

"Não têm direito chamar Deus de meu Pai
aqueles que não podem chamar os homens de meus irmãos."

CAPÍTULO 25

Meditação com os símbolos

Meditação é o estado mental em que se consegue atingir o ritmo *alfa*. O ritmo do cérebro baixa para uma média de oito ciclos por segundo e a pessoa estará tocando na Sabedoria, no Poder e nas Forças Superiores. Por meio da meditação, do relaxamento, da calma profunda, da paz de espírito, da contemplação, da oração, poderemos alcançar a interiorização que nos coloca em comunhão com o Universo e com Deus. A meditação é a via direta de ligação com o Poder e a Sabedoria Infinita. Em outras palavras, com Deus. É chegar à Luz, ao Pai, à Fonte.

Meditar com os símbolos é extremamente harmonizante, pois combina os resultados usuais da meditação com o poder transformador e terapêutico dos símbolos do método Reiki. Promove um profundo relaxamento neurológico e expansão da consciência.

Acompanhe a sequência:

a) Sente-se ou deite-se confortavelmente, com os olhos fechados, deixe mãos e pernas estendidas, sem cruzá-las;

b) Visualize o símbolo 4, na cor branca, acima de sua cabeça, repita o nome mentalmente e vagarosamente (três vezes). Sinta-o entrando através do seu chacra coronário, como se fosse uma bola luminosa de tênis, descendo pela coluna até o chacra básico;

"A paz é a saúde da mente;
é a qualidade mais desejada depois do amor."

c) Visualize que todos os chacras se tornam mais luminosos à medida que o símbolo 4 desce pela sua coluna. Sinta que sua energia se expande;

d) Repita a mesma operação com o símbolo 3 (na cor azul), com o símbolo 2 (na cor verde) e com o símbolo 1 (na cor violeta);

e) Ao final, visualize-se envolto por uma grande esfera de luz violeta.

Obs.: Você obterá melhores resultados se usar luz indireta, música *new age* e incensos. Durante o processo, procure não ser interrompido.

"Seja paciente consigo mesmo."

CAPÍTULO 26

A mandala de cristais

26.1 Os cristais

Cristais são a manifestação mais pura da energia e da luz no plano físico. Os átomos que os compõem estão em perfeita harmonia e permitem, assim, a manifestação da luz em forma sólida. Cientificamente, por meio da física moderna, já está provado e comprovado que os cristais são os melhores condutores e amplificadores de energia que se conhece, sendo utilizados na composição de fibras óticas, *chips* de computador, fabricação de relógios (quartzo), etc. Da mesma forma podem ser usados para ampliar os efeitos da energia Reiki, promovendo resultados melhores e mais rápidos.

26.2 Cristais e Reiki

Os cristais de quartzo têm a propriedade de serem capazes de absorver e manter pensamentos e intenções, sendo possível também programá-los para emitir a energia Reiki, que poderá ser canalizada para pessoas ou qualquer outro objeto ou situação. As bênçãos e os resultados são verdadeiramente incríveis.

"Comprometa-se com a qualidade."

26.3 Escolha dos cristais e preparação

Cada cristal tem sua própria vibração e haverá alguns mais apropriados para a utilização com a energia Reiki que outros. A escolha deve ocorrer usando a intuição ou qualquer outro método alternativo, como o uso do pêndulo, por exemplo. Os místicos afirmam que o cristal é que nos escolhe e não nós a eles; abuse de sua intuição. Devemos adquirir oito cristais. Você irá precisar de seis cristais parecidos para a parte externa de sua mandala, um para o centro e outro para usar como cristal mestre. O do centro pode ser lapidado, tipo gerador, como prefiro, ou até uma pirâmide, bola ou biterminado. Os demais, é fundamental que sejam biterminados, para que funcionem como receptores e emissores de energia.

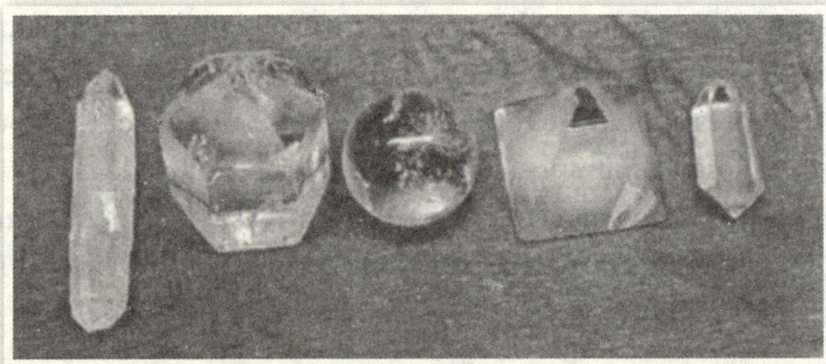

Tipos de cristais para a mandala

Devemos limpar os cristais de possíveis energias impróprias que possam conter. Todas as vibrações deverão ser removidas, para que os cristais fiquem totalmente neutros. Existem vários métodos para limpeza dos cristais, tais como:

- colocá-los sob a água corrente;

"Precisamos entender que os poderes superiores se encontram dentro do próprio ser humano e não fora dele."

- deixá-los no sol por oito horas, ao ar livre durante a lua cheia, enterrados parcialmente no solo, com as pontas para cima, para sintonizá-los com a energia da Terra/sol/lua;
- colocá-los imersos em água salgada por vinte e quatro horas, em água do mar ou com sal grosso;
- defumá-los;
- encobri-los com sal marinho;
- aplicar energia Reiki com a intenção de limpá-los (com o símbolo Choku Rei).

Use o método que achar melhor, para que os cristais fiquem prontos para o uso.

26.4 As mandalas

As mandalas são desenhos geométricos que geram energia, como a cruz, a suástica de Hitler e tantos outros conhecidos. Essas linhas, desenhadas em papel, criam um efeito psíquico no espaço ao redor do desenho e influenciarão a aura humana e os chacras de várias formas.

26.5 O hexagrama

Esta mandala tem origem na mais remota Antiguidade, tendo sido usada, inclusive, pelo Rei Davi (estrela de Davi), grupos esotéricos antigos, seitas e ocultistas do passado. Isso não significa que seja um símbolo ultrapassado, pois manterá sempre suas características. Na radiônica é considerado um gráfico altamente harmonizador, como também unificador. O hexagrama pode representar o chacra cardíaco, unificando os

> *"Amamos as coisas e nos aproveitamos das pessoas, quando deveríamos amar as pessoas e nos aproveitar das coisas."*

três chacras inferiores, elevando-os aos três superiores. Ao separarmos as figuras do gráfico, podemos perceber dois triângulos, um voltado para cima e outro para baixo. O triângulo pode significar a Santíssima Trindade (Pai, Filho e Espírito Santo) e o plano tridimensional (físico). Então poderíamos dizer que o triângulo voltado para baixo representa a graça divina voltada para a Terra, e o outro, o ser humano em busca de sua Realização Espiritual. Os triângulos entrelaçados manifestam o potencial unificador.

Podemos utilizá-lo para elevar a consciência, harmonizar os chacras, unificar os corpos sutis, harmonizar um ambiente que esteja espiritualmente conturbado, manifestar no plano físico a vontade do Plano Superior (e não a nossa), auxiliar em estudos profundos, aguçar a nossa intuição, buscar contato com nosso Eu Superior, envolver-nos em proteção espiritual, limpeza de ambiente destinados ao relaxamento e meditação, fazendo com que fiquemos mais receptivos. Existem ainda muitas outras aplicações.

26.6 O antahkarana

É uma palavra sânscrita (*antar* = meio, dentro ou interior e *karana* = causa, instrumento ou órgão do sentido).

Esta mandala é um antigo símbolo de meditação e terapêutico, que vem sendo usado na China e no Tibete por milhares de anos. Tem sido guardado por muito tempo, sendo conhecido e usado por poucos. Seu uso não é amplamente conhecido porque era restrito aos poucos monges tibetanos, que o guardavam para si próprios. Agora é hora de todos na Era de *Aquárius* terem acesso a este símbolo sagrado. Diz Michelle Griffith que este símbolo foi criado pelo conselho dos mestres superiores,

"Aquele que não sabe repartir não sabe amar."

que cuidam da evolução da galáxia. Foi trazido à Terra no período lemuriano, há cerca de cem mil anos, isto, em função dos problemas do povo da Terra na época, que precisaram de ajuda para restabelecer sua ligação com o Eu Superior. Alice Bailey e vários outros autores de filosofia tibetana têm algum conhecimento do antahkarana, o qual você pode também encontrar em grande número de livros. Eles descrevem o antahkarana como parte da anatomia espiritual. Este símbolo é multidimensional, atua em diferentes planos, sendo feito de três números sete numa superfície plana. O número sete representa os sete chacras, as sete cores do arco-íris e os sete tons da escala musical. O número sete é mencionado no *Livro de Revelações* (Apocalipse), como as sete velas, as sete trombetas e os sete selos.

O antahkarana é usado tecnicamente para representar a ponte entre a mente superior e inferior. É também o instrumento operacional entre elas (*The Theosophical Glossary*, H.P. Blavatsky). Ele é a ligação entre o cérebro físico e o Eu Superior. É a ligação que deve intensificar se quisermos crescer espiritualmente. O símbolo antahkarana aqui descrito representa essa conexão, que é ativada em sua presença, onde quer que se esteja. Ele é um símbolo poderoso e apenas sua presença criará um efeito positivo na aura e nos chacras. Cria o que os taoístas chamam de a grande órbita microcósmica, no ponto em que as energias psíquicas, que normalmente entram pelo chacra coronário, entram pelos pés e viajam subindo por trás do corpo até o topo da cabeça, e daí descem pela frente até os pés novamente, ligando, assim, a pessoa à Terra e criando um contínuo fluxo de energia através dos chacras. Sua energia move-se e sobe, através das dimensões invisíveis, até a dimensão do Eu Superior. Qualquer um que usá-lo terá reforçada a ligação entre o cérebro físico e o Eu Superior. Por ser dirigido pelo Eu Superior, o antahkarana sempre tem um efeito

"Não queime as pontes após atravessá-las.
Você ficará surpreso ao ver quantas vezes
terá de cruzar o mesmo rio."

benéfico e nunca pode ser mal usado ou usado para causar o mal. É um símbolo especial que tem sua própria consciência. O antahkarana intensifica os trabalhos terapêuticos em diversas técnicas: Reiki, Johrei, Mahikari, Jin Shin, terapia de polaridade, quiroprática, hipnoseterapia, regressão à vidas passadas, etc. Estes efeitos positivos têm se confirmado nos centros terapêuticos. O símbolo pode ser colocado sob uma mesa de aplicação de Reiki, sob o assento de uma cadeira e nas paredes que, no ambiente, neutralizará a energia negativa absorvida por objetos como: joias, relógios, pedras, etc.

26.7 A mandala de cristais

É possível criar uma mandala de cristais usando um símbolo terapêutico, como, por exemplo, o hexagrama e o antahkarana (existem outros) e oito cristais, o que servirá para enviar energia Reiki visando a recuperação da saúde, proteção e atingir metas. O uso de cristais dispostos em mandala, associados ao Reiki, permite que a emanação da energia continue a ser transmitida por setenta e duas horas com a mesma intensidade, enviada enquanto você estiver desenvolvendo suas atividades cotidianas e rotineiras. A mandala pode ser usada para enviar energia para muitas pessoas e situações ao mesmo tempo. Ela será útil não somente para tratar ou resolver situações pessoais, mas também para sanear e guiar nossas vidas, fazendo com que nos tornemos parte integrante da grande transformação que está ocorrendo no planeta, nos primórdios da Era de *Aquárius*.

"O desafio não é se encher de coisas, mas sim esvaziar-se."

26.8 Construindo sua mandala

a) Prepare um local especial, de preferência que só você tenha acesso, para montar sua mandala. Esse lugar pode ser um altar ou qualquer outro lugar, que se tornará sagrado em sua casa;

b) Você pode escolher um pano ou cartolina para forrar o local onde será montada a mandala. Caso deseje optar por cores, uma boa opção é o azul-escuro, que representa o Infinito, o Cosmo;

c) Desenhe, pinte ou coloque o hexagrama ou o antahkarana sobre o pano ou cartolina;

d) Escolha oito cristais, usando a intuição, que deverão ser purificados antes de serem usados;

e) Após a limpeza, devemos aplicar energia Reiki em cada um dos oito cristais, programando-os com o propósito de proporcionarem amor, saúde e transformação. Trace o símbolo 4, 3 e 2 sobre o cristal, coloque-o entre as mãos e afirme três vezes: "Este cristal está sendo programado para trazer amor, saúde e transformação". Trace o símbolo 1 e aplique energia, colocando-o entre as mãos por um período mínimo de dez minutos. Você pode, se quiser, nesse momento, fazer preces, pedindo que os anjos e arcanjos o ajudem a energizar e programar os cristais;

f) Escolha, dentre os oito cristais, um biterminado que pareça mais masculino *(yang)*. Esse será seu cristal mestre para energizar os outros cristais, fazendo a interligação entre os seis cristais que ficarão nas pontas com o cristal do centro, mantendo a mandala ativada;

g) Coloque cada um dos seis cristais biterminados em cada ponta do hexagrama ou antahkarana, com suas pontas direcionadas para

"Tudo que você precisa lhe é dado. Ironicamente, quando você abre mão disso, começa a receber muito mais."

o centro da figura. O cristal mestre é colocado do lado de fora da mandala. A distância entre os cristais pode variar de vinte a trinta centímetros, dependendo do tamanho da mandala;

h) Colocamos o oitavo cristal no centro. Este poderá ser uma pirâmide, uma bola de cristal ou, como prefiro, um cristal tipo gerador. O cristal do centro servirá de base para a colocação dos pedidos. Não os mova mais para não enfraquecer a conexão energética;

i) Prepare envelopes, um para cada pessoa, onde serão colocadas fotos e cartões com pedidos. No verso da foto e/ou cartões de pedidos, devemos desenhar os símbolos 4, 3, 2 e 1, com seus respectivos *mantras,* três vezes. Nos cartões, devemos colocar os dados pessoais (nomes, endereços), os pedidos e afirmações, tudo escrito sempre a lápis. Use afirmações escritas, tais como:
   - "Eu me permito recuperar e transformar toda vida ao meu redor";
   - "Eu sou pleno de paz, saúde, felicidade e harmonia";
   - "As energias que fluem através de mim se tornam cada vez mais fortes".

   Use sua intuição criativa para gerar novas afirmações;

j) Os envelopes serão colocados sob o cristal do centro. As fotos e pedidos receberão energia Reiki da mandala, sem interrupção. Não esqueça de colocar sua foto também. Após a colocação dos envelopes, aplique no cristal central, sem encostar nele, usando os símbolos 4, 3, 2 e 1, mais dez minutos de energia Reiki;

k) Segure o cristal mestre com a mão dominante, leve-o ao centro, aponte-o e gire-o sobre o cristal do meio e mova-o para um dos cristais externos, indo de um cristal ao outro, sempre voltando ao centro e retornando ao mesmo cristal, como se estivesse cortando os pedaços de uma torta. Este processo é feito um pouco acima

> *"Quando há uma montanha a ser escalada,*
> *não pense que esperar vai torná-la menor."*

da mandala, imaginando a energia saindo do cristal mestre e energizando a mandala. Costumamos girar no sentido horário, para concentrar a energia;

l) Gire o cristal mestre ao redor da mandala, pelos menos três vezes. Enquanto energiza sua mandala com o cristal mestre, pronuncie ou mentalize uma série de afirmações tais como:
   - "Eu energizo esta mandala com Luz para saúde e paz";
   - "Eu energizo esta mandala com amor para transformar, recuperar, melhorar etc...".

   Gere suas próprias afirmações;

m) Repita a mesma operação a cada setenta e duas horas, para manter a mandala ativa e energizada. Se houver disponibilidade de tempo, você, se preferir, pode ativá-la diariamente;

n) Você deverá proceder nova limpeza de cristais somente quando mudar ou introduzir um novo pedido sob o cristal central.

Obs.: Se você viajar e quiser manter sua mandala energizada da mesma forma, tire uma foto dela e leve-a com você, juntamente com o cristal mestre. Usando o símbolo Hon Sha Ze Sho Nen, você conectará com a mandala e a energizará com o cristal mestre em sua mão. A foto, inclusive, manterá à sua volta uma energia muito efetiva e protetora.

"O dinheiro torna bonita a sua casa. Os sorrisos tornam felizes os moradores. Sorria por tudo e por nada. O seu sorriso contagiará os familiares e todos se sentirão maravilhosamente bem junto a você."

26.9 Exemplos de mandalas formadas

26.9.1 Exemplo com o antahkarana

Esta é uma mandala de cristais biterminados lapidados, disposta sobre o gráfico antahkarana. Note que os cristais estão apontando para o centro. O cristal mestre está do lado de fora. No centro, temos um cristal gerador lapidado. As setas indicam a direção para apontar e mover o cristal mestre, quando energizar a mandala a cada setenta e duas horas.

"Existe uma grande diferença entre ajudar por interesse e interesse por ajudar."

26.9.2 Exemplo com o hexagrama

Esta é uma mandala de cristais biterminados naturais, disposta sobre o gráfico hexagrama. Note que os cristais estão apontando para o centro. O cristal mestre está do lado de fora. No centro, temos uma pirâmide de cristal. As setas indicam a direção para apontar e mover o cristal mestre, quando energizar a mandala a cada setenta e duas horas.

"As flores artificiais se fabricam num dia, mas são estéreis."

26.10 Antahkarana

Obs.: Fotocopie o gráfico acima e, posteriormente, recorte e plastifique. Aumente de acordo com o tamanho de sua mandala.

"Não confunda conforto com felicidade."

26.11 Hexagrama

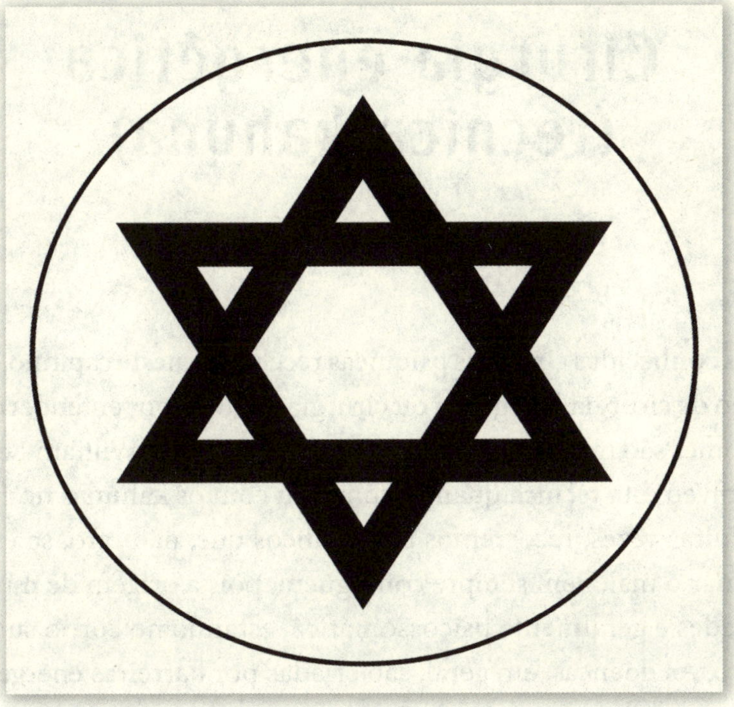

Obs.: Fotocopie o gráfico acima e, posteriormente, recorte e plastifique.
Aumente de acordo com o tamanho de sua mandala.

*"Cada ser é responsável pela sua evolução;
esta é a lei do livre-arbítrio."*

CAPÍTULO 27

Cirurgia energética (técnica kahuna)

As conhecidas cirurgias psíquicas receberão, neste capítulo, a denominação de cirurgia energética ou cirurgia kahuna, por entendermos que estes nomes são mais apropriados. O mestre do Reiki William Lee Rand, desenvolveu esta técnica quando conviveu com os kahunas no Havaí.

Muitas vezes, recorremos aos médicos que, não raro, se esforçam para sanar o mal, nem sempre conseguem, pois a origem de muitas enfermidades é geralmente psicossomática, estando no corpo sutil e não no físico. As doenças, em geral, são criadas por barreiras energéticas ao fluxo normal de energia vital. Os bloqueios são criados por emoções inferiores oriundas de alguma desarmonia. Estes bloqueios geralmente adquirem forma definida e se alojam nos órgãos, em volta destes, nos chacras ou na aura. Os mesmos bloqueios podem causar problemas de saúde, bem como outras dificuldades na vida. Uma vez removidos, a energia vital retoma o seu fluxo normal e a saúde da pessoa é restituída, física e emocionalmente. São comprovadas as recuperações por radiografias, ressonâncias magnéticas e exames laboratoriais.

Os reikianos de Nível 3-A, pelo volume de energia que manipulam, fornecem a matéria-prima para que, com a ajuda da espiritualidade, realizem tratamentos admiráveis, através do ectoplasma. Este tipo de cirurgia

> *"A força da mente é ilimitada, mas o corpo físico é por demais limitado. Seja justo e amoroso com seu corpo. É indispensável dar ao organismo o tempo necessário para refazer as energias, senão entrará em colapso."*

atua no primeiro corpo da aura (duplo etérico) da pessoa, não remove tecidos físicos, como é feito em cirurgias espirituais realizadas nas Filipinas ou como era feito pelo espírito do dr. Fritz, antigamente, no Brasil. Não há corte, nem sangue, nem anestesia. Esta técnica pode ser usada em si próprio ou aplicada em outras pessoas.

O presente tratamento, muitas vezes, não substitui o tratamento médico, o ideal é que haja um tratamento em conjunto com a medicina convencional.

27.1 Sequência da cirurgia

a) Devemos perguntar ao receptor se ele deseja se recuperar, respeitando a divina lei do livre-arbítrio. O receptor poderá estar de pé, sentado ou deitado;
b) O primeiro passo é identificar o motivo da cirurgia, em que parte do corpo está o problema, tentando localizar o bloqueio. O receptor, em geral, sente tensão, ou dor no local, quando pensa no assunto;
c) Peça ao receptor para tentar dar uma forma e, possivelmente, uma cor ao bloqueio de energia negativa que será removido (cubo, esfera, pirâmide, espinhos, cacos de vidro, ovo, etc.);
d) Faça uma oração, seja em voz alta ou mentalmente. Peça a Deus, aos anjos e arcanjos, aos mestres do Reiki e da Luz confortadora, para auxiliarem no processo e que a recuperação ocorra com amor e sabedoria divina;

e) Desenhe o símbolo Dai Koo Myo em ambas as mãos e bata palmas três vezes, repetindo verbal ou mentalmente seu *mantra*, também três vezes. Faça o mesmo com o símbolo Choku Rei;

> *"Um dos maiores males de hoje é o estresse. Desacelere seu ritmo. Durma bem naturalmente, pratique exercícios físicos, saia de férias, tenha lazer, alimente-se bem, tome sol, seja calmo e sereno em todas as circunstâncias."*

f) Trace o símbolo Choku Rei em frente de seu corpo. Depois, novamente, para cada um dos sete chacras, de baixo para cima, para gerar defesa e proteção energética. Não esqueça de repetir o *mantra*, três vezes para cada um;

g) Alongue o ectoplasma que envolve seus dedos. Isto é feito agarrando-se os dedos com uma das mãos, um de cada vez, imaginando que eles são compostos de uma substância maleável. Eles serão esticados a uma distância de aproximadamente vinte e cinco a trinta centímetros. Ao esticá-los, expire pela boca, fazendo ruído audível. Faça isso em ambas as mãos. Mexa suas mãos de modo a sentir os dedos esticados e a força que eles contêm. Serão seus "bisturis energéticos";

h) Peça ao receptor para imaginar o problema e o local a ser tratado. Trace o símbolo Choku Rei sobre a área onde se encontra o bloqueio;

i) Em pé, numa posição de vigor e determinação, utilizando seus dedos energéticos, que foram alongados (bisturis energéticos), encontre, "agarre" o bloqueio, puxando-o para fora do corpo áurico do receptor e remetendo "em pedaços", para um recipiente com água e sal grosso ou para o Cosmo. Mantenha a intenção de ajudar, uma postura otimista, confiante, definida e clara;

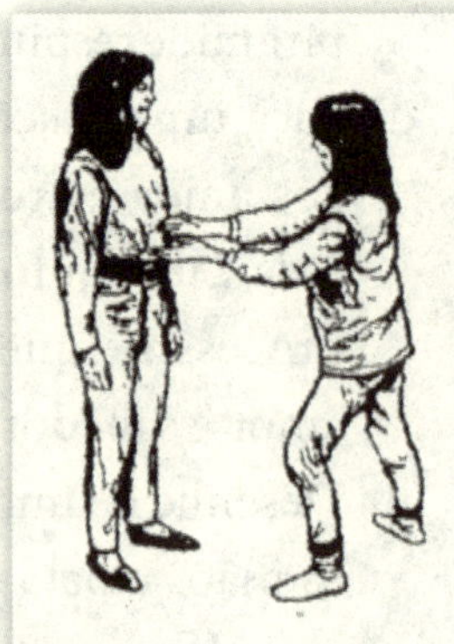

"As árvores rígidas, muitas vezes, se quebram nas tempestades. Também as pessoas rígidas se quebrantam nas crises da vida. Seja flexível e maleável."

j) Quando você retirar a energia negativa, inspire vigorosamente, com sons audíveis. Quando você liberar a energia negativa, expire vigorosamente (pela boca), com sons audíveis. Para prevenir contaminações, imagine que você está inspirando a energia negativa até as mãos e não para os pulmões. A energia negativa deve ficar restrita aos dedos energéticos alongados e não ao nosso corpo;

k) Faça isso pelo menos cinco vezes, durante o período de um a três minutos, retirando o bloqueio por ângulos diferentes. Use sua intuição, tente sentir e participar do que está acontecendo;

l) Pergunte ao receptor se ele sente alguma alteração. Caso ainda sinta, repita o processo anterior até que o receptor perceba que a sensação (bloqueio) se foi completamente. Neste momento você terá atingido sua meta;

m) Terminado o processo, aplique energia Reiki sobre o local, para "cauterizar" a aura onde estava o bloqueio, enchendo-a com Luz;

n) Afaste-se, rompa a interação áurica entre você e o receptor com um gesto de corte, tipo golpe de karatê.

o) Retraia os dedos energéticos alongados, um por vez, fazendo sopros audíveis;

p) Agradeça em oração e lave as mãos. Faça outras sessões de cirurgia, se o sintoma não tiver desaparecido totalmente;

"Mesmo um pequeno progresso é um avanço na direção certa."

27.2 Considerações finais

Muitas vezes o bloqueio pode estar sendo alimentado por alguma emoção negativa do receptor, como raiva de algum parente ou conhecido, sentimento de culpa, ciúme crônico de alguém, inveja do sucesso ou prosperidade de outra pessoa, mágoa permanente, etc. Oriente o receptor a mudar ou tratar a forma de agir e pensar (Reiki, florais, terapias, etc.). Peça ao receptor para mentalizar a emoção causadora do bloqueio e trate-o com a energia Reiki usando os símbolos 4, 3, 2 e 1.

É importante saber que, durante o tratamento, o receptor poderá sentir fraqueza, enjoo, dores de cabeça, vômitos, diarreia, febre, coriza, ou outro sintoma, em razão dos ajustes do corpo ao processo de limpeza. Recomende ao receptor que beba muita água, coma frutas e verduras, repouse mais e, se possível, use alimentos laxativos (mamão, laranja, ameixa, etc.) que facilitem a limpeza interna.

Esta técnica é poderosa e funciona.

"Quanto mais ousares, mais conseguirás."

27.3 Localização das principais glândulas e órgãos do corpo humano (frente)

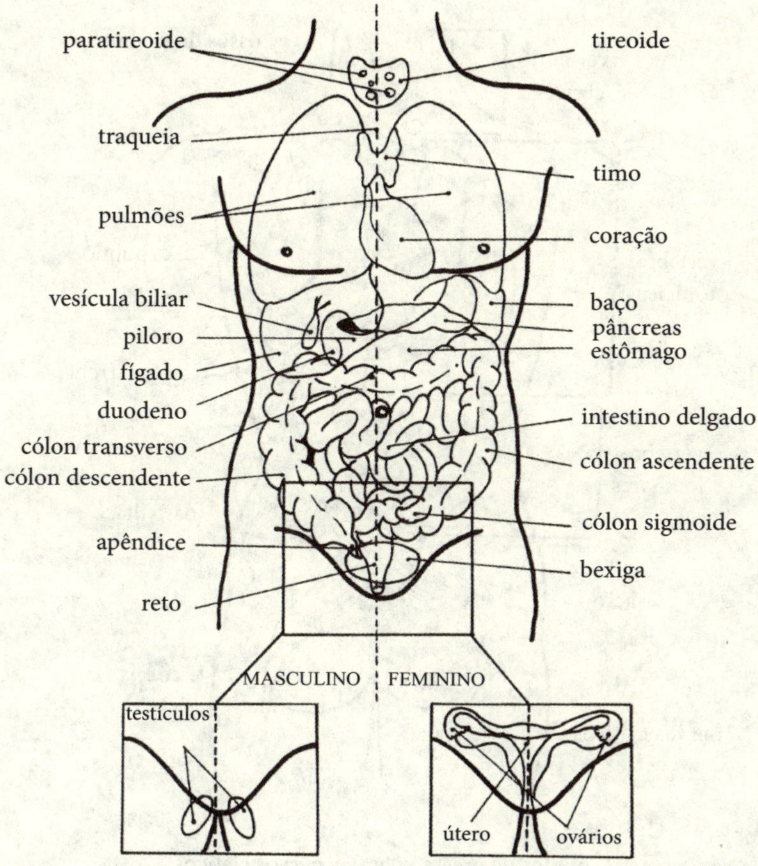

"As pessoas fariam muitas coisas, se não julgassem tantas delas impossíveis."

27.4 Localização das principais glândulas e órgãos do corpo humano (costas)

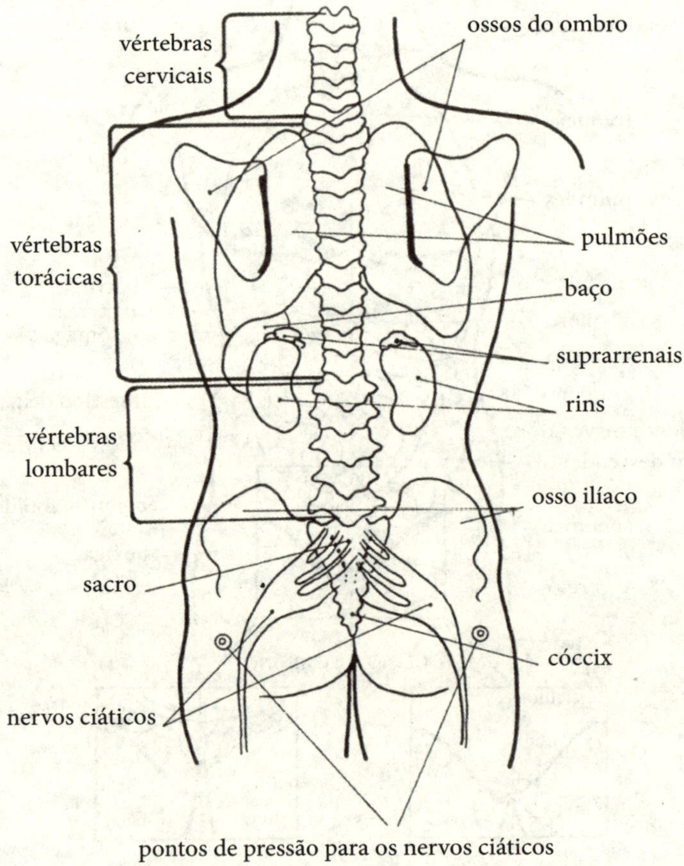

> *"Cada ser humano tem seu lugar e sua missão. Ninguém pode substituí-lo."*

CAPÍTULO 28

Reiki e o dinheiro

Muitas vezes é questionada a razão de os seminários do Reiki serem caros, ou mesmo cobrados. Alguns entendem que, sendo a energia divina gratuita, não deveria haver cobrança. Frequentemente sou questionado sobre o assunto. Os alunos querem saber se é ético cobrar, o quanto se deve cobrar, se o ensino é valorizado e válido sem o pagamento.

O Mestre Usui descobriu dois fatores importantes para que o tratamento com a energia Reiki logre êxito. Primeiro, que o tratamento seja solicitado, respeitando-se o livre-arbítrio das pessoas. Segundo, que haja uma troca de energia pelo tempo do terapeuta e não pela energia Reiki, que é ilimitada e gratuita. Havendo uma troca energética, não obrigatoriamente em dinheiro, o receptor deixa de carregar o pesado fardo de sentir-se endividado. Além disso, há mesmo algumas pessoas que não dão valor às coisas gratuitas.

As palavras de Jesus, "Não lance pérolas aos porcos", nos mostram claramente o que foi dito anteriormente. Não devemos desperdiçar tempo valioso e esforço pessoal com aqueles que não dão o devido valor ou não se encontram preparados para receber os benefícios.

A matéria representa a base da vida. Uma pessoa que não se alimenta desaparece deste plano de existência, fica impedida até de amar. Todos precisam viver, alimentar-se, vestir-se, ir ao dentista, ao barbeiro,

"Cada um vê o que quer ver."

sustentar a família e tudo o mais. Como aplicar ou ensinar Reiki com dor de dente, fome, sem vestuário ou local apropriado?

O reikiano e/ou o professor do Reiki tem o direito de viver dignamente e com qualidade. Um terapeuta Reiki ou um professor do Reiki não é diferente de um professor de línguas, natação, um fisioterapeuta, acupuntor, advogado, engenheiro, etc. O tempo de dedicação do profissional do Reiki tem valor de troca equivalente ao serviço prestado. A troca energética pode ser na forma de dinheiro ou de serviços entre as partes. A troca elimina o fardo da pendência e da obrigação, rompe esse laço energético. O dar e o receber de forma justa e equilibrada contribui para o giro energético e o crescimento de todos. Numa família, a troca energética pode ocorrer na forma de carinho e afeto, ou seja, a troca não tem que ser obrigatoriamente material.

Cada um deve decidir livremente sobre a questão de quanto deve cobrar. Pense quanto valem seu tempo, atenção e esforço pessoal, quais são suas necessidades e a sua realidade regional. Se o reikiano quiser, pode, por meio do livre-arbítrio, trabalhar gratuitamente. É lógico que comprometerá a ele e à sua família. Uma boa dica seria cobrar por uma sessão do Reiki o mesmo cobrado por uma sessão de Massoterapia, Shiatsu ou Acupuntura em sua cidade.

Não só deve haver uma troca de energia pelos tratamentos, como também uma troca pelas aulas do Reiki. No seminário, o aluno, em vez de "receber um peixe, aprende a pescar".

O mestre que se dedica tem o direito de cobrar o que acha justo. Cabe ao aluno avaliar e aceitar. Ninguém é obrigado a se submeter a valores que considera injustos. Ninguém é obrigado a receber ou aprender Reiki. As pessoas podem ser saudáveis e felizes sem ele. A técnica não é absolutamente necessária para todos. Existem outros caminhos muito bons de crescimento, equilíbrio e iluminação. Decida o que é mais importante no momento.

"Não há riqueza igual à saúde do corpo."

O valor cobrado pelo seminário serve para pagar os esforços de quem o ministra, uma contrapartida do aluno por um serviço de valor incalculável. O mestre fará tudo o que estiver ao seu alcance para que você receba todos os benefícios e efeitos do contato com a Energia Universal. Em geral, ele o receberá para o esclarecimento de posteriores dúvidas e reciclagens.

Um seminário de Nível 1, em geral, tem um valor equivalente a um aparelho de telefone celular não muito sofisticado. Muitas pessoas estão envolvidas na confecção desse aparelho. Muitas famílias dependem dessa circulação e venda para adquirirem outras mercadorias vitais. Não costumamos avaliar o porquê desse aparelho custar aproximadamente cem dólares. A comparação fica difícil. Um nível do Reiki não deveria ser nunca algo que você apenas adquire. Quanto vale a sua saúde, o seu equilíbrio, o contato pelo resto da vida com a Energia Cósmica Universal? Quanto vale o esforço e o equilíbrio de seu mestre? Avalie.

Uma obra de arte pode ter um valor material de cinquenta dólares, mas é vendida em leilões por milhões de dólares, sendo muitas vezes disputada por vários pretendentes e não é vista como cara por quem a adquire. Num seminário do Reiki ocorre o mesmo. Não se pode avaliar apenas pelo material envolvido (apostila, certificado, lanches, espaço físico, etc.). O valor é cobrado pela energia criativa do mestre (daí a grande diferença de preços), viagens de aprofundamento, dedicação na confecção de apostilas e traduções.

A Mestre Takata pagou, ao Mestre Hayashi, um ano de serviços sem remuneração pelo Nível 1 e posteriormente ficou devendo US$ 500,00 pelo Nível 2. Takata em seguida estabeleceu preços no Ocidente para cada nível. O Nível de Mestrado foi estipulado em US$ 10.000,00, o preço de um carro popular. Uma forte alegação usada é que os seres humanos só dão valor ao que é caro. Que, portanto, o método Reiki,

"Dinheiro sem objetivo é inutilidade.
Use o dinheiro para tornar a sua vida mais alegre,
saudável, abundante, produtiva e maravilhosa."

para receber o merecido valor, deveria ser caro. O alto custo significava compromisso. Ninguém era obrigado a realizar o Mestrado. Hoje, existem ofertas mais acessíveis. Particularmente, cobro muito menos que o estabelecido pela Mestre Takata.

Quando só se trabalha por dinheiro, a energia do chacra cardíaco (amor incondicional) fica comprometida e o avanço espiritual é prejudicado. Devemos trabalhar com o dinheiro e não pelo dinheiro. O desejo de ganhar dinheiro deve ser a última coisa para um mestre do Reiki. O dinheiro honesto e digno deve ser uma consequência de um trabalho feito com amor.

O bom mestre do Reiki deve ter bom senso e discernimento para saber a hora de nada cobrar, oferecer descontos, parcelamentos, ou mesmo presentear uma pessoa necessitada e com poucos recursos, desde que ela aprecie o presente.

> *"Ama-se mais o que se conquista com esforço."*

GERBER, Richard – *Vibrational Medicine*. Santa Fé, NM: Bear and Company, 1988.

HARBERLY, Helen – *Reiki: Hawayo Takata's Story*. Olney, MD: Archedigm Publications, 1990.

HORAN, Paula – *Abundance Through Reiki*. Twin Lakes, Wis.: Lotus Ligth, 1995.

MITCHELL, Karyn K. – *Reiki: A Torch in Daylight*. Sedona, Arizona: Mind Rivers Publications, 1994.

MULLER, Brigitte y GUNTHER, Horst H. – *A Complete Book of Reiki Healing: Heal Yourself, Others, and the World Around You*. Mendocino: Life Rhythm, 1995.

RAND, Willian Lee – *Reiki: The Healing Touch, First and Second Degree Manual*. Southfield, MI: Vision Publications, 1991.

RAY, Barbara Weber – *The Reiki Factor in the Radiance Technique*. St Petersburg: Radiance Associates, 1992.

STEWART, Judy – *Reiki Touch*. Houston, Texas, 1996.

"Um lar sem livros é como um corpo sem alma."

Bibliografia

ABARCA, Oriel y KING, Roberto – *Reiki para todos – Energia vital em ação*. São Paulo, SP: Record, 1996.

ARNOLD, Larry y NEVIUS, Sandy – *Reiki Handbook: A Manual for Students and Therapists of the Usui Shiki Ryoho System of Healing*. Pittsburgh: PSI Press, 1982.

ARNOLD, Larry y NEVIUS, Sandy – *The Reiki Handbook*. Harrisburg, PA: PSI Press, 1982.

BARNETT, Libby y CHAMBERS, Maggie – *Reiki Energy Medicine: Bringing the Healing Touch into Home, Hospital, and Hospice*. Rochester: Vt. Healing Arts Press, 1996.

BRENNAN, Barbara Ann – *Hands of Light – A Guide to Healing Through the Human Energy Field*. New York, NY: Bantam Books, 1987.

CLAY, A. J. Mackenzie – *One Step Forward for Reiki*. Byron Bay, NSW, Austrália: New Dimensions, 1992.

__________________ – *The Challenge to Teach Reiki*. Byron Bay, NSW, Austrália: New Dimensions, 1992.

EOS, Nancy, M.D. – *Reiki and Medicine*. Grass Lake, Michigan: Eos, 1995.

FRANK, Ojela – *The Healing Path of Reiki*. New York, NY: Holistic Health Works, 1995.

"Um livro que não é digno de ser lido duas vezes também não merece que se leia uma vez."

ANEXO 5

Instituto Brasileiro de Pesquisas e Difusão do Reiki

Pessoas interessadas em realizar seminários ou agendá-los em sua cidade devem contatar:

Mestre Johnny De' Carli

Home-page: http://reikitradicional.com.br

Email: ritadecarli@gmail.com

Endereço em São Paulo:

Alameda Santos, 2223, conj. 52 – Cerqueira César

São Paulo/SP – CEP: 01419-101.

Tel.: (11) 3062-9941; fax: (11) 3062-9647 e cel.: (11) 9-9619-2769 (VIVO)

Endereço no Rio de Janeiro:

Rua Siqueira Campos, 43, salas 633 e 634 – Copacabana

Rio de Janeiro/RJ – CEP: 22031-070.

Tel.: (21) 2256-8267; fax: (21) 2235-3142 e cel.: (21) 9-8100-9723 (TIM)

Todos estão convidados a conhecer nossas sedes.

"Não sei dar a receita do sucesso,
mas a do fracasso é querer agradar a todos."

ANEXO 4

A grande invocação

A oração do Terceiro Milênio

(Alice Bailey)

Desde o ponto de Luz na Mente de Deus,
Que flua Luz nas mentes dos homens,
Que a Luz desça à Terra.
Desde o ponto de Amor no Coração de Deus,
Que flua Amor no coração dos homens,
Que Cristo retorne à Terra.
Desde o centro onde a Vontade de Deus é conhecida,
Que o propósito guie as pequenas vontades dos homens,
O propósito que os Mestres conhecem e servem.
Desde o centro que chamamos a raça dos homens,
Que se realize o Plano de Amor e de Luz,
E sele a porta onde se encontra o mal.
Que a Luz, o Amor e o Poder
Restabeleçam o plano da Terra!

"A oração perfeita é aquela
que vem de dentro para fora e não a que vai
de fora para dentro. A verdadeira prece nasce no coração."

ANEXO 3

Parábola do guardião do mosteiro

Certo dia, num mosteiro zen-budista, com a morte do guardião, foi preciso encontrar um substituto. O grande Mestre convocou, então, todos os discípulos para descobrir quem seria o novo sentinela. O Mestre, com muita tranquilidade, falou: "Assumirá o posto o monge que conseguir resolver primeiro o problema que eu vou apresentar". Então ele colocou uma mesinha magnífica no centro da enorme sala em que estavam reunidos e, em cima dela, pôs um vaso de porcelana muito raro, com uma rosa amarela de extraordinária beleza a enfeitá-lo. E disse apenas: "Aqui está o problema". Todos ficaram olhando a cena: o vaso belíssimo, de valor inestimável, com a maravilhosa flor ao centro. O que representaria? O que fazer? Qual o enigma? Nesse instante, um dos discípulos sacou a espada, olhou o Mestre, os companheiros, dirigiu-se ao centro da sala e destruiu tudo, com um só golpe. Tão logo o discípulo retornou a seu lugar, o Mestre disse: "Você é o novo Guardião. Não importa que o problema seja algo lindíssimo. Se for um problema, precisa ser eliminado. Um problema é um problema, mesmo que se trate de uma mulher sensacional, um homem maravilhoso ou um grande amor que se acabou. Por mais maravilhoso que seja ou tenha sido, se não existir mais sentido em sua vida, deve ser suprimido".

História zen-budista

"Suas respostas estão dentro de você."

28.1 Preços dos seminários

Os preços dos seminários sofrem variações de mestre para mestre, principalmente em função da experiência adquirida e do material didático empregado. Informamos a seguir alguns preços, de respeitados mestres do Reiki brasileiros e estrangeiros, em moeda norte-americana. Dessa forma, o aluno poderá orientar-se, devendo tomar cuidado com seminários que estipulem preços muito abaixo desses valores, principalmente no que concerne ao Curso de Mestrado (Nível 3-B). Existem, no Brasil, mestres cobrando preços irrisórios pelo Mestrado e passando o conhecimento desse nível num período de pouco mais de duas horas, quando o curso deveria ocorrer num período de sete meses. Caso o aluno encontre valores fora da faixa abaixo, deve precaver-se e observar o que diz a sua intuição.

Níveis	Mínimo (US$)	Máximo (US$)
1	100,00	200,00
2	150,00	300,00
3-A	200,00	400,00
3-B	2.000,00	10.000,00

"Pense duas vezes antes de resolver não cobrar pelo seu trabalho. As pessoas geralmente não dão valor àquilo que não é pago."